Urlaubstraum(a)

Herausgegeben von Heike Abidi und Anja Koeseling

Urlaubstraum(a)

Geschichten vom Ferienwahnsinn

Inhaltsangabe

Prolog

Urlaub – davon träumen wir doch alle das ganze Jahr. Strahlend blauer Himmel. Die Sonne lacht auf uns herab. Unter unseren nackten Füßen der makellos weiße Strand. Aber Urlaub ist nicht einfach nur Freizeit an einem schönen Ort, sondern so etwas wie unser hart erarbeitetes Grundrecht auf professionelle Erholung. Warum denn sonst die ganze Schufterei und dieser öde Alltag? Na klar, weil wir das alles zumindest für ein paar Wochen im Jahr einmal hinter uns lassen können. Egal, ob am Strand oder in den Bergen. Genau so, wie es uns Hochglanzprospekte und Werbeclips glauben machen wollen. Und wir glauben das alles. Zumindest, bis wir uns in der Schlange am Flughafenschalter oder im ersten Stau befinden. Bei manchen setzt die Ernüchterung auch früher ein, beim Kofferpacken oder sogar schon beim Besuch des Reisebüros. Die zählen quasi zu den Frühbuchern in puncto Urlaubsstress. Obwohl, eigentlich ist das doch alles gar nicht so wichtig. Vergessene Sachen kann man überall kaufen.

Wie formulierte es nicht der unvergessliche Mehmet Scholl?

»Ich fliege irgendwo in den Süden, vielleicht nach Kanada, oder so.«

Recht hat er. Denn beim Thema Urlaub, da geht es schließlich ums Prinzip. Folgerichtig ist Urlaub kein Vergnügen, sondern eine äußerst ernste Angelegenheit. Das sagten sich schon die Westgoten unter ihrem Reiseleiter Alarich, als sie im Jahre 455 n. Chr. das wunderschöne Rom besuchten. Sicherlich fielen die Online-Bewertungen in den einschlägigen Internet-portalen danach eher mäßig aus, aber wer sollte es den armen Goten verdenken? War ja auch alles kaputt dort, und mancher Kollege benahm sich vor Ort ein bisschen daneben.

Aber egal, solche Urlaubsgeschichten kennen wir doch alle! Man kriegt sich mit der Erholungskonkurrenz so richtig in die Haare. Weil der schlimmste Feind eines Touristen nämlich wer ist? Klar, ein Tourist. Vielleicht abgesehen von der eigenen Familie. Denn wenn Vati endlich mal seine Ruhe will, die Kids am Pool quengeln und die Teens verzweifelt nach WLAN suchen, dann klingt es fast wie zu Hause. Und Mutti? Na, die kümmert sich. Nur, dass sie halt das Hotelzimmer aufräumt, statt in der heimischen Küche zu stehen. Es soll ja auch schon vorgekommen sein, dass ein sonnenverkohlter Ehegatte seiner Frau versehentlich ein Trinkgeld zugesteckt hat. Für den erstklassigen Service.

Wenn etwas zu einem echten Urlaub gehört, dann sind es Stress und ausgemachte Peinlichkeiten. Fremde Länder, fremde Sitten, fremde Sprachen. Da ist es nicht mehr weit bis zum Fremdschämen. Aber keine Bange, das ist der Stoff, aus dem die besten Urlaubsanekdoten gemacht sind. Außerdem gibt es auch einen tröstlichen Gedanken für jeden noch so peinlichen Urlaub. Irgendwann hat es sich ausgeträumt. Da haben wir uns sattgesehen am blauen Himmel, und die Hitze nervt eigentlich nur noch. Ganz abgesehen von diesen fiesen Sandkörnern, die wirklich überall hinkommen: in unsere Haare, in unsere Betten und in unsere Socken. Furchtbar. Aber zum Glück geht es ja bald wieder nach Hause. Dorthin, wo die eigene Gartenzaunwelt noch in Ordnung ist. Zumindest bis zur nächsten Urlaubsdramödie.

Um Ihnen die Wartezeit bis dahin zu verkürzen, haben wir Ihnen eine ganze Sammlung an unterhaltsamen Urlaubsgeschichten und -abenteuern zusammengesucht.

Garantiert voller Peinlichkeiten.

KAPITEL 1

Der Weg ist nicht immer das Ziel

Flieger sind umweltfeindlich, Autos haben Stau, Züge fallen aus — oder? Perfekte Verkehrsmittel gibt es nicht. Womit Sie bei An- und Abreise rechnen müssen

Wer beruflich und privat viel unterwegs ist, kann in puncto Verkehrsmittel einiges erleben. Weder mit dem Flieger, noch dem Bus, der Bahn, der Fähre oder dem Auto gibt es eine Kein-Chaos-Garantie. Manchmal hilft nur noch Galgenhumor à la: »Ankommen tun sie irgendwann immer!«

Was fürs Auto spricht

Flexibler geht es nicht: einpacken, tanken, losfahren, ankommen. Fahren mehrere Leute mit, wird es von den Kosten und der Umweltbilanz her attraktiv. Man hat Unterhaltung, kann sich abwechseln, nebenbei essen und trinken. Erlaubt ist, was keinem Mitfahrer auf den Nerv geht. Wer allein reist, genießt dafür fast unbegrenzte Freiheit: Hörbücher sorgen für Romantik- oder Gruselstimmung, zum Lieblingslied kann man laut mitsingen, und die Folgen des exzessiven Zwiebelkuchengenusses am Vorabend stören niemanden. Die Innentemperatur bestimmen Sie und Pause ist, wann sie eben reinpasst. Am Zielort kann man die entlegensten Winkel, verlassensten Strände und nettesten Dörfchen erkunden.

Was gegen das Auto spricht

Die A7. Die A8. Die A9 ... und viele mehr. Freitagnachmittag, Sonntag ab Kaffeezeit und Montagfrüh sind die nämlich sehr oft dicht. Und wenn Schulferien anfangen oder enden. Unvorhergesehene, gerade begonnene Bauarbeiten nicht zu vergessen! Da macht dann auch das aktuellste Navi schlapp. Wohl jeder erinnert sich an das eine oder andere schwäbische oder brandenburgische Dorf, in dem gerade die Hauptstraße erneuert wurde und zu der das Navigationssystem partout keine Umleitung fand. Drei-, vier-, fünfmal ging es auf abenteuerlichen Wegen zurück zur selben Sperrung ...

Wer allein reist, gilt nicht nur als Umweltsünder, sondern die Autotour ist zudem teurer: Benzin, Maut, Vignetten, Mitgliedschaft im Automobilclub ... Was, Sie sind kein Mitglied in so einem Club? Dann haben Sie noch nicht erlebt, dass sich eine Batterie gerade dann entlädt oder Sie eine Motorpanne haben, wenn Sie dringende Termine wahrnehmen müssen.

Im Auto mit Familie gibt es dafür andere Risiken und Nebenwirkungen: »Mamaaa, die ärgert mich!«; »Papaaa, ich will Benjamin Blümchen hören!«; »Wann sind wir endlich da?«; »Hunger!, Durst!, Pipi! ...« oder auch »Fahr nicht so dicht auf, Schatz!«

Das Risiko, durch einen Autounfall zu sterben, ist übrigens 58-mal so hoch wie das, mit dem Zug ums Leben zu kommen.

Also fahren wir Bahn? Was dafür spricht:

Gleichzeitig schlafen und reisen, gute Bücher lesen und reisen, im Restaurant ein Bierchen trinken und reisen – das geht nirgends besser als mit der Bahn. Wer spezielle Rabatte nutzt wie etwa Interrail, BahnCard oder Sparangebote, kommt sogar relativ günstig von A nach B. Besonders lohnt sich das Mitnehmen von Kindern unter 15, die sind nämlich gratis. An vielen Zielorten bekommen Sie zum vorausgebuchten Ticket sogar die Weiterreise bis zum Hotel dazu.

Auf vielen Strecken erreichen Sie Ihr Ziel zumeist viel schneller als mit dem Auto.

Und dann die Aussicht! Und die Möglichkeit, die Kinder aufs Klo und zum Getränkeholen zu schicken, während man gleichzeitig weiterhin vorankommt!

Ach ja, und das Reservieren empfiehlt sich. Vor allem für Familien und Gruppen. Auf reservierten Plätzen kann man dann entspannt beobachten, wie weniger vorausplanende Zeitgenossen auf der Suche nach einem Platz schier verzweifeln. Der Sitzende kann die Szenarien, die sich da entspinnen, wortwörtlich in vollen Zügen genießen.

Bahn? Was dagegen spricht

Das mit den Reservierungen klappt leider nicht immer. Da sind einzelne Abteile plötzlich abgekoppelt oder ein Ersatzzug fährt. Schon steht man selbst blöd herum. Klar wird die Reservierungsgebühr hinterher rückerstattet, aber allein der Zeitaufwand, um alles einzureichen!

Dasselbe gilt für die Erstattungen nach Verspätungen oder Zugausfällen. Und die gibt es oft. Besonders oft sonntags.

Stellen Sie sich vor, Sie sitzen spätabends im letzten Zug, eine Stunde von der Heimat entfernt – plötzlich rumpelt es. Nichts geht mehr. Jemand hat unter Ihrem Zug sein Leben beendet. Notarzt und Spurensicherung kommen. Es wird elf, zwölf, ein, zwei Uhr ...

Immerhin: Die meisten Kinder lieben das Bahnfahren gerade wegen der Abenteuer. Fällt die Klimaanlage im Sommer aus, gibt es manchmal Gratis-Getränke. Doch auch der mangelnde Platz für große Koffer spricht gegen das Bahnfahren. So manches dreckige oder komplett gesperrte Klo. Und mancher rücksichtslose Mitreisende.

Flüge sind kurz und schmerzlos! Was toll ist!

Zu manchen Destinationen wäre man mit Auto, Bus, Bahn oder Schiff ewig unterwegs. Also rein in den Flieger und ab nach Santiago de Chile, Sydney oder San Francisco. Gerade die aufregendsten Urlaubsorte können ausschließlich auf dem Luftweg erreicht werden. Kaum eingecheckt, schon kehrt es wieder, dieses Gefühl von Freiheit und Exklusivität.

Fliegen ist übrigens die sicherste Art, um von A nach B zu kommen – das Risiko, dabei zu sterben, unterbietet noch das der Zugfahrt. Auf langen Reisen gibt es aktuelle Kinofilme, auf kurzen kann man die Welt von oben begutachten und ihre Schönheit bestaunen. Die Flugbegleiter sind meistens charmant, über das Essen in der Touristenklasse kann man großzügig hinwegsehen. Das Verstauen der schweren Koffer nehmen einem außerdem andere ab.

Aber ...

Flugangst mag irrational sein, sie betrifft trotzdem viele. Kleine und Große. Und merke: So selten ein Flugzeugabsturz auch vorkommen mag – betrifft er einen selbst, gibt es kein Entrinnen.

Eine Riesen-Umweltsauerei ist die Vielfliegerei obendrein. Und teuer! Meistens zumindest.

Was den Sitzkomfort und die Klos angeht, gleicht dies der Bahn, nur mit weniger Ausweichmöglichkeiten. Seinen Nachbarn frei wählen darf man auch nicht. Außerdem kommt es immer wieder vor, dass Flüge kurzfristig später starten als gedacht und dass man so den Zielort statt mittags nachts um vier erreicht. Besonders frustrierend wird es, wenn kleine Kinder mit an Bord sind.

Das Essen ist meist nur in der ersten Klasse wirklich gut. Der Alkohol steigt über den Wolken schneller zu Kopf. Die Klimaanlage lässt Haut und Schleimhäute austrocknen, manche bekommen während des Fluges auch schwere Beine. Wer erkältet fliegt, dem drohen bei der Landung heftige Ohrenschmerzen, gegen die kein Druckausgleich hilft. Gegen all diese Malaisen wirkt nur, sich vor dem Fluge mit dem auszurüsten, was individuell besonders guttut – seien es Kaugummis, Halsbonbons, Augentropfen, Feuchtigkeitscremes oder Stützstrümpfe.

Forever Young mit dem Bus?

Inzwischen sind ja die Fernbusse eine echte Konkurrenz für innerdeutsche Flieger und vor allem für die Bahn. Die Tickets gibt es zu Schnäppchenpreisen, und viele der Busse warten mit viel Beinfreiheit, Sitzkomfort, WLAN und Toiletten auf. Das Gepäck verschwindet dabei im Bauch des Busses. Gemütlichkeit zum kleinen Preis also! Außerdem atmet jede lange Busfahrt den Geist der Jugend: Damals, als man noch so wenig Kohle hatte und in den Ferien Billig-Zeltreisen am Meer buchte, brachten einen ja auch die Busse dorthin! Und eine Sangría an Bord geht immer.

Merke jedoch!

Wenn es richtig schlecht läuft bei der Fernbusreise, haben Sie die Nachteile von Auto-, Flug- und Zugfahrt allerdings alle gleichzeitig: Der Sitznachbar müffelt und macht sich breit. Mal kurz die Beine vertreten fällt aus, weil im Gang drei Kinder schlafen, und der Fahrer hat einen Fahrstil, dass allen übel wird. Oder aber Sie stehen Ewigkeiten im Stau. Ach ja: Busfahrten bringen zwar weniger Leute um als Autofahrten, aber deutlich mehr als Reisen mit dem Flugzeug oder Zug.

Dann wäre da noch das Schiff oder die Fähre …

Eine Kreuzfahrt, die ist lustig – und wird zudem immer günstiger. Wieso also nicht eine Familien- oder Pärchentour durchs Mittelmeer buchen, all-inclusive, mit organisierten Landausflügen? Die Verantwortung für die weitere Reiseplanung, das Auto und die Sorgen bleiben daheim!

Beliebt sind auch Fährüberfahrten zu hübschen Inseln – da darf das eigene Auto mit, man schnuppert Seeluft, kann je nach Fähre schlummern, shoppen und gut essen bis richtig feiern. Auf der Zielinsel kommt man im vertrauten Auto und günstig von A nach B.

Fähren sind pünktlich und sicher, Kreuzfahrtschiffe luxuriös und sicher – seit der Titanic haben die Reedereien und Kapitäne (na ja, jedenfalls die meisten) deutlich dazugelernt. Es hat schon etwas Erhebendes, an der Reling zu stehen, nach Seehunden oder Delfinen zu suchen, den Möwen zuzuschauen und sich wie

Leonardo DiCaprio und Kate Winslet auf der *Titanic* zu fühlen – zu jenem Zeitpunkt freilich, als noch kein Eisberg in Sicht war.

Risiken und Nebenwirkungen von Schiff und Fähre

Schon mal seekrank gewesen? So richtig? Da könnte auf dem Traumschiff George Clooney mit fünf blutjungen Models vorbeiflanieren, und das Leben wäre immer noch bescheiden. Wer dazu neigt, seekrank zu werden, begreift nicht, warum auf dem *Traumschiff* ständig geknutscht wird und nie gereihert.

Mit Aufenthalten im Freien (je nach Wetter) und/oder gewissen Tabletten oder Kügelchen lässt sich dieses Übel ja zum Glück oft beheben. Trotzdem kann auch mit Schiff und Fähre vieles schiefgehen.

Dann soll es ja auch Kapitäne geben, die lieber schönen Damen noch schönere Augen machen, als gewissenhaft Felsen auszuweichen ... Aber die sind selten. Viel wahrscheinlicher erleben Sie folgende Fähren-Komplikationen: Sie werden seekrank, und alle Toiletten sind besetzt. Ihr Appetit vergeht, weil um Sie herum alle die Duty-Free-Parfums ausprobiert haben und die Duftwolken Ihnen den Atem rauben. Sie wollen im Ruhesessel der Fähre ein wenig schlafen, und neben Ihnen feiert eine Gruppe lautstark Junggesellinnenabschied. Doch das gefährdet nur Ihren Seelenfrieden, keinesfalls Ihr Leben.

Das Flugangstseminar

Fliegen war für mich das Synonym für Harakiri. Ich verreiste furchtbar gern, doch aus irgendeinem Grund hatte ich panische Angst vor dem Fliegen. Obwohl weder ich noch mein Umfeld ein negatives Erlebnis in einem Flugzeug gehabt hatte, das diese Angst hätte erklären können.

Bisher hatte mich dieser Umstand aber nie gestört. Es gab unendlich viele Orte, die man wunderbar mit dem Auto oder dem Zug erreichen konnte, und es machte mir auch nichts aus, wenn ich lange unterwegs war, um an mein Ziel zu kommen.

Doch dann passierte etwas, das in mir den unglaublichen Wunsch auslöste, ganz dringend meine Angst vor dem Fliegen zu besiegen: Der Mann, für den ich schon seit geraumer Zeit sehr ausgiebig schwärmte, zog für zwei Jahre nach Sydney. Wir arbeiteten als Kollegen zusammen, hatten uns immer gut verstanden und waren in einer kleinen Gruppe auch schon öfter gemeinsam um die Häuser gezogen. Er hatte mir von Anfang an sehr gut gefallen, doch fehlte mir der Mut, das auch offen zu zeigen. Leider neigte ich dazu, die eine oder andere Chance, die das Leben mir vor die Füße spielte, eher liegen zu lassen, als sie beherzt in die Hand zu nehmen. Ich stieg leise darüber, versuchte so zu tun, als würde ich sie gar nicht bemerken, und wenn ich mich dann doch noch einmal umdrehte, war in der Regel schon jemand anders da und wendete sie begeistert in seinen Händen hin und her.

Aber jetzt war alles anders. Denn Martin hatte mich tatsächlich gefragt, ob ich ihn in Sydney besuchen kommen wollte! Als ich seine E-Mail las, fiel ich fast vom Stuhl. Seit seiner Abreise waren unsere Mails allmählich privater geworden, doch mit diesem Angebot hätte ich nun wirklich nicht gerechnet. Natürlich sagte ich sofort zu, und erst danach fiel mir auf, dass ich schlecht mit dem Auto nach Sydney fahren konnte und deshalb irgendetwas unternehmen musste.

Nun befand ich mich also auf einem Flugangstseminar. Mit einer Tasse Kaffee in der Hand sah ich mich um. Der Kaffee war allerdings nicht die beste Idee, da mein Puls sowieso schon raste. Ich wusste leider genau, dass es nicht genügte, dass ich wirklich sehr, sehr dringend diesen Flug nach Sydney unternehmen wollte.

Der Raum wurde langsam voller, und alle drückten sich unsicher an dem Tisch mit Kaffee und Kleingebäck herum.

In regelmäßigen Abständen dröhnten Flugzeuge über das Gebäude hinweg, als wollten sie uns Angsthasen hier unten verhöhnen. Um Punkt neun Uhr trat ein sympathisch aussehender Mann ein, der eine solche Selbstsicherheit ausstrahlte, dass er unmöglich ein Teilnehmer sein konnte.

Ich suchte mir einen Stuhl, 15 davon standen im Kreis, und ließ mich darauf plumpsen. Nach und nach setzten sich alle, und eine nervöse Ruhe legte sich über den Raum wie eine schlecht gelüftete Decke.

»Hallo miteinander, ich heiße Ken und freue mich, dass ihr gekommen seid«, begrüßte uns unser Seminarleiter und erzählte weiter, dass er diese Seminare seit vielen Jahren leitete und Diplom-Psychologe war. Sogleich erfuhren wir, dass wir uns alle duzen sollten, um eine weniger steife Atmosphäre zu haben. Danach folgte das, was wirklich niemand leiden kann, wir sollten uns einzeln kurz vorstellen und berichten, warum wir hier waren.

Da war Gerhard, ein Bauer, für den schon die Fahrt hier zum Flughafen weiter gewesen, als er bisher in seinem Leben je gekommen war. Er wollte seiner Frau einen großen Wunsch erfüllen – eine gemeinsame Reise nach Paris –, und dafür musste er seine Angst vor dem Fliegen überwinden. Neben ihm saß Gisela, die nicht nur unter Platzangst litt, sondern für die auch Zugfahren eine Qual war. Dann kam Bernd, ein Manager, der seit einem Burn-out nicht mehr fliegen konnte. Und als ich an der Reihe war, hatte ich seltsamerweise überhaupt keine Hemmungen mehr, mit der Wahrheit herauszurücken.

Nachdem die Runde beendet war, lernten wir einiges über die Angst. Wie sie entstand, welche Ursachen es dafür geben konnte und vieles mehr. Schon allein die Beschäftigung damit führte irgendwie dazu, dass ich das Gefühl hatte, tief in mir ginge eine Tür auf.

Als Ken wissen wollte, wovor genau wir denn Angst hatten, merkte ich, dass ich diese Frage nur schwer beantworten konnte. Mir lief einfach schon bei dem Gedanken, ein Flugzeug zu betreten, ein eiskalter Schauer den Rücken hinunter. Wenn ich mir dann noch vorstellte, wie sich die Türen automatisch schlossen und wir abheben würden, konnte ich kaum atmen.

»Angst hat auch viel mit Unwissenheit zu tun, und das werden wir heute ändern!«, sagte Ken und schickte uns mit diesem Satz in die Pause.

Beim Mittagessen war die Stimmung schon viel entspannter, und wir scherzten ein wenig über die Gründe, die uns hierher geführt hatten. Nur bei Bernd und einer blassen jungen Frau, deren Namen ich mir nicht merken konnte, spielte jemand anderes eine Rolle bei der Entscheidung, dieses Seminar zu besuchen. Anscheinend war gerade die Tatsache, dass man mit oder zu jemandem fliegen möchte, die beste Motivation, um sich aufzuraffen und seinen Ängsten zu stellen.

»Wenn man Angst hat, hört man auf zu atmen, der ganze Körper ist angespannt, und alles ist in Alarmbereitschaft, obwohl es dafür in der Regel keinen wirklichen Grund gibt beziehungsweise obwohl keine akute Gefahr besteht«, erklärte Ken. Dann zeigte er uns verschiedene Atem- und Entspannungsübungen. Nach einer kurzen Kaffeepause ging die Tür auf, und es erschien Kapitän Friedrich Paulsen. Er flog seit dreißig Jahren und wollte uns nun ein Flugzeug erklären. Also marschierten wir gemeinsam durch das Flughafengebäude und sahen uns um. Ein unglaubliches Gewusel herrschte hier. Men-  **Menschen, Koffer, Arbeiter, ständige Durchsagen, das Klappern der Anzeigentafel, Essensgerüche, und über alldem hing eine wabernde Schicht Reisefieber.**

schen, Koffer, Arbeiter, ständige Durchsagen, das Klappern der Anzeigentafel, Essensgerüche, und über alldem hing eine wabernde Schicht Reisefieber.

In dem kleinen Bus, der uns zum Flugzeug fuhr, wurde ich plötzlich wieder nervös. Meine Hände waren nass, ich schwitzte, und mir war übel. Doch als ich mich umsah, musste ich grinsen, denn den anderen ging es augenscheinlich auch nicht sehr viel besser. Wir stiegen aus und standen ehrfürchtig vor der riesigen Maschine, dann marschierten wir die schmale Treppe nach oben. Drinnen war es plötzlich völlig still. Langsam gingen einige von uns weiter, ließen die Hände über die Sitze gleiten und sahen sich um. Ich stand noch nah an der Tür und kämpfte mit mir.

Friedrich war in der Zwischenzeit ins Cockpit gegangen und ließ uns per Sprechanlage wissen, was er gerade machte. Verschiedene Geräusche ertönten, die Klimaanlage, eine Hydraulikpumpe, und ich traute mich endlich ins Innere, wo ich mich auf einen Fensterplatz setzte.

Natürlich durften wir auch ins Cockpit, und als ich an der Reihe war, staunte ich über die Masse an Knöpfen, Hebeln und Anzeigen. Friedrich erklärte alles mit großer Ruhe. Wir erfuhren, dass Piloten viermal im Jahr in einen Simulator mussten, um zu trainieren. Dann durften wir die winzige Küche und auch sonst jeden Winkel dieses Kolosses begutachten.

Theoretisch wussten wir nun genau, wie sicher das Flugzeug und das Fliegen an sich wirklich war, doch würde das reichen, um unsere Ängste zu besiegen? Friedrich erläuterte uns nun die verschiedenen Phasen eines Fluges. Turbulenzen gehörten nun mal dazu, wenn man sich

Turbulenzen gehörten nun mal dazu, wenn man sich durch Luftmassen bewegte. Auf dem Meer wunderte sich schließlich auch niemand über die Wellen.

durch Luftmassen bewegte. Auf dem Meer wunderte sich schließlich auch niemand über die Wellen. Da war was dran.

Mit dieser Erkenntnis endete der Tag, und wir gingen gemeinsam zum Abendessen. Danach war ich so erschöpft, dass ich mich gleich in mein Hotelzimmer zurückzog.

Morgen früh würden wir fliegen. Als ich auf dem Bett lag, fand ich den Gedanken gar nicht mehr so schrecklich. Die Beschäftigung mit der Angst hatte diesem normalerweise so machtvollen Gefühl ziemlich viel Wind aus den Segeln genommen. Ich hoffte, das würde so bleiben.

Beim Frühstück am nächsten Morgen waren alle ein wenig aufgekratzt. Mir war schlecht, und ich nahm nur einen Bissen vom trockenen Brötchen. Dann ging es los. Wir bekamen unsere Tickets in die Hand gedrückt und nun gab es kein Zurück mehr. Wieder wurden wir mit einem kleinen Bus zum Flugzeug gebracht, und während ich die Treppe hochstieg, merkte ich, dass irgendwo in meinem Kopf ein kleines Männchen schrie: Was machst du denn hier?

Als ich der Stewardess mein Ticket gab, klebte es an meinen feuchten Händen. Ich hatte einen Fensterplatz und blickte nach draußen auf den trockenen Asphalt. Ken erinnerte uns daran, tief durchzuatmen, und in dem Moment merkte ich tatsächlich, dass ich vor Nervosität kaum atmete.

Neben mir saß Bernd, der Manager, und kommentierte leise jedes Geräusch. Einerseits nervte mich sein unruhiges Gefasel etwas, auf der anderen Seite ging ich so in Gedanken mit ihm jeden Schritt des Startvorgangs durch, den wir gestern theoretisch kennengelernt hatten. Und es stimmte: Was man kannte, machte einem wesentlich weniger Angst.

Als wir starteten, umklammerten meine und auch Bernds Hände die Armlehnen. Es rüttelte und schüttelte, Turbinen heulten, und dann rollten wir los. Ken erinnerte uns daran, eine Entspannungsübung zu machen, und noch während ich versuchte, mich darauf zu konzentrieren, war ich gleichzeitig völlig fasziniert von dem Anblick, den ich aus dem Fenster hatte. Plötzlich wurde es vor dem Fenster weiß, und es sah aus, als würden wir durch einen dicken Bausch Zuckerwatte fliegen. Das Flugzeug wackelte ein bisschen, und vor mir machte Gerhard ein zaghaftes Witzchen. Ich horchte in mich. Es funktionierte! Mir war klar, dass es einen großen Unterschied machte, ob ich eine Stunde flog oder den weiten Weg nach Australien antreten wollte. Aber irgendwie wuchs in mir das Gefühl, dass ich es vielleicht wirklich schaffen könnte.

Als wir zur Landung ansetzten, war ich enttäuscht, dass es schon vorbei war, denn ich hätte gern gewusst, wie es mir in zwei, drei oder noch mehr Stunden hier drin ergehen würde. Ich wollte nach Sydney, ich wollte zu Martin, und jetzt wollte ich, dass wir ganz schnell noch einmal abhoben!

Nach der Landung klatschten wir, vor allem für uns selbst. Es gehörte vielleicht nicht besonders viel Mut dazu, in ein Flugzeug zu steigen, aber umso mehr, sich seiner Angst zu stellen. Wir hatten es alle geschafft, lachten und beglückwünschten uns. Auf dem Rückflug war mein Ticket gar nicht mehr feucht.

The Big Seven – eine Großfamilie reist nach Afrika

Wir haben alle Möglichkeiten der Welt, aber niemals die Zeit, um sie alle auszukosten. Wahrscheinlich gehört das zum Leben. Bei der letztjährigen Weihnachtsfeier hatten mein Mann Udo und ich jedoch beschlossen, Jess, die Tochter meiner Cousine, zu besuchen, die in einem Waisenhaus in Namibia arbeitet. Wenn wir nach Afrika reisen, dann zu siebt. Also mitsamt unserer fünf Kinder im Alter von acht bis 18.

Heute, Monate nach dem besagten Beschluss der Afrikareise, schreibe ich sie endlich nieder: die Reiseabenteuer der Big Seven. Es gibt Geschichten, die muss man von vorn beginnen. Andere wiederum erzählt man besser von hinten. Diese Geschichte jedoch beginne ich mittendrin. So wie Familienleben eben ist. Mit einem Satz, den wohl alle Mütter dieser Erde schon irgendwann mal gehört haben …

»Mama, hast du eigentlich meine Jacke eingepackt?«

Aber es gibt Augenblicke, da will man diese Frage noch weniger hören als sonst. Dann nämlich, wenn man gerade in der Flughafenhalle steht und kurz davor ist, in den nächsten Flieger nach Windhoek zu steigen. Doch es genügte nur ein Blick in die großen Augen meiner Grundschultochter, dass ich dachte: Was soll's? Udo hatte ohnehin spontan entschieden, dass er für die Reise noch ein Hemd brauchen könnte. Also zogen die Big Seven los, um kurz vor Abflug noch mal zu shoppen. Während das vergessene Kleidungsstück, das im Übrigen extra für den Afrikatrip angeschafft worden war, zu Hause an der Garderobe hing.

Bei allem Pragmatismus ist unsere wahre Stärke jedoch die Fähigkeit, alles im Voraus akribisch zu planen. Gepaart mit Udos unglaublicher Erfahrung in Sachen Geschäftsreisen rund um die Welt. Er denkt dabei wirklich an alles. Aber es ist eine Sache, allein zu verreisen, und eine andere, dies mit den Kindern zu tun. Denn die Schwierigkeiten beginnen für gewöhnlich zu Hause. Es fing mit der Flugbuchung an. Genauer gesagt damit, alle sieben Familienmitglieder in einem Internetformular einzutragen, wenn da nur Platz für sechs vorgesehen war. Damit gestaltete sich die Suche nach einer preisgünstigen Reisemöglichkeit schwierig. Auch seine fleißig gesammelten Miles&-More-Punkte

Familien sind willkommen, aber bitte nicht mit mehr als sechs Personen!

halfen meinem Mann überhaupt nicht. Denn auch hier definierte sich Familienfreundlichkeit ungefähr so: Familien sind willkommen, aber bitte nicht mit mehr als sechs Personen! Am Ende landeten die Big Seven deshalb im Reisebüro. Und dort wurden wir angenehm überrascht. Denn der Preis war gar nicht so hoch, wie befürchtet. Nur, und da fühlte man sich ein bisschen wie in einem Paternoster ohne Haltestelle, auch hier waren die Formulare mengenmäßig beschränkt. Auf sechs Personen. Daher ließen wir uns auf eine Gruppenbuchung von sechs plus eine Einzelbuchung ein. Glücklicherweise trug unser volljähriger Stammhalter als einziger Sohn die Sonderstellung mit Fassung. Wird ja nicht jeder gern outgesourct. Doch damit war es noch lange nicht getan. Der Vorbereitungswahnsinn ging erst richtig los. Alle außer Udo brauchten einen neuen Reisepass.

Was bedeutete, dass ich mit Kind und Kegel zum Fotografen musste, um einen Stapel dieser gewöhnungsbedürftigen Bilder zu bekommen, auf denen alle dann ungefähr so emotional aussahen wie Clint Eastwood. Von Seiten der Verwaltung war man im Übrigen sehr entgegenkommend und hatte spontan einen einstündigen Simultantermin in zwei verschiedenen Büros organisiert. Ganz ohne Mengenbeschränkung. Das gab dem Begriff »Sturm auf das Rathaus« eine ganz neue Bedeutung ...

Vorbereitungswahnsinn mal sieben

Udo als Globetrotter kannte natürlich alle Tricks. Von der Sicherung wichtiger Daten in der Dropbox bis hin zu laminierten Papieren im Gürtel. Was dann eher eine echte Großfamilienherausforderung darstellte, war die Sache mit den Impfungen. Ich besuchte das ansässige Tropeninstitut, um mich aufklären zu lassen. Die Beratung war umfassend. Kurz, ich erfuhr alles Mögliche über Krankheiten, von denen ich lieber nichts gewusst hätte. Immerhin war die

Die Beratung war umfassend. Kurz, ich erfuhr alles Mögliche über Krankheiten, von denen ich lieber nichts gewusst hätte.

Dame der dortigen Verwaltung sehr entgegenkommend, da sie gnädigerweise darauf verzichtete, dass ich für jeden der Mitreisenden einen mehrseitigen Fragebogen ausfüllen musste.

Lustig dagegen wurde es, als wir dann mehrmals in voller Besetzung die Praxis des örtlichen Kinderarztes belagerten, um die regelmäßige Impfration verpasst zu kriegen. Als die Arzthelferin beim ersten Termin mit einem Tablett ins Zimmer kam, auf welchem 14 Spritzen lagen, verschlug es zumindest dem ein oder anderen Kind für kurze Zeit die Vorfreude auf die Reise. Glücklicherweise war unser Kinderarzt ein verständnisvoller Mann. Wahrscheinlich, weil er auch ein Familienvater mit überdurchschnittlicher Nachwuchszahl ist. Am Ende ging alles ganz schnell, in zehnminütiger Rekordzeit hatte die Meute die Praxis wieder verlassen. Bis zum nächsten Termin ...

Da es in Afrika während unseres Besuches Winter sein würde, wurden dünne lange Sachen gegen Moskitos gebraucht und warme Klamotten für die Nächte. Immerhin schwankten die Temperaturen in Namibia zu dieser Zeit zwischen dreißig Grad plus und acht Grad minus. Von da an ging es in die Detailplanung ...

Das Transportmittel vor Ort

Mein Mann als findiger Reiseprofi kannte natürlich schnell alle einschlägigen Seiten im Internet. Nur waren die Angebote dort alles andere als preisgünstig, und Mengenrabatt sah bei einer siebenköpfigen Familie eher so aus, dass die Preise pro Kopf überproportional stiegen. Als wäre das nicht schlimm genug, kam noch dazu, dass es einen Geländewagen für sieben grundsätzlich nicht gab. Die einzige sinnvolle Lösung stellte ein VW-Bus mit acht Sitzen dar. Was jetzt nicht unbedingt nach Afrikaromantik klang, aber es erschien dann doch praktikabler, als eines der Kinder auf dem Dach mitreisen zu lassen. Gebucht. Abgehakt.

Eine sichere Unterkunft

Hatten wir das Zelten zunächst kategorisch ausgeschlossen, trieb die Suche nach einer bezahlbaren Unterkunft uns beinahe in den Wahnsinn. Dank ausführlicher Recherche und der angeskypten Cousinentochter konnten entlang unserer Reiseroute die verschiedensten Möglichkeiten ausfindig gemacht werden. Ein pensionsartiges Guesthouse, eine Unterkunft für Backpacker (was ungefähr einer Jugendherberge entsprach) und eben auch Campingplätze. Natürlich mit Zelt.

Nur, wie sollten wir die Campingausrüstung von Deutschland nach Afrika bringen? Die Antwort lag auf der Hand: gar nicht. Das konnte man doch auch vor Ort organisieren. Wir buchten also zwei Zelte, frostsichere Schlafsäcke, sieben Stühle und Geschirr für sechs Personen. Kaum zu glauben, auch am Zielort kannte man scheinbar keine siebenköpfigen Familien.

Doch somit standen wir vor einem neuen alten Problem. Der VW-Bus wurde aus Platzmangel storniert und ein größeres Transportmittel gesucht. Der Traum jedes Großfamilienvaters: ein Toyota Quantum. Gewissermaßen das Bus-Upgrade für zehn Personen. Fehlten also nur noch die Routenplanung, der Haussitter und Befreiungen für alle drei Schulen …

Endlich Afrika

Der Flug selbst war eher unspektakulär. Zehn Stunden nach Johannesburg via Nachtflug, dort zwei Stunden Warten und schließlich in einer schnellen Stunde nach Windhoek. Im Flieger predigte ich meiner ganzen Familie nochmals die eigens aufgestellten Regeln, die keinesfalls gebrochen werden durften:

1. Nichts von der Straße essen.
2. Nichts essen, was nicht gekocht/gewaschen/geschält wurde.
3. Kein offenes Wasser trinken.

4. Abends nicht Auto fahren.

Und an die wollten auch wir uns strikt halten. Egal wie. Am Flughafen haben wir dann natürlich erst mal das Auto gesucht. Als das endlich gefunden war, haben wir das Navi aktiviert, das natürlich zu Hause schon vorprogrammiert worden war. Und pünktlich um zwölf Uhr standen **In Namibia sind Termine auch eher lose Vorgaben für das Zeitgefühl.** die Big Seven dann bei der örtlichen Campingbedarfsvermietung. War nur leider niemand da. In Namibia sind Termine auch eher lose Vorgaben für das Zeitgefühl. Was nun?

Da Jess sich unglücklicherweise die Bänder gerissen hatte, befand sie sich glücklicherweise just um diese Uhrzeit in Windhoek im Krankenhaus. Kurz entschlossen verabredeten wir uns mit ihr zum Mittagessen. Selbstverständlich überreichten wir ihr sogleich die mitgebrachten Krücken aus Deutschland, die bei dem vielen Gepäck kaum aufgefallen waren.

Doch irgendwie verlagerte sich das Essen dann ins Katatura-Viertel auf den Straßenmarkt der Einheimischen. Katatura bedeutet in Herero »der Ort, an dem wir nicht leben möchten.« Was nicht wirklich vertrauenerweckend klingt! Doch der Atmosphäre und der Freundlichkeit der Bewohner wurde dieser Name in keinster Weise gerecht. Auf dem Markt verbanden sich Gerüche und Farben zu einem einzigartigen Erlebnis. Nach der nährstoff- und geschmacksarmen Flugzeugkost lief der gesammelten Familie das Wasser im Mund zusammen. Und ein Blick in die hungrigen Gesichter genügte mir, um das strikte Regelwerk mit interpretativem Spielraum zu versehen. Was so viel hieß wie: Die Regeln wurden drastisch reduziert. Zumindest das Verbot nächtlicher Autofahrten blieb noch unberührt.

Das Essen bestand aus Fleischstücken und Salat, serviert in Zeitungspapier und ausgesprühten Styroporschachteln. Angereicht mit kindgerechtem Besteck, sprich, den Fingern. Mit vollen Mägen und zufriedenen Gesichtern machte sich meine Familie dann noch mal auf den Weg zur Campingvermietung. Jetzt war die Besitzerin da, und die sprach angenehmerweise auch noch Deutsch. Es musste schon komisch ausgesehen haben, wie wir ratlos vor dem Quantum standen, daneben der Berg mit den Zelten und Stühlen. Das war dann selbst für unseren Oberlogistiker zu viel. Denn darin waren wir uns alle einig, das passte niemals dort hinein. Aber die Big Seven wären nicht die Big Seven, wenn sie keine Lösung gefunden hätten. Kurz entschlossen wurde die letzte Sitzbank ausgebaut und bei dem Zeltverleiher auf die Terrasse gestellt. Machte sich eigentlich ganz hübsch dort.

Gegen Abend konnten wir uns auf den Weg zum ersten Anlaufpunkt machen. Nach Omaruru, zum Waisenhaus.

Muss ich dazu sagen, dass sich die Fahrt ziemlich dehnte? So kam es, dass unsere kleine Gruppe im Stockfinstern am Zielort ankam. Nach einer holprigen Nachtfahrt. Und somit hatten wir bereits am ersten Tag alle geplanten Vorsorgemaßnahmen über Bord geschmissen.

Winter in Afrika

Afrika selbst war unglaublich. Vor allem die Landschaft, die keine Kamera und kein Bild so einfangen kann, wie sie ist. Wohin wir auch kamen, überall liefen uns wilde Tiere über den Weg.

Vorerst ankerte der Quantum in Omaruru, wo wir uns akklimatisierten. Unsere europäischen Kids freundeten sich schnell mit den Waisenhauskindern des Havens an. Wenn man keine gemeinsamen Wörter kennt, genügt meistens ein Lächeln. Problemlose Völkerverständigung der direkten Art. Umso mehr schmerzte es zu wissen, dass die Hälfte der jungen Waisenhausbewohner mit dem HI-Virus infiziert war. Nichts davon spiegelte sich in den lachenden Gesichtern.

Wie ein Winter in Afrika aussah? Dank frostiger Minusgrade bei Nacht bildeten sich Eiszapfen an der Regenrinne. Schon am Morgen stiegen die Temperaturen jedoch schnell auf über dreißig Grad. Da war es nur konsequent, dass wir bei einem Souvenirladenbesuch prompt vom Besitzer zum Glühwein eingeladen wurden. Quasi Hüttenzauber in Afrika. Nach drei Tagen ging es weiter in die nächste größere Stadt im Norden zu einer Safari bei der AfriCat Foundation. Hier haben wir übrigens unseren Spitznamen bekommen, direkt am Eingangstor. Wir staunten nicht schlecht, als man uns dort begrüßte: »Da seid ihr ja, die Big Seven. Wir haben schon auf euch gewartet.« Anscheinend war uns eine Art Ruf vorausgeeilt. Möglicherweise waren es auch die Buschtrommeln gewesen. Die Mitarbeiter der AfriCat Foundation kümmerten sich um Leoparden und Geparden, die zunächst von Menschen großgezogen worden waren und dann gefährlich wurden, als ihr Instinkt

Anscheinend war uns eine Art Ruf vorausgeeilt. Möglicherweise waren es auch die Buschtrommeln gewesen.

wieder zum Vorschein kam. Eine Auswilderung stand für diese Raubkatzen außer Frage, da sie ihre natürliche Scheu vor den Menschen verloren hatten.

Im Etosha-Nationalpark waren noch mehr Tiere zu sehen – Elefanten, Giraffen und unzählige Antilopen. An einem Wasserloch dann auch noch ein Nashorn. In unmittelbarer Nachbarschaft zu einem Löwenrudel. Ein rundum perfekter Tag für alle, dem prompt eine anstrengende Nacht folgte. Weil das Gebrüll von Löwen und Elefanten so markerschütternd war, dass nicht nur ich kein Auge zumachen konnte. Mehr als einmal stellte sich uns die Frage, ob der Zaun ums Camp auch wirklich stabil genug war.

Die unglaubliche Vielseitigkeit Afrikas zeigte sich in den folgenden Tagen. Während die Kalahari genau dem entsprach, was man aus dem Fernsehen kannte, präsentierten sich andere Landstriche als mindestens ebenbürtig. Udo und ich waren vor allem von den Steingravuren in Twyfelfontein beeindruckt. Die sind vor 6500 Jahren in Sandstein geritzt worden. Oder vom überwältigenden Deadvlei, mit seinem fast weißen Lehmboden und abgestorbenen Bäumen inmitten der apricotfarbenen Dünen der Namibwüste.

Allerdings darf man nicht verschweigen, dass die Rundreise nicht immer problemlos verlief. Die sogenannte Gravel Road war weit weg von den europäischen Vorstellungen einer asphaltierten Strecke. Da war es dann auch kein Zufall, dass Udo den Quantum schwungvoll auf eine Kuppe zusteuerte. Nur um anschließend – jeder Bodenfreiheit beraubt – in einem Straßenloch zu landen. Das wirkte so souverän, dass unser Filius, der alles beobachtete, das zunächst für eine väterliche Showeinlage hielt. Ist halt nicht jeder ein geborener Indiana Jones. Glücklicherweise war am Auto nichts defekt, und die Fahrt konnte ohne Verzögerungen fortgesetzt werden.

Familienspaß ohne Ende

Entertainment ist bei uns eigentlich immer inklusive. Auch wenn es ganz unterschiedliche Formen annimmt.

Da überraschte es wenig, dass unsere beiden Großen auch mal freiwillig über einen hohen Zaun kletterten, um sich in einer Einheimischenbar von der elterlichen Aufsicht zu erholen. Ein echtes Highlight für die Mädels konnte ich spontan in einem örtlichen Frisiersalon organisieren. Sie bekamen Extensions in die Haare geflochten, echt Afrika-Style. Das weitete sich schnell zu einem vierstündigen Happening aus, mit insgesamt sieben Friseurinnen im Schichtbetrieb. Was vor allem auch daran lag, dass sich das europäische Haar wohl völlig anders anfühlte, und jede der Mitarbeiterinnen mal drankommen wollte. Da war es nicht verwunderlich, dass die Kids im weiteren Verlauf der Reise von anderen Touris als »Einheimische« fotografiert wurden.

Der Höhepunkt in Sachen Familienspaß war aber wohl der Besuch in Swakopmund. Die Stadt selbst sah ziemlich deutsch aus, beinahe so, als wäre man an der Nordsee. Aber hier ging es uns nicht ums Sightseeing, sondern Sandboarding stand auf dem Plan. Dabei sauste man bäuchlings auf Snowboards die Dünen herunter mit einer Spitzengeschwindigkeit von fünfzig bis sechzig Stundenkilometern. Zuschauen war schlimm genug, aber die meiste Überwindung kostete es natürlich, selbst mitzumachen. Mit einem Helm auf meinem Kopf, der mich aussehen

ließ wie Calimero mit der Eierschale. Dass sich der mir verspro-
chene Schlitten als handelsübliche Schrankrückwand entpuppte, machte es nicht
unbedingt leichter. Am **Dass sich der mir ver-**
Ende ging es sogar noch **sprochene Schlitten**
besser als Udos Fahr- **als handelsübliche**
zeug-Stunt und zu aller **Schrankrückwand**
Überraschung kam ich **entpuppte, machte**
heil unten an. **es nicht unbedingt**
    Das waren sie, die **leichter.**
Abenteuer der Big Seven
in Afrika. Nach unserem dreiwöchigen Trip brachten wir das
Auto zurück zur Vermieterin, auf deren Terrasse die Rückbank
noch immer geduldig wartete. Unsere Familie war hin- und
hergerissen zwischen »Juhu – es geht wieder nach Hause« und
»Oh nein, müssen wir denn wirklich schon zurück?«
    Aber so ist das halt bei jedem tollen Urlaub, irgendwann
geht er zu Ende. Und man findet sich wieder im ganz normalen Alltagswahnsinn. Irgendwo zwischen Arbeit, Fahrdiensten
für Ballett und Hausaufgaben. Natürlich mal sieben. Allein das
lässt einen gleich wieder von Urlaub und Entspannung träumen.
Und von Afrika ...

Das Navi spinnt

»Nach dreihundert Metern bitte rechts fahren.«

Ich warf einen Blick in den Rückspiegel, setzte den Blinker und ordnete mich in die rechte Spur ein.

»Voll gut, dass die hier auch Autos mit deutschem Navi haben«, sagte Johanna und schaute zufrieden aus dem Fenster. Sie hatte die Füße gegen die Armatur gestützt, kaute Kaugummi und betrachtete die vorbeiziehende andalusische Landschaft.

Wir waren gestern Abend in Málaga gelandet, hatten eine Nacht in einer wunderschönen, kleinen Pension verbracht und uns heute Morgen nach einem ausgiebigen Frühstück auf den Weg nach Algeciras gemacht.

»Wusstest du, dass Pablo Picasso hier geboren ist?«

»In Spanien?«

»Nein, hier in Málaga«, sagte ich.

»Nee, der ist aus Madrid gewesen, dachte ich.« Johanna schüttelte den Kopf.

»Bitte rechts halten«, wies uns das Navi an.

Wir folgten der geschwungenen Kurve des Abbiegers, und ich schwenkte auf die neue Autobahn ein. Autostraße? Ehrlich gesagt hatte ich keine Ahnung, ob man das in Spanien auch so nannte.

Ich gab Gas und zog auf der linken Spur an einer Reihe von PKWs vorbei.

»Achtung! Tempolimit!«, sagte die Dame, deren Stimme mitten aus der Konsole des Wagens zu kommen schien. Obwohl sie natürlich in der typischen, etwas abgehackten Weise eines

Navis sprach, hatte sie eine melodische Modulation und ein sympathisches Timbre. Wir hatten sie beide von Beginn an als sehr angenehm befunden, und das Navi, beziehungsweise seine Stimme, ›Yvonne‹ getauft. Das passte auch gut zu dem kleinen roten Flitzer, mit dem wir jetzt durch Spanien fuhren. Wir hatten darüber beraten, wie alt Yvonne wohl sein mochte, und uns schließlich auf Mitte dreißig geeinigt – also ungefähr so alt wie wir selbst.

Johanna lachte. »Die behält dich im Auge!«

Ich lächelte und drosselte die Geschwindigkeit. Zu Hause benutzte ich mein Handy und Google Maps für die Navigation – dort gab es keine Verweise auf Geschwindigkeitsbegrenzungen, aber ich wusste, dass manche Navis darauf hinwiesen. »Ich bin gerade mal zehn km/h drüber«, entgegnete ich und klang dabei trotziger, als ich es gewollt hatte.

»Yvonne hat die Regeln nicht gemacht«, sagte Johanna und ließ sich noch tiefer in ihren Sitz rutschen.

»Klugscheißer.«

Wenig später erreichten wir Algeciras, unser vorübergehendes Quartier. Wir parkten den Wagen in einer Nebenstraße, verabschiedeten uns von Yvonne, bezogen unsere Pension und machten dann einen Stadt- und Strandbummel.

Am nächsten Tag brachen wir schon in der Frühe auf, um an der Küste entlang nach Caños de Meca, einem kleinen Hippiedorf, zu fahren. Der Ort war außerdem ein Surferparadies, und obwohl weder Johanna noch ich surften, mochten wir das Lebensgefühl. Unser beider Lieblingsfilm war »Gefährliche Brandung« mit Keanu Reeves und Patrick Swayze.

Während wir durch den Ort rollten und uns fasziniert die pittoresken Häuschen ansahen, lief mir fast ein braun gebrannter Typ mit Dreadlocks vor das Auto. Ich bremste im letzten Moment, und er stand bloß da und musterte mich unter schweren Lidern. Dann hob er den Arm, am Handgelenk jede Menge ausgebleichter Freundschaftsbänder, und ging weiter.

»Puh«, sagte Johanna.

»Das war nicht sehr aufmerksam«, sagte Yvonne mit ihrer merkwürdigen digitalen Stimme.

»Das war nicht sehr aufmerksam«, sagte Yvonne mit ihrer merkwürdigen digitalen Stimme.

Johanna und ich starrten uns an. »Was war das denn?«, fragte sie schließlich, während ich bloß auf die Konsole glotzte.

Nach einem Augenblick legte ich den Gang wieder ein und fuhr an. Langsamer diesmal, vorsichtiger.

Kurz darauf parkte ich den Wagen, wir stiegen aus, und ich ließ die Schlösser mit dem Schlüssel zuschnappen.

Einen Moment lang sagte keiner von uns beiden etwas, bis ich Johanna schließlich noch mal fragte: »Was war das denn?«

»Eben, im Auto?«

»Ja. Woher wusste Yvonne das mit dem Hippie?«

Sie runzelte die Stirn, schüttelte den Kopf. »Das wusste sie nicht.«

»Aber sie hat gesagt, ich sei nicht aufmerksam gewesen. Oder?«

Johanna wirkte genervt. »Ich weiß nicht mehr, was sie gesagt hat. Vielleicht war es auch etwas anderes. Wir hatten uns beide erschreckt.«

Den Rest unseres Ausfluges sprachen wir nicht mehr darüber, und auf der Rückfahrt nach Algeciras lauerte ich darauf, dass Yvonne noch einmal etwas sagen würde. Etwas, das nicht zum üblichen Wortschatz eines Navis gehörte. Aber sie hielt sich komplett an die Regeln: Außer Sätzen wie »Nach zweihundert Metern rechts abbiegen«, »Bitte wenden!« und »Folgen Sie dem Straßenverlauf für zwei Kilometer« kam nichts aus dem Lautsprecher.

Abends in der Pension surfte ich im Internet. Der Vorfall hatte mir keine Ruhe gelassen.

»Wusstest du, dass sie darüber nachdenken, in Großbritannien die Geschwindigkeit mit Satelliten überwachen zu lassen?«

»Was sagst du, Schatz?«, fragte Johanna, die gerade aus der Dusche kam und sich mit einem Handtuch die Haare trocken rubbelte.

»Die können dann mit dem Satelliten jederzeit überwachen, wie schnell du fährst. Wenn du rast, wissen sie das sofort. Keine Blitzer mehr.«

Mit angewidertem Gesichtsausdruck ging sie, um sich anzuziehen. »Haben die nicht auch diese Tausende von Kameras in der Londoner Innenstadt?«

Ich nickte. »Jedenfalls frage ich mich, ob so etwas auch bereits Teil eines Navis sein könnte. Vielleicht hat Yvonne deswegen etwas gesagt. Unsere Geschwindigkeit kennt sie ja ohnehin«, fügte ich etwas leiser hinzu.

»Blödsinn.« Johanna kam und zog sich ein T-Shirt über. »Da müssten die ja nicht nur das GPS überwachen, sondern gleichzeitig auch eine Kamera auf uns richten, die erkennt, ob uns gerade ein Surfer vors Auto läuft oder du einfach nur so abbremst, weil du vielleicht einen Krampf im Bein hast.«

Ich schüttelte den Kopf, denn ich ließ mich nicht davon abbringen, dass Yvonne meinen Beinahe-Unfall kommentiert hatte.

Am nächsten Tag waren wir wieder früh unterwegs, um einen Tagesausflug nach Sevilla zu machen, als wir noch mal auf Picasso zu sprechen kamen.

»Hast du gestern Abend mal nachgeschaut, wo der geboren ist?«

»Nein. Aber ich habe recht, es ist Málaga.«

»Das stimmt nicht, lass uns wetten.«

»Um was?«

Johanna überlegte einen Moment. »Einen Monat abwaschen, wenn wir wieder zu Hause sind.«

Ohne zu zögern streckte ich ihr die Hand hinüber, steuerte so lange einhändig. »Deal.«

Johanna schlug ein.

In diesem Moment meldete sich Yvonne mit absolut neutraler Stimme. »Pablo Picasso, eigentlich Pablo Ruiz Picasso, wurde am 25. Oktober 1881 in Málaga, Spanien, geboren. Er starb im April 1973 in Frankreich.«

Wir waren beide komplett perplex. Ich hatte Glück, dass die Straße, der wir folgten, schnurgerade Richtung Horizont verlief. Ansonsten wären wir vermutlich bei der ersten größeren Kurve von der Fahrbahn abgekommen.

»Was zum Teufel ...«, flüsterte Johanna und starrte auf die Konsole.

»Dem Straßenverlauf für weitere neun Kilometer folgen«, sagte Yvonne, als wäre nichts gewesen.

Johanna schaute mich an. »Ich glaube, ich spinne.«

»Ich glaube, du machst den Abwasch«, konnte ich mir nicht verkneifen.

»Das ist gruselig. Und du denkst an nichts anderes als an unsere Wette?«, empörte Johanna sich.

Ich fand es auch ein wenig befremdlich, aber in dem Moment beschwingte mich das Hochgefühl, mich mehr als vier Wochen nicht um dreckiges Geschirr und fettige Töpfe kümmern zu müssen.

Unser Ausflug erwies sich als Flop. Wir redeten nicht viel miteinander und liefen beide in düsterer Stimmung durch die Stadt. Johanna machte ein Gesicht wie sieben Tage Regenwetter, und das in der brütenden Hitze von Sevilla. Wir schlenderten durch die schmalen Gassen, bis es mir schließlich zu doof wurde.

»Wollen wir zurück?«, fragte ich.

Johanna zögerte einen Moment, als würden wir uns eine Niederlage eingestehen müssen. Wir hatten uns beide sehr auf die Fahrt gefreut. »Ja«, sagte sie schließlich.

»Soll ich den Wagen holen? Und du bleibst so lange hier?« Was wie Ritterlichkeit klang, war im Grunde genommen eine Flucht. Ich hatte schlicht keine Lust, weiter mit Johanna durch die Straßen zu trotten.

Sie willigte ein und ich ging los.

Nachdem ich unser Auto schließlich erreicht hatte und eingestiegen war, die Klimaanlage voll aufgedreht hatte und mich in Bewegung setzte, überraschte mich Yvonnes Stimme. »Möchten Sie die *scenic route* nehmen?«, fragte sie und sprach das Wort englisch aus. Ich verstand sie trotzdem: Es ging ihr um die malerische Route, mit einem tollen Ausblick. Kurzerhand drückte ich am Display auf ›Okay‹.

Fast eine Stunde später hielt ich am Straßenrand neben Johanna, die zu mir ins Auto kletterte, mit hochrotem Kopf und verschwitzten Haaren. »Wo bist du gewesen, du Blödmann? Ich warte hier schon seit Ewigkeiten auf dich.«

Ich antwortete nicht sofort, sondern konzentrierte mich darauf, den Wagen aus der Stadt heraus und Richtung Süden zu steuern. Schließlich antwortete ich: »Yvonne hat mir eine alternative Strecke gezeigt.«

»Ach nee!« Johanna schaute mich von der Seite an und verschränkte die Arme vor der Brust. Ich erwiderte nichts, sah sie nicht an und fuhr einfach weiter.

Den gesamten Rückweg sprach keiner von uns. Immer wieder machte Yvonne Angaben zum Weg, bis Johanna sie kurzerhand leise drehte. Ich schwieg und sagte nichts, um unseren Streit nicht eskalieren zu lassen.

»Das ist doch abartig«, sagte Johanna unvermittelt. Wir saßen in unserem Zimmer, nachdem wir unser Abendessen ebenfalls in fast vollkommenem Schweigen eingenommen hatten.

»Ich meine, das ist der Überwachungsstaat, vor dem uns unsere Eltern immer gewarnt haben.«

Deine Eltern, nicht meine, dachte ich, erwiderte aber nichts. Johannas Eltern waren bei Brokdorf und Gorleben dabei gewesen und nahmen regelmäßig an Tantra-Wochenenden teil, während meine Eltern keine derartigen Ängste bezüglich *Big Brother* hegten. Die fuhren auch nach Mallorca in den Urlaub und nicht auf ein Atem-Wochenende in die Toskana.

»Die können vermutlich alles überwachen, was in dem Auto vor sich geht.« Entnervt warf sie ihr Buch auf den Tisch. »Stell dir vor, wir hätten so ein Navi schon in meinem alten Corsa gehabt.«

Ich fühlte, wie meine Wangen heiß wurden, als ich an den spontanen Sex an Schottlands Steilküste denken musste, den wir in diesem Auto gehabt hatten.

»Das war 1984. Wenn sich George Orwell Navis hätte vorstellen können, dann hätte er so etwas beschrieben.« Sie nahm ihr Buch wieder in die Hand, als wäre dazu alles gesagt, aber ich wusste, dass sie so schnell nicht lockerlassen würde. Einen Augenblick starrte sie ins Buch, ließ es dann wieder sinken. »Ab jetzt benutzen wir das Navi nicht mehr, sondern besorgen uns Karten. Früher ging das ja auch. Ich finde das alles gruselig.«

Johanna war eine fürchterliche Kartenleserin, und ich nicht viel besser. Egal, wer von uns beiden auf dem Beifahrersitz saß und versuchte, aus den spanischen Namen schlau zu werden, wir verfuhren uns unweigerlich, und jeder unserer Ausflüge dauerte fast doppelt so lang wie geplant. Dass so viele der kleinen spanischen Sträßchen Einbahnstraßen waren, machte es nicht leichter.

»Mann, da können wir nicht durch!«, giftete Johanna mich an, nachdem sie abrupt abgebremst hatte. Hinter uns wurde gehupt. Sie versuchte, gegen den Strom von Autos zu wenden, um nicht weiter die Fahrbahn zu blockieren. Ihr Kopf hatte eine hochrote Farbe angenommen, und ihr Zopf befand sich in einem fortgeschrittenen Stadium der Auflösung: einzelne Strähnen standen in alle Richtungen ab.

»Du wolltest ja unbedingt, dass wir das Navi nicht mehr benutzen.«

Selbst die Hupen hinter uns schienen für einen Moment den Atem anzuhalten, und ich schluckte, als mir klar wurde, dass ich das besser nicht hätte sagen sollen. Wortlos stellte Johanna den Motor ab, öffnete die Tür und verschwand in der Einbahnstraße, während ich ihr entgeistert hinterherstarrte.

Die Hupen hatten wieder Luft geholt und begannen ihren lautstarken Protest von Neuem. Also rutschte ich auf den Fahrersitz, startete den Motor und schaffte es in nicht einmal zehn Minuten, das Auto, mich und Yvonne aus dieser misslichen Lage zu befreien. Kurz darauf befand ich mich in einer Parallelstraße und versuchte herauszufinden, wohin Johanna verschwunden sein konnte.

»Nach einhundert Metern links«, sagte Yvonne mit ihrer tiefen, dunklen Stimme, und es kam mir so vor, als könnte mir jetzt nichts mehr passieren.

Mein Atem beruhigte sich langsam, während ich den Blinker setzte, um links abzubiegen.

»Du hast dir nichts vorzuwerfen, sie hat es ja nicht anders gewollt«, fuhr Yvonne fort.

Ich sagte nichts, aber gedanklich stimmte ich ihr zu. Johanna hatte sich wirklich wie eine Zicke verhalten. Eigentlich sollte ich einfach zurück nach Algeciras fahren, und sie konnte sehen, wie sie zurückkommen würde. Aber ich wusste, dass sich ihre Handtasche mit ihrem Handy und ihrem Geld im Wagen befand. Wenn ich sie jetzt sitzenließ, dann wäre das sicher das Ende unserer Beziehung.

»Links halten«, befahl Yvonne sanft.

Wir erreichten einen kleinen Platz, auf dem sich ein Brunnen befand. Dort sah ich Johanna sitzen. Erleichtert steuerte ich auf sie zu und parkte neben dem Brunnen.

Als ich die Autotür zuklappte, sah Johanna zu mir rüber. Ihre Augen waren rot, als hätte sie geweint.

»Es tut mir leid«, sagte ich.

»Nein, mir tut es leid.« Sie versuchte sich an einem Lächeln, und einen Augenblick später lagen wir uns in den Armen.

»Können wir bitte das Navi benutzen, um zurück zur Pension zu kommen?«, flüsterte ich in ihren Hals. Johanna nickte.

Während wir zum Auto gingen, sagte sie: »Aber lass uns schauen, welche Ausflüge wir ab jetzt zu Fuß machen können, ja?«

Am nächsten Morgen stahl ich mich aus der Pension, während Johanna noch schlief. Ich gab die Adresse von einer Bäckerei im nächsten Ort ein und ließ mich von Yvonne dorthin lotsen.

»Im Kreisverkehr die dritte Ausfahrt nehmen«, sagte sie.

»Nach zweihundert Metern rechts abbiegen.«

Mein Trip zur Bäckerei dauerte fast zwei Stunden, und als ich den Wagen endlich wieder auf dem Parkplatz der Pension abstellte und gerade den Motor ausschalten wollte, erwartete mich Johanna bereits mit wütenden Blicken, sagte aber nichts.

In den nächsten Tagen wurde alles noch schlimmer. Entweder wir schwiegen uns an oder wir stritten. Frieden fand ich nur, wenn wir uns für eine Weile trennten und ich das Auto nahm.

Sobald ich das Navi einschaltete, fühlte ich, wie eine Last von meinen Schultern genommen wurde. Als ob mein Brustkorb freier atmen konnte.

Ich unterhielt mich mit Yvonne über Gott und die Welt, sie zeigte mir wunderschöne, unbekannte Ecken von Andalusien, und oft lachten wir sogar gemeinsam.

Sobald ich das Navi einschaltete, fühlte ich, wie eine Last von meinen Schultern genommen wurde.

Mehr als einmal plagten mich Schuldgefühle, und ich bot Johanna an, dass sie an diesem Tag das Auto übernehmen könnte. Aber sie funkelte mich dann bloß wütend an und würdigte mich keiner Antwort. Sie hasste dieses Auto, beziehungsweise das Navi.

Bis ich eines Nachts aufwachte und aufstand, um mir ein Glas Wasser zu holen. Ich schlief schon seit Tagen auf der Couch, und die Tür zum Schlafzimmer stand offen. Johannas Bett war leer. Verwirrt schaute ich im Bad nach, aber auch dort war sie nicht. Beklemmung ergriff mich, als ich Johannas nackte Füße über den Boden tapsen hörte. Ich registrierte, wie sie nach dem Schlüssel griff und wie sich die Haustür hinter ihr schloss. In mir vermischte sich Ärger mit Angst.

Johanna hatte ihre Sachen gepackt und war gegangen. Ich ging zum Fenster und schob den Vorhang zurück, um nach draußen zu sehen, aber dort herrschte noch tiefste Nacht. Wo zum Teufel wollte sie hin?

Dann bemerkte ich das Licht in unserem Mietwagen. Ein blauer Schein, wie von einem Display. Ich kniff die Augen zusammen und bildete mir ein, sie im Inneren schemenhaft erkennen zu können.

Mit klopfendem Herzen zog ich mich am Morgen an, um mit unserer Wirtin zu reden: Nein, sie hätte die junge Dame nicht gesehen. Ich rannte durch den Ort, in der bizarren Hoffnung, die beiden irgendwo stehen zu sehen. Immer wieder versuchte ich, Johanna auf dem Handy zu erreichen, aber sie ging nicht ran. Schließlich kam ich erschöpft und aufgelöst wieder in der Pension an, legte mich weinend ins Bett. Die nächsten zwei Tage verließ ich das Zimmer nicht. Johanna meldete sich nicht, ging nicht ans Telefon, rief nicht zurück.

Am nächsten Tag ging unser Rückflug nach Deutschland. Plötzlich beschlich mich ein Gefühl von Furcht. Möglicherweise würde Johanna gar nicht am Flughafen auf mich warten. Was, wenn sie bereits einen früheren Flug genommen hatte? Ich rief bei der Fluggesellschaft an und erkundigte mich. Frau Derks hätte ihren Flug storniert, sagte man mir.

Benommen saß ich da und rieb mir die Schläfen. Dann telefonierte ich mit der Mietwagenfirma. Ja, Frau Derks hätte den Zeitraum der Buchung verlängert. Als ich auflegte, wurde mir klar, was sie vorhatte. Sie würde mit Yvonne zurück nach Deutschland fahren!

Die Sicht verschwommen, weil mir ohne Unterbrechung Tränen das Gesicht herunterliefen, malte ich mir ein Pappschild, um nach Málaga zu trampen.

Polarlicht ganz anders

Am dritten Tag der Reise, von der ich fast mein ganzes Leben lang geträumt hatte, war ich kurz davor, über Bord zu springen.

Wir hatten uns gemeinsam für die kleine Innenkabine entschieden, weil wir dachten, dass wir dort nur schlafen und den Rest des Tages anderweitig verbringen würden. Aber als ich die Kabine zum ersten Mal sah, stockte mir kurz der Atem – denn sie war entsetzlich klein. Wenn man die Tür öffnete, erblickte man ein an der Wand festgeschraubtes Bett und gegenüber ein schmales Sofa, das ebenfalls zum Schlafen umgebaut werden konnte. Darüber befanden sich zwei weiße Regalbretter. Hinter der Tür versteckten sich ein winziger Kleiderschrank und ein halbmondförmiges Tischchen mit einem Stuhl, das ebenfalls an der Wand verschraubt war. Das war alles. Erst, als ich überlegte, wo wohl das Badezimmer sein könnte, fiel mir eine schmale Tür zwischen Sofa und Tisch auf. Vorsichtig öffnete ich sie. Dusche, Toilette, Waschbecken, alles drin. Man

 Man musste sich sehr nah sein, um in so einer Kabine die gemeinsame Zeit gut überleben zu können.

musste sich sehr nah sein, um in so einer Kabine die gemeinsame Zeit gut überleben zu können.

Schon als wir unsere Reisetaschen hineingeschleppt hatten, konnten wir uns kaum noch bewegen. Marks Laune sank in den Keller und kam fortan auch nicht mehr nach oben zurück.

Ich machte gute Miene, öffnete das Fläschchen Sekt, das zur Begrüßung für uns bereitstand, und goss ihm ein Glas ein.

Mit langem Gesicht süffelte er auf der Couch sitzend vor sich hin, während ich unsere Sachen in den Schrank stopfte.

Danach wollte ich das Schiff erkunden und hoffte, dass das seine Laune heben würde. Doch als wir auf einem der großen Decks ankamen, wurden wir gleich von einem Reiseleiter, zu dem eher der Ausdruck Animateur passte, in Beschlag genommen. Er trieb die Horde der Reisenden, die er bis dahin in die Finger bekommen hatte, vor sich her wie eine Herde Schafe. Es war zwar hilfreich, um sich schnell auf dem Schiff zurechtzufinden, aber die ständigen Witzchen des Animateurs und der schon etwas angeschickerten Senioren, die den Großteil der Passagiere ausmachten, verschlimmerten Marks Laune leider noch mehr.

Es war eisig kalt, doch wir hatten aus zwei Gründen entschieden, diese Reise in die Wintermonate zu verlegen: Erstens war es wesentlich günstiger und zweitens hatte man nur so die Chance, vielleicht Polarlichter sehen zu können.

Vorsichtig blickte ich mich um, wo Mark abgeblieben war. Er stand so weit wie möglich von allen anderen entfernt allein an der Reling und starrte ins Wasser.

Der Animateur verteilte gerade blau schimmernde Begrüßungsdrinks, und das war ein guter Zeitpunkt, um sich zu verdrücken. Rasch ging ich zu Mark, nahm ihn an der Hand und zog ihn weg. Als wir eine wunderschöne Ecke erreicht hatten, in der ein paar sehr bequeme Stühle vor riesigen Panoramafenstern standen, drückte ich ihn in einen hinein und setzte mich auf seinen Schoß.

Endlich gelang es mir, ihn ein wenig zu versöhnen, doch schon beim Abendessen lief es wieder gar nicht gut. Wir saßen mit zwei schrecklich anstrengenden älteren Damen am Tisch, die sich entweder zankten, oder uns mit einem solchen Wortschwall überhäuften, dass ich das Gefühl hatte, als würden riesige Mengen Buchstaben auf uns herabregnen.

So schnell wie möglich verließen wir den Speisesaal wieder. Ich nahm mir vor, gleich am nächsten Morgen nach einem anderen Tisch zu fragen, auch wenn mir das ein wenig peinlich war. Wir gingen in die Bar, da der Gedanke an die Kabine auch nicht gerade verlockend war, und es dauerte nicht lange, bis Mark ziemlich angetrunken war. In der Kabine fiel er dann schnarchend in den Tiefschlaf, während ich noch eine ganze Weile mit dem Ausklappsofa kämpfte. So hatte ich mir das nicht vorgestellt.

Am nächsten Morgen erwachte ich sehr früh, zog mich leise an und ging hinauf ans Deck. Was für ein Ausblick! Das Wetter war herrlich, frische eiskalte Luft füllte meine Lungen, und um mich herum reckten sich die schneebedeckten Berge in den samtschwarzen Himmel. Wir passierten gerade einen kleinen Fjord, in dem sich eine Handvoll Häuschen an die weißen Hänge kuschelten. Einige Lichter strahlten in warmem Orange und verliehen der Szene etwas Magisches. Ich kam mir vor wie in einer Märchenwelt.

Kurze Zeit später landeten wir in einem kleinen Hafen, und ich bewunderte mit einigen anderen Passagieren das geschickte Anlegemanöver. Als ich Hunger bekam, ging ich Mark wecken, der einen ziemlich ausgeprägten Kater hatte. Zumindest konnten wir uns darüber freuen, dass unsere Tischgesellschaft offensichtlich schon gefrühstückt hatte. Das Schiff legte an, und wir gingen von Bord. Wir wanderten durch die schneebedeckten

Straßen einer kleinen, typisch norwegischen Stadt, und ich schöpfte Hoffnung, dass doch noch alles gut werden könnte, als ich sah, wie begeistert Mark fotografierte.

Doch als wir uns später in der Kabine für das Abendessen umzogen und uns dabei ständig in die Quere kamen, bekamen wir einen handfesten Streit. Mark neigte dazu, alles infrage zu stellen, obwohl wir nun seit mehr als zehn Jahren zusammen waren. Das verletzt mich sehr.

Beim Abendessen schwiegen wir uns an, und mir war sogar egal, was unsere Tischdamen davon hielten. Den Rest des Abends verbrachte ich an einem abgelegenen Winkel des Schiffes an Deck und Mark vermutlich in einer Bar.

Ich war unendlich traurig und wütend, dass er nicht nach mir gesucht hatte, als ich mich irgendwann auf den Weg zu unserer Kabine machte. Dort angekommen sprang ich rasch unter die Dusche, legte mich ins Bett und versuchte zu schlafen. Irgendwann spät in der Nacht kam Mark laut polternd, ließ sich auf sein Bett fallen und schlief sofort ein.

Der nächste Tag begann in ebenso schlechter Stimmung, und irgendwann wurde es mir zu blöd. Ich beschloss, mir etwas Gutes zu gönnen und buchte einen Ausflug: eine Schlitten-hundfahrt. Ich ging in die Kabine, um meine Tasche zu holen und meinen Entschluss Mark mitzuteilen. Er wollte schon anfan-gen, sich aufzuregen, aber als er meinen Blick sah, traute er sich dann wohl doch nicht, etwas zu sagen, und schwieg stattdessen schmollend vor sich hin.

Ich knallte die Tür hinter mir zu und beschloss, dass ich ab sofort so viel Spaß wie möglich auf dieser Reise haben würde. Im Bus setzte ich mich neben eine Frau in meinem Alter, die allein unterwegs war, und wir unterhielten uns sehr nett. Da es stark schneite, war von der Landschaft nicht viel zu erkennen, und somit sanken auch unsere Chancen Polarlichter zu sehen.

Am Ziel angekommen, empfing uns ein höllischer Lärm. Unzählige Schlittenhunde bellten wie verrückt. Meine Blase drückte, und ich erkundigte mich nach einer Toilette. Als ich wieder bei der Gruppe ankam, waren schon alle auf Schlitten verteilt: jeweils zwei Passagiere, dick eingemummelt in warme Felle, und je ein Guide.

Leider konnte ich Anna, die im Bus neben mir gesessen hatte, nirgendwo entdecken, dafür winkte mir ein bärtiger Mann zu und zeigte auf seinen Schlitten. Die anderen fuhren bereits los, also beeilte ich mich. Als ich mich gesetzt hatte und er eine Decke über mich breitete, konnte ich riechen, dass er eine starke Alkoholfahne hatte. Na bravo.

Schon ging die Fahrt los, und sobald die Hunde in Schwung waren, sausten wir in höllischem Tempo den anderen hinterher. Es hörte auf zu schneien, und kurz danach lichtete sich der Himmel. Er war von einem königlichen Dunkelblau, wie ich es bisher noch nie gesehen hatte. Fasziniert starrte ich nach oben, während der eiskalte Wind mir ins Gesicht schnitt. Links und rechts von uns befand sich dichter, undurchdringlich wirkender Wald. Wir fuhren durch eine breite, tief verschneite Schneise, und ich konnte mich kaum sattsehen an der Weite, die bald vor uns lag.

Und doch war ich auch traurig, dies war eigentlich ein Moment, in dem man sich an einen geliebten Menschen kuscheln sollte.

Mein Guide schrie den Hunden in regelmäßigen Abständen etwas zu, was sowohl aufmunternd als auch schimpfend gemeint sein konnte. Es war mir nicht möglich, das zu unterscheiden. Norwegisch klang in meinen Ohren wie eine Märchensprache.

Ich war so versunken in den Anblick um mich herum, dass ich erst nach einer ganzen Weile merkte, dass ich die anderen Schlitten nicht mehr sehen konnte. Nervös drehte ich mich um, als mein Schlittenhund-Guide gerade einen großen Schluck aus einer kleinen Flasche nahm. Was wäre, wenn er sich jetzt hier in der einsamen Wildnis verfahren hatte und ich nicht rechtzeitig zum Schiff zurückkäme? Ich wurde panisch und gestikulierte wie verrückt in der Hoffnung, er würde verstehen, was ich ihm sagen wollte.

Endlich blickte er zu mir, dann wieder nach vorn und erneut zu mir. Er schrie den Hunden etwas zu, diese wurden langsamer und blieben schließlich stehen. Ich sprang aus dem Schlitten und schrie ihn hysterisch an.

Was für eine beschissene Reise war das denn? Sollte sie hier enden, mit einem betrunkenen Schlittenhund-Guide in dunkler Nacht, mit dem ich mich nicht einmal verständigen konnte?

In gebrochenem Englisch versuchte er mich zu beruhigen, doch ich war am Rande eines Nervenzusammenbruchs. Ich brüllte ihn an, er solle mir sein Handy geben, aber natürlich hatte er keines dabei.

Tränen quollen aus meinen Augen. Erschöpft ließ ich mich auf den Schlitten fallen und vergrub mein Gesicht in meinen Händen. Hier draußen herrschte absolute Stille, nur ab und an unterbrochen vom Schnauben der Hunde.

Plötzlich stupste mich mein bärtiger Begleiter an der Schulter und ließ sich gleich darauf neben mir auf den Schlitten fallen.

Er hielt mir seine kleine Flasche hin, und ich dachte mir: Was soll's? Nach einem großen Schluck schossen mir gleich wieder Tränen in die Augen, so scharf war das Zeug, das meine Kehle hinunterrann. Er legte seinen Arm um meine Schulter, und ich wollte schon schreien, dass er ja die Pfoten von mir lassen solle, aber er interessierte sich gar nicht für mich, sondern zeigte nach oben in den Himmel. Über uns tanzten dunkelgrüne Polarlichter! Ich kniff meine Augen zusammen, konnte es kaum glauben, doch als ich sie wieder öffnete, waren die Lichter noch da. Was für ein unglaubliches Spektakel! Zum dritten Mal vergoss ich Tränen, doch diesmal vor Freude. Lachend hielt er mir erneut seine Flasche hin, und ich stand auf, prostete dem leuchtenden Himmel zu und nahm einen großen Schluck.

Danach saßen wir einfach schweigend nebeneinander und blickten in den Himmel. So etwas Schönes hatte ich noch nie gesehen, und für eine ganze Weile löschte es alles andere aus meinen Gedanken. Ich war irgendwie eins mit der Natur und spürte in mir ein Glück, das ich nicht in Worte hätte fassen können.

Irgendwann ertönten in der Ferne Geräusche, und ich sah die anderen Schlitten auf uns zukommen. Natürlich war ich erleichtert, die anderen wiederzusehen, doch im ersten Moment war ich auch traurig, dass diese unglaubliche Stille nun durchschnitten wurde.

Der Schnee stob auf, als der erste der anderen Wagen bei uns haltmachte. Stefan, einer der Deutschen, dem die Schlittenhund-Station gehörte, fragte mich, ob alles in Ordnung sei und entschuldigte sich bei mir. Mein Guide war wohl dafür bekannt, dass er immer wieder eigenmächtig andere Wege fuhr, doch ich war so selig, dass ich einfach nur abwinkte.

Auf dem Rückweg zum Schiff herrschte aufgeregtes Geplapper. Alle waren überglücklich, die Polarlichter gesehen zu haben. Still saß ich ganz hinten und spürte diesem Erlebnis nach. Ich hatte meinen Guide beim Abschied stürmisch in die Arme genommen und mich bei ihm bedankt. Ich fühlte mich, als hätte dieses Erlebnis ein wertvolles Gefäß in mir angefüllt. Mir war ein wenig bange davor, was mich wohl erwarten würde, wenn ich wieder auf Mark traf. Ich war erstaunt zu sehen, dass er vor dem Schiff auf und ab lief, als wir ankamen. Kaum war ich aus dem Bus ausgestiegen, rannte er auf mich zu und nahm mich in die Arme. Er entschuldigte sich mehrmals und sah richtig zerknirscht aus. Dann zog er mich aufgeregt aufs Schiff und meinte, er hätte eine Überraschung. Neugierig ließ ich mich von ihm durch die Gänge führen, und schließlich sperrte er stolz eine andere Kabine auf. Eigentlich konnte man schon Suite dazu sagen. Es war fantastisch! Geräumig, mit einem riesigen Doppelbett vor einer Panoramafensterwand und davor wiederum ein gemütlicher Balkon mit Liegestühlen. Ein Traum!

Mark hatte umgebucht, und dies wäre für den Rest der Reise unsere Kabine, ich konnte es kaum fassen!

Wie es dazu kam, erfuhr ich einige Stunden später, als ich bei einem kurzen Spaziergang die beiden Damen traf, mit denen wir unseren Tisch teilten. Sie hatten Mark während des Mittagessens in die Zange genommen, sodass sein schlechtes Gewissen schließlich überhandnahm. Also hatte er sich überlegt, womit er mir eine Freude machen konnte. Und sich auch.

Ich erfuhr nie, was die Damen ihm erzählt oder an den Kopf geworfen hatten, aber selbst bei der Polarkreistaufe am nächsten Tag spielte er mit. Bei diesem besonderen Ereignis, wenn man den Polarkreis kreuzt, tanzt ein als Neptun verkleideter Mann über Bord, und die Taufe besteht darin, dass jeder Passagier eine Kelle Eiswürfel in den Ausschnitt bekommt. Nicht eben angenehm bei den Temperaturen. Danach umarmten wir uns fest. Und während wir an der großen Weltkugel, die den Polarkreis markiert, vorbeifuhren, lief uns das eiskalte Wasser den Rücken herunter und wurde langsam warm.

Stadtrauschen

Wir waren frei und unabhängig. Wir waren gierig nach Abenteuern und suchten das Paradies. Das ist ja nicht ungewöhnlich mit Anfang zwanzig und beschränkter Lebenserfahrung, schließlich hat man zu der Zeit noch alles vor sich und will, dass das richtige Leben endlich beginnt.

Nach nur zwei Jahren Philosophiestudium hatten meine beste Freundin Karolin und ich vorerst genug von Vorlesungen in stickigen Räumen und nächtelangem Schreiben an Hausarbeiten, und wir beschlossen, die nächsten Sommersemesterferien für einen längeren Auslandstrip zu nutzen. Also buchten wir mal eben einen Flug, besuchten fleißig Spanischkurse, von denen nicht gerade viel hängen blieb, und arbeiteten ein halbes Jahr lang doppelt so viel wie sonst. Schon hatten wir ein bisschen Geld zusammengespart, das uns bei einfacher Lebensführung wohl über ein paar Wochen tragen konnte. Ist ja nicht teuer, Mexiko. Dachten wir.

Nach gefühlt fünf Tagen Flugzeit landeten wir gegen sechs Uhr morgens in Mexico City. In einem Land weit weg, von dem man nicht so einfach zurückkehren kann. Auch nicht, wenn man es schafft, gleich auf dem Flughafen beklaut zu werden. Inklusive Digitalkamera, Kreditkarte und leerem Tagebuch.

»Macht nichts«, tröstete mich Karolin. »Das passiert halt. Wir kommen auch mit meinem Geld zurecht.«

Ich rief trotzdem meine Eltern an und bat sie, meine Karte sperren zu lassen und etwas von meinem Konto auf das von Karolin zu überweisen. Sie redeten zwar auf mich ein, dass sie ja gleich gesagt hätten, Mexiko sei gefährlich, und das wäre wieder typisch für mich, war ja nicht das erste Mal, nur half uns das nicht weiter. Übermüdet, nach Schweiß stinkend und frisch beklaut ist man ohnehin nicht so richtig gut drauf.

Wir beschlossen trotzdem, uns diese Leichtigkeit, die wir eigentlich suchten, weshalb wir überhaupt hatten reisen wollen, nicht ruinieren zu lassen, und liefen vom Flughafengebäude zur Metro-Station. Denn Taxis in Mexico City sind zwar nicht teuer, aber immer noch teurer als die U-Bahn. Allerdings ist die gegen sieben Uhr morgens zum Bersten gefüllt, überall Menschen, und manche, vorwiegend Männer, grabschen einem auch gern mal an den Hintern oder wühlen, während man eingequetscht zwischen lauter Fremden steht und nichts mehr mitbekommt, in anderer Leute Handtaschen herum. Außer in meiner natürlich, die war ja schon weg. Erst, als wir endlich unsere Zielstation erreichten, bemerkten wir, dass es auf dieser Linie auch U-Bahn-Waggons gab, die nur Frauen und Kindern vorbehalten waren.

»Das System könnte man in Berlin auch mal einführen«, meinte ich zu Karolin.

»Ich finde, man sollte eher die Grabscher in ein Abteil sperren. Die hätten bestimmt 'ne Menge Spaß miteinander.«

Noch müder, noch verschwitzter, aber zum Glück nicht noch mal beklaut, verließen wir die Metro-Station und landeten auf einer breiten, dicht befahrenen Straße im Sonnenschein bei etwa dreißig Grad. Und das mit vollgepacktem Trekkingrucksack auf dem Rücken. Meckern half uns aber auch nicht weiter, also stiefelten wir Richtung Hostel. Die Zona Rosa, hatten wir im Reiseführer gelesen, war zwar ein bisschen sehr touristisch, doch konnte man dort abends gut weggehen. Und weggehen, das hatten wir uns, um Geld zu sparen, das gesamte letzte halbe Jahr nicht gegönnt.

Kurz nachdem wir im Hostel angekommen waren, sahen wir allerdings ein, dass wir vielleicht nicht unbedingt das billigste hätten nehmen sollen. Sechs-Personen-Schlafräume mit jeweils einem winzigen Bad, in dem sich die Kakerlaken vergnügten, in der Küche ebenfalls, falls man den für so viele Personen viel zu kleinen Raum mit den schmuddeligen Schränken überhaupt als solche bezeichnen konnte. Die Kühlschranktür schlossen wir gleich wieder, nachdem wir sie kurz geöffnet hatten. Offenbar wurde darin der Biomüll gelagert.

 **Die Kühlschranktür schlossen wir gleich wieder, nachdem wir sie kurz geöffnet hatten. Offenbar wurde darin der Biomüll gelagert.**

»Wir wollten ja eh die einheimische Kulinarik testen«, bemerkte Karolin achselzuckend. »Wofür brauchen wir da eine Küche?«

Zum Glück war das Hostel nicht voll, und wir durften unser Zimmer gleich belegen. In zwei Betten schnarchten noch Mädels vor sich hin, also stopften wir unser Gepäck nur in die wackeligen Schließschränke - im Übrigen sehr stolz darauf, dass wir an Sicherheitsschlösser für genau solche Fälle gedacht hatten -, und begaben uns auf den Weg, die Stadt zu erkunden. Trotz Jetlag, vergessener Sonnencreme und akutem Geldmangel.

Wir mussten etwa zwanzig Minuten lang den Reiseführer studieren, bis wir kapierten, dass die Zona Rosa nicht so direkt um die Ecke lag, obwohl die Beschreibung auf der Homepage des Hostels Gegenteiliges versprochen hatte. Diese Feststellung trübte unseren Abenteuerwillen jedoch keineswegs. Schließlich ist man nicht jeden Tag in Mexiko, und vor uns lagen unglaubliche zwei Monate. Was machte da schon ein bisschen Fahrt mit der Metro? Das gehörte schließlich dazu.

Wo wir auch ausstiegen, immer war es laut und voll und heiß. Nicht, dass wir uns beschweren wollten, im Gegenteil, wir waren fest entschlossen, uns außerordentlich gut zu amüsieren. Also wanderten wir durch das Zentrum und auf dem Zócalo, dem großen Zentralplatz, herum, besahen uns Kirchen und das eine oder andere Museum, weil Kultur ja nie schaden kann, doch immer hatten wir das Gefühl, um uns herum würden alle möglichen Sprachen gesprochen, nur kein Spanisch, und im Übrigen sah auch keiner der Kellner so gut aus wie unsere Sprachlehrer. Vermutlich ist das eine Tourismusstrategie, die gut aussehenden Einheimischen zu exportieren, um hübsche junge Frauen ins Land zu locken.

Jedenfalls schmerzte uns nach drei Tagen der Kopf, richtig atmen konnten wir die dicke Smogluft auch nicht mehr, und von dem vielen Herumgelaufe hatten wir Blasen an den Füßen. Kurz und gut, wir packten unsere Sachen, verließen das Schnarcherzimmer und begaben uns zum nächsten

Im Übrigen einer der Vorteile, wenn man keinen Plan hat: Man stellt sich vor eine Tafel mit lauter Namen von Orten, die man nicht kennt, und sucht sich einfach einen aus.

Busbahnhof. Im Übrigen einer der Vorteile, wenn man keinen Plan hat: Man stellt sich vor eine Tafel mit lauter Namen von Orten, die man nicht kennt, und sucht sich einfach einen aus. Sofern das Budget die Fahrkarten hergibt. Oder in unserem Fall Karolins Budget.

Auch wenn wir den Namen des Ortes, an den uns der Dritte-Klasse-Bus ohne Bordtoilette über Nacht bringen sollte, kaum aussprechen konnten und erst recht nicht im Reiseführer fanden, blieben wir optimistisch. Zumindest, bis wir die zuvor an einem Straßenstand erworbenen tortas, eine Art herzhaft belegtes, meist warmes Sandwich, probierten und ich kurz darauf Durchfall bekam. Wie gesagt, keine Bordtoilette. Es ist nicht gerade angenehm, mitten in der Nacht den Busfahrer anhalten zu lassen, damit man sich irgendwo in der Dunkelheit ein ruhiges Fleckchen suchen kann, während die anderen Reisenden vermutlich neugierig durch die Fenster spähen.

Dementsprechend erschöpft waren wir, besonders ich, als wir gegen fünf Uhr morgens aus dem Bus fielen, mit den letzten Passagieren, die bis hierhin durchgehalten hatten.

»Riechst du das?«, fragte Karolin.

»Ich bin das nicht.«

»Nein, ich meine die Luft. Es riecht nach Meer!«

Und tatsächlich. Kaum hatten wir die übervollen Trekkingrucksäcke ein paar hundert Meter weitergeschleppt, sahen wir ihn: den Ozean. Den Pazifik. Mit graublauen Wellen, die eher schläfrig in den winzigen Hafen schwappten. Hinter uns dämmerte bereits der Morgen.

Ein älterer Mann mit sonnengegerbtem Gesicht winkte uns von einem der wenigen Boote aus zu. »Wollt ihr mitfahren?«, fragte er uns auf Spanisch, was wir erst beim zweiten Mal verstanden.

»Wohin?«

Den Namen des Ortes verstanden wir genauso wenig, nur, dass es sich wohl um eine Insel handelte, auf die er uns entführen wollte. Wir hatten kaum geschlafen und außerdem Hunger, doch da der Mann nur wenig Geld für die Überfahrt verlangte und wir einfach hofften, dass er uns unterwegs nicht an Organhändler verscherbeln würde, stiegen wir in das wackelige Boot, kaum mehr als ein Kahn mit Motor und randvoll gefüllt mit Fischernetzen. Wir waren schließlich auf der Suche nach Abenteuern. Irgendwie.

Wasser spritzte ins Boot, die Luft schmeckte salzig und frisch, wie gefiltert, und auf einmal deutete der Mann irgendwo in die Ferne und sagte: »Delfines.« Auch wenn wir kaum mehr als ein paar Schatten auf der Wasseroberfläche entdeckten, die möglicherweise die Rückenflossen von Delfinen darstellten, reichte uns das fürs Abenteuergefühl. Delfine.

Die Fahrt dauerte etwa 15 Minuten. An einem zerfallenen Steg stiegen wir aus, der Mann winkte uns noch einmal zu, dann drehte er um und fuhr davon.

Zugegeben, so ganz durchdacht hatten wir das Ganze nicht. Wie sollten wir denn wieder zurückkommen? Und viel wichtiger: Wo, bitte schön, gab es was zu essen?

Wir schleppten uns dem Hungertod nahe durch einen Waldkamm, bemüht, die Umgebung schön zu finden, und auf einmal öffnete sich vor uns die Vegetation, und wir blickten auf einen weiten, menschenleeren Strand, an dem sich die Pazifikwellen brachen, eingedeckt in orangewarmes Sonnenaufgangslicht, hinter uns Kokospalmen oder Avocadobäume oder was auch immer das waren, jedenfalls volle Kanne Südseeflair. Also, beinahe Südsee.

»Okay«, sagte ich. »Wir bleiben.«

Ein paar Meter weiter entdeckten wir einige Hütten, und in einer von ihnen einen jungen Mexikaner, der einfache Holzunterkünfte und Hängemattenschlafplätze vermietete und uns eine einmalige Fischpfanne zubereitete, während wir uns unter so etwas wie einer stark rudimentären Außendusche erfrischten. Anschließend balancierten wir die randvoll mit Reis, gebackenem Gemüse und Fisch gefüllten Teller an den Strand, setzten uns in den Sand und atmeten tief durch. Salzluft. Meeresrauschen.

»Woanders würden wir für dieses Panorama zusätzlich bezahlen«, meinte ich.

»Gut, dass wir nicht woanders sind.«

Irgendwo weiter weg liefen zwei Hunde über den Strand, und fast am Horizont fuhr gemächlich eines dieser riesigen Luxuskreuzfahrtschiffe vorbei, von dem aus man diese Insel vermutlich nicht erkennen konnte, nicht ohne Fernglas. Das waren die einzigen Spuren von Leben.

Es vergingen bestimmt zwei Wochen, ehe wir wieder aufbrachen, um uns den Rest des Landes anzusehen. Denn egal, wie viel noch vor einem liegt: Wenn man das Paradies gefunden hat, sollte man dort bleiben. Solange es geht.

Auf ins idyllische Allgäu

»Was ist das denn für ein Monstrum?«, stieß Gisela erschrocken hervor. Ein dicker Reisebus bog auf den Parkplatz ein. »So ein Riesending für uns paar Leute?«

Gisela war enttäuscht. Zu dem zweitägigen Betriebsausflug des Forschungsinstituts ins idyllische Allgäu, wie es ihre bunt verzierte Einladung versprach, hatten sich leider nur 21 Kolleginnen und Kollegen angemeldet. Dabei hatten Gisela und Professor Lehmann, inzwischen pensionierter Biologieprofessor, gehofft, dass ihre Idee mehr Anklang finden würde. Trotzdem wollte Gisela sich die Laune nicht verderben lassen. Das Programm war gut durchorganisiert, und bestimmt war für jeden Teilnehmer etwas Nettes dabei. Da war sie sich hundert Prozent sicher. Und die Sache mit dem Bus würde sich auch gleich klären.

»Idyllisches Allgäu?«, fragte das kleine schmächtige Männchen, das dem Busmonster entstieg und sich mit Namen Fischer vorstellte.

»Ja ..., aber der Bus ist doch viel zu groß für uns. Wie viele Plätze hat der denn?«, fragte Professor Lehmann, der sich neben Gisela nach vorn schob. Sein Rollkoffer ruckelte über den Kies des Parkplatzes.

»55«, war Herrn Fischers knappe Antwort. »Also genügend Platz zum Liegen und Schlafen.«

»Das soll wohl ein Witz sein«, warf Gisela ärgerlich ein. »Ich hatte extra um einen kleinen Bus gebeten. Wird doch sonst viel zu teuer.«

»Der kleine Bus hat einen Motorschaden und steht in der Werkstatt«, entgegnete Herr Fischer leicht säuerlich. »Das hier ist der Ersatzbus, ohne Zusatzkosten. Mehr kann ich Ihnen nicht anbieten.«

»Und Sie sind der Aushilfsfahrer, wenn ich das richtig sehe«, meinte Professor Lehmann.

Herr Fischer grinste. »Genau. Aber wir werden die Gesellschaft schon ins idyllische Allgäu schaukeln. Machen Sie sich mal keine Sorgen.«

»Der hat gut reden«, murmelte Gisela beim Einsteigen. So hatte sie sich den Ausflug jedenfalls nicht vorgestellt. Das Sonnenberg-Hotel, das sie gebucht hatte, lag ziemlich weit oben. Wie wollte Herr Fischer mit diesem Monsterbus nur die Berge hinaufkommen? Doch Zeit zum Überlegen blieb nicht.

»Auf ins idyllische Allgäu«, rief Professor Lehmann. Die Gruppe machte es sich auf den breiten Sitzen bequem und legte die Beine hoch. Gisela und ihre Laborkolleginnen Silke und Tamara spielten Stewardessen und servierten das Bordfrühstück, Butterbrezeln, Croissants, belegte Brote und Kaffee aus der Thermoskanne. Die Stimmung im Bus war ausgezeichnet.

Bis zu dem Zeitpunkt, als Professor Lehmann sich irgendwo hinter Oberstdorf zu Wort meldete: »Ich glaube, hier sind wir falsch. Da geht's nicht zu unserem Hotel, das weiß ich genau. Wir hätten weiter unten links abbiegen müssen.«

»Aber das Navi sagt, dass wir hier genau richtig sind«, verteidigte Herr Fischer sich und die Bordtechnik des Busses.

»Was haben Sie denn als Ziel eingegeben?«, wollte Werner wissen. »Ich bin im Institut nämlich für die Software-Programmierung zuständig und weiß aus Erfahrung, dass dabei so einiges schiefgehen kann.«

»Diesem neumodischen Zeug vertraue ich nicht.« Professor Lehmann winkte ab und zückte eine alte Straßenkarte, die bereits ziemlich mitgenommen aussah. »Meine Geheimwaffe«, fügte er schmunzelnd hinzu.

»Wenn möglich, bitte wenden«, tönte nun eine Frauenstimme aus dem Navigationsgerät.

»Sag ich doch«, bestätigte Werner und klopfte sich anerkennend auf die Oberschenkel. »Das Ding spinnt. Hat hier oben wahrscheinlich keine GPS-Verbindung. Oder es ist ein Softwarefehler. So was kenne ich zur Genüge.«

Der Reisebus näherte sich langsam dem Ende der Straße, die in einen steil ansteigenden Feldweg mündete, umgeben von sattgrünen Wiesen mit glockenbimmelnden Kühen und ein paar in der Berglandschaft versprengten Bauernhäusern.

»Wirklich sehr idyllisch, dieses Allgäu«, kommentierte Silke mit säuerlichem Gesicht. Kurz wallte Gelächter durch den Bus, dann wurden alle ziemlich still.

»Und jetzt?«, fragte Gisela. Selbst der allwissende Werner schien mit seinem Latein am Ende zu sein.

»Na, dann wende ich eben«, erklärte Herr Fischer mutig, wobei Gisela völlig schleierhaft war, wie er das auf dem engen Schotterweg anstellen wollte. Links neben ihnen ging es steil bergab, und die Leitplanke machte keinen besonders stabilen Eindruck.

In kunterbunter Abfolge redeten nun die Kollegen auf den Busfahrer ein:

»Der Bus hat bestimmt Servolenkung, oder?«

»Am besten fahren Sie rückwärts den Berg wieder runter.«

Herr Fischer wurde ganz grün im Gesicht, nach wenigen Minuten standen dicke Schweißtropfen auf seiner hohen Stirn. Fast tat er Gisela ein wenig leid. Aber nur fast. Schließlich hatte sie einen kleinen Bus und kein solches Monstrum bestellt. Sollte er doch sehen, wie er das Riesending wieder den Berg hinunterbekam.

Rückwärtsfahren schien am Ende die einzige Option zu sein. Eine Wendemöglichkeit fand Herr Fischer nicht. Also zuckelte der Bus in Schrittgeschwindigkeit die schmale Bergstraße hinab. Die 21 Kollegen verrenkten sich die Hälse.

Die sonst so gemütliche Tamara, die selbst der größte Stress nicht aus der Ruhe brachte, war blass um die Nase geworden. »Wenn wir nun abstürzen?«, jammerte sie.

»Am besten steigen alle aus«, verkündete Herr Fischer im selben Augenblick und trat auf die Bremse.

Das ließen sie sich nicht zweimal sagen. Der Bus setzte seine Rückwärtsfahrt fort, und alle marschierten hinterher. Professor Lehmann in seinen dicken Wanderstiefeln, mit Hut und Spazierstock bewaffnet, voreneweg. Von rechts näherten sich braun-weiß-gefleckte Kühe dem elektrischen Weidezaun und beäugten den Bus und die Wandergruppe kauend. So etwas war den Tieren hier oben auf ihrer Weide wohl noch nicht untergekommen.

Endlich wurde die Straße wieder breiter, und Herr Fischer versuchte ein Wendemanöver. Natürlich nicht ohne tatkräftige Anleitung von mindestens acht der Kollegen.

»Noch ein Stückchen zurück.«

»Nein, mehr nach rechts.«

»Halt! Jetzt wieder in die andere Richtung einschlagen.«

»Mann, drehen Sie doch am Lenkrad. So was lernt man schon in der Fahrschule.«

Herr Fischer kurbelte hierhin und kurbelte dorthin und schwitzte noch viel mehr. Einen halben Meter vor, zwanzig Zentimeter wieder zurück. Rechts, links, nein, doch geradeaus. Gisela wurde vom Zugucken ganz schwindlig im Kopf. Dann hatte Herr Fischer es beinahe geschafft, nur noch eine halbe Drehung des Lenkrades. Gisela atmete schon aus vor Erleichterung ... Da ging ein kräftiger Ruck durch den Bus, und es gab einen lauten Knall. Der Bus hatte mit der rechten Seite einen Metallpfosten gerammt und ihn aus der Verankerung gerissen. Die Seitenwand des Busses war aufgeschlitzt, genau da, wo sich die Toilette befand.

»Haben Sie den Pfosten denn nicht gesehen?«, fauchte Werner den Busfahrer an. »Steht übergroß im Weg, das Ding. Sieht doch ein Blinder.«

Herr Fischer hatte nichts gesehen, aber das war nicht das Schlimmste. Als sie wieder eingestiegen waren, machte sich ein unangenehmer Geruch im Bus breit.

»Ach herrje, Eau de Toilette«, rief Tamara und verzog das Gesicht.

»Das hat uns gerade noch gefehlt«, entgegnete Gisela. Dieser Ausflug schien wirklich unter keinem guten Stern zu stehen.

Zehn Minuten später war der Bus endlich auf dem richtigen Weg, und sie erreichten das Hotel Sonnenberg. Nachdem sie die gebuchten Zimmer bezogen und ein deftiges Mittagessen eingenommen hatten, pochte Gisela auf den nächsten Programmpunkt, nämlich die Wanderung zum Gaisalpsee.

»Der See liegt total idyllisch«, verkündete sie stolz. »Das wird euch bestimmt gefallen, ihr werdet sehen.«

»Wie lange dauert die Wanderung denn?«, fragte Silke mit besorgter Miene. Auch ein paar andere murrten. Sie schienen wohl zur Fraktion der Fußkranken zu gehören.

»Nur ein gutes Stündchen«, erklärte Professor Lehmann. »Und lauter befestigte Wege, also auch für Ungeübte geeignet. Ich kenn mich prima aus in den Allgäuer Bergen. Schließlich verbringe ich seit Jahren jeden Urlaub hier oben.«

Sofort übernahm Professor Lehmann wieder die Führung der Gruppe. Mit Wanderstiefeln, Spazierstock und Karte marschierte er voran. Der Rest der Kollegen folgte ihm im Gänsemarsch den Berg hinauf, begleitet von bimmelnden Kuhglocken und einem plätschernden Bergbach.

Aber schnell war es wieder mit der Idylle vorbei.

»Von wegen ein Stündchen, dass ich nicht lache«, beklagte sich Tamara, nachdem sie beinahe zwei Stunden durch die Berglandschaft gestapft waren und der Gaisalpsee immer noch nicht in Sichtweite gekommen war.

»Genau, Herr Professor. Wann sind wir denn nun endlich bei diesem ach so idyllischen See?«, pflichtete Silke ihr bei. »Mir tun die Füße weh, und ich habe Hunger.«

»Können wir hier nirgends einkehren? Schauen Sie doch mal in Ihrer klugen Karte nach«, sagte Werner. Die Stimmung war auf dem Tiefpunkt.

»Ich verstehe das nicht«, gab der Professor zerknirscht zu und stierte auf seine Karte. »Das letzte Mal war ich vom Hotel aus in einer knappen Stunde am Gaisalpsee. Aber diesen Weg kenne ich gar nicht.«

»Wahrscheinlich hätten wir irgendwo weiter unten links abbiegen müssen«, sagte Tamara und lächelte gequält. Den anderen war das Lachen allerdings gründlich vergangen.

Werner war stocksauer: »Ihr Orientierungssinn in allen Ehren, Herr Professor. Ich wollte eine lockere Berg- wanderung machen und kein Überlebenstraining in der Wildnis. Da ist mir mein Navi mit GPS jedenfalls tausendmal lieber als Ihre uralte Wanderkarte.«

Ich wollte eine lockere Bergwanderung machen und kein Überlebenstraining in der Wildnis.

Werner nahm Professor Lehmann die Karte einfach aus der Hand. »Jetzt brauchen wir einen Experten. Lassen Sie mich mal ran. Kann doch nicht so schwer sein, diesen verflixten Geißensee zu finden.«

»Gaisalpsee«, berichtigte Gisela.

»Wie auch immer.« Werner deutete nach rechts auf einen schmalen Pfad, der in den Wald hineinführte. »Ist doch alles sonnenklar. Wir müssen da lang. Mir nach.«

Also marschierten sie weiter, nur dieses Mal lief Werner vorneweg. Wie eine Herde Schafe folgten sie ihrem Leitwolf den Berg hinauf.

Zehn Minuten später kam die nächste Überraschung. Der Weg endete einfach im Nichts. Auf einer Lichtung standen sie plötzlich knöcheltief im Wasser, allerdings nicht im Wasser des Gaisalpsees. Von dem war immer noch weit und breit keine Spur, nicht mal ein winziges Hinweisschild.

»Meine Füße sind klatschnass«, beklagte sich Tamara.

Silke setzte sich auf einen Felsen am Rande der Lichtung. »Ich kann nicht mehr laufen, keinen Schritt«, verkündete sie trotzig.

Wie ihr ging es auch den meisten anderen. Ratlosigkeit machte sich breit. Und Wut. Professor Lehmann, Werner und Gisela standen mit betroffenen Gesichtern mittendrin.

»In zwei Stunden wird es dunkel«, gab jemand zu bedenken.

»Ich wollte eigentlich nicht unter freiem Himmel übernachten.«

»Gibt es hier oben nicht Wölfe?«, fiel Tamara plötzlich ein.

»Oder Luchse?«, wagte jemand anderes zu sagen.

Gisela schauderte vor Entsetzen.

»Verschollen in den Bergen, im 21. Jahrhundert. Unglaublich!«, klagte Silke.

»Hör auf mit dem Mist«, schimpfte Werner. »Wir müssen zurück. Es bleibt uns gar nichts anderes übrig.«

Also stiefelten alle Mann den Weg wieder hinunter, den sie vor einer halben Stunde heraufgekommen waren. Niemand in der Gruppe sagte etwas. Nur ihr lautes Schnaufen, das Rauschen des Waldes und das Vogelgezwitscher waren zu hören. Doch auf einmal kam noch ein weiteres Geräusch dazu, zuerst ganz schwach, dann immer lauter. Das Brummen eines Motors.

»Hier kommt doch nicht etwa ein Linienbus vorbei?« Gisela blieb zweifelnd stehen und lauschte.

»Hier oben doch nicht«, meinte Professor Lehmann. »Hier gibt's ja gar keine richtige Straße.«

Aber das tuckernde Geräusch wurde immer lauter. Auf dem Waldweg kam ein Traktor mit Anhänger auf sie zu. Sie stellten sich dem Bauern, der auf dem Bock des Traktors saß, einfach in den Weg.

»Himmel und Herrgott, habt ihr mich erschreckt«, rief er. Sein Traktor kam stotternd zum Stehen. »Was in aller Welt macht's ihr denn so weit ab der Zivilisation? Habt's ihr euch etwa verlaufen?«

Abwechselnd erzählten Professor Lehmann, Gisela und Werner von ihrem Wanderabenteuer.

Der Bauer lachte über das ganze wettergegerbte Gesicht. »Aber zum Gaisalpsee hätten Sie weiter unten schon nach links abbiegen müssen.«

»Können Sie uns vielleicht helfen?«, fragte Gisela, der beim Anblick des leeren Traktoranhängers eine Idee durch den Kopf schoss. »Ein paar von uns können fast nicht mehr laufen.«

»Wenn Sie wollen, nehm ich Sie mit dem Traktor mit«, gab der Bauer Giselas Hoffnung nach. »Steigen Sie auf. Aber gemütlich ist's nicht, das sag ich Ihnen gleich.«

Angenehm wurde die Fahrt tatsächlich nicht. Alle quetschten sich auf den engen Anhänger, saßen mehr über- als nebeneinander und holten sich beim Holpern über Stock und Stein einige Schrammen und blaue Flecken.

Aber eine Viertelstunde später erreichten sie endlich wieder eine befestigte Straße. Der Bauer bremste den Traktor ab und deutete mit der rechten Hand in das weite Tal, das vor ihnen lag.

»Schauen Sie nur«, sagte er, und seine Äuglein strahlten. Fasziniert blickte die Gruppe auf das Alpenpanorama unter ihnen. Nasse schmerzende Füße? Hunger oder Durst? Für einen Moment war das alles vergessen. Die Sonne verschwand soeben hinter den hohen Berggipfeln und tauchte die Landschaft in ein sattes Purpur. Die Luft war klar und die Fernsicht atemberaubend.

»Wie idyllisch«, stieß Gisela hervor und alle nickten.

Safari im Sari

Whatsapp-Nachricht von Laura an Caro
Mo., 02. Feb.
Liebe Caro, danke für deine Einladung zu eurer Faschings-
party nächste Woche, aber ich bin nicht da. Habe soeben zwei
Wochen Indien gebucht – zu Pferd. Im Sattel durch kleine Dörfer, weite Ebenen – ein Nationalpark ist auch dabei. Ich kann's
selbst noch gar nicht glauben. Bald mehr, muss noch wahnsinnig viel besorgen :-O
LG, Laura
16:02

Whatsapp-Nachricht von Caro an Laura
Mo., 02. Feb.
Liebe Laura, bist du sicher, dass du weißt, was du da tust? Ich
verstehe ja, dass dich die Trennung von P. mitgenommen hat,
aber hätten es die Kanaren nicht auch getan? Dort soll man toll
wandern oder tauchen können. Bist du überhaupt für Indien
geimpft? Etwas besorgt umarmt dich C.
16:38

Whatsapp-Nachricht von Laura an Caro
Mo., 02. Feb.
Stehe mit Tüten bepackt und Schweißperlen auf der Stirn im
Hausflur und bin wie gelähmt von der plötzlichen Erkenntnis,
dass es kein Zurück mehr gibt. Flugtickets sind gekauft, Anzah-
lung für die Reittour ist von der Kreditkarte abgebucht und im

Sportgeschäft sind soeben mehrere hundert Euro draufgegangen für ein paar ziemlich teure Outdoor-Klamotten, die aber hoffentlich genau das Richtige sind für das indische Wetter. Auch der Schlafsack sollte seinen Preis wert sein, nachts gehen die Temperaturen auf ca. 6 Grad runter.
19:18

Whatsapp-Nachricht von Caro an Laura
Mo., 02. Feb.
Moment mal, heißt das, du übernachtest im FREIEN? In Indien?!?
19:21

Whatsapp-Nachricht von Laura an Caro
Mo., 02. Feb.
Nun mach dir mal nicht ins Hemd ☺ Ich schlafe ja nicht unter einer Palme, sondern in einem kleinen Maharadscha-Zelt. Für mich allein, mit Feldbett und Plaids. Trotzdem stand in der Empfehlung »Schlafsack mitbringen«. Als wandelnde Frostbeule nehme ich das mal lieber ernst.
19:23

Whatsapp-Nachricht von Caro an Laura
Mo., 02. Feb.
Was ist mit Schlangen? Und anderen Tieren?!
19:25

Whatsapp-Nachricht von Laura an Caro
Mo., 02. Feb.
Fiese Stechmücken und Krabbeltiere sind nicht zu befürchten – hat mir Ute, die Organisatorin der Reitsafari, versichert! Denen sind Temperaturen unter dreißig Grad zu kalt zum Schlüpfen.
19:34

Whatsapp-Nachricht von Caro an Laura
Mo., 02. Feb.
Darüber kichern unsere heimischen Schädlinge nur hämisch.
19:36

Whatsapp-Nachricht von Laura an Caro
Mi., 04. Feb.
Mach dir keine Sorgen, die Tour ist super organisiert – genau wie ich. Kofferpacken wird ein Klacks, weil ich nur meine Reitklamotten brauche. Alles andere kaufe ich günstig vor Ort.
10:08

Whatsapp-Nachricht von Laura an Caro
Mi., 04. Feb.
Scheiße!
15:04

Whatsapp-Nachricht von Caro an Laura
Mi., 04. Feb.
WAS? Ist es keine Pferde-, sondern eine Elefanten-Safari?
15:05

Whatsapp-Nachricht von Laura an Caro
Mi., 04. Feb.
Sehr witzig! Hier stapeln sich Reithose, T-Shirts, Unterwäsche und Socken, die alle nicht mehr in das Gepäckstück passen – der Platz ist von Schlafsack und Reithelm belegt!!!
15:07

Whatsapp-Nachricht von Caro an Laura
Mi., 04. Feb.
Da ist Kreativität angesagt. Melde dich, wenn du angekommen bist – falls du überhaupt Netz hast!
15:12

Whatsapp-Nachricht von Laura an Caro
Fr., 06. Feb.
Yeah! Indische Prepaid-Card! Und sie funktioniert :D
23:00

Whatsapp-Nachricht von Caro an Laura
Sa., 07. Feb.
Alles gut gegangen mit dem Schlafsack? Erleichterung!
10:13

Whatsapp-Nachricht von Laura an Caro
Sa., 07. Feb.
Gut gegangen ist relativ. War im Flieger schon so durchgeschwitzt, als hätte ich einen Halbmarathon hingelegt. Willenlos habe ich mir deswegen lauwarme Cola und matschiges Käsesandwich servieren und – weil nur ein Kanal des Bordfernsehens

funktionierte – einen dreistündigen, indischen Bollywoodschin-
ken samt Gesang über mich ergehen lassen. Immerhin konnte
ich mir den Titel gut merken: *Kuch kuch hota hai* klang irgendwie
schon nach Reiten, Kutsche und Hottehü. Obwohl es in Wirk-
lichkeit übersetzt hieß: »Etwas, etwas wird geschehen.«
22:00

Whatsapp-Nachricht von Caro an Laura
Sa., 07. Feb.
Hoffentlich trifft das nicht auf dich zu! Außer du begegnest
einem ebenso reichen wie hinreißenden Maharadscha <3
00:00

Whatsapp-Nachricht von Laura an Caro
So., 08. Feb.
Liebe Caro, habe genug mit der Tierwelt zu tun! Mein Pferd ist eine
Vollblutstute namens Mumal, die gern Trab auslässt und gleich in
einen rasanten Galopp geht. Deswegen bin ich froh, meinen Reithelm dabeizuhaben, auch wenn diese Kopfbedeckung bei den
Einheimischen Rajasthans großes Staunen hervorruft und nicht
selten für heftige Heiterkeitsausbrüche sorgt. Für die Rajputen
muss unsere Reitgruppe wie von einem anderen Planeten wirken,
wie wir da auf unseren Pferden sitzen: schwarze Hosen, schwarze
Stiefel – und dann auch noch behelmt. Während ich mich nach
dem Wintergrau in Deutschland fühle, als hätte ich plötzlich statt
eines Schwarz-Weiß-Fernsehers ein 3D-Gerät in Farbe bekommen. Die Saris der Frauen leuchten vor dem satten Grün der
Felder in Pink, Blau, Knallrot oder Gelb, und viele tragen dicke
Silberreife um Hand- und Fußgelenke.

Ute, unsere Reitführerin, erklärte uns, dass ihr Schmuck der einzige Besitz ist, den indische Frauen haben, daher hüten sie ihn wie ihren Augapfel und tragen ihn stets am Körper. So wie ich meine Kofferschlüssel. Nicht aus Angst vor menschlichen Dieben – aber die Affen sind hier nicht ohne.
20:21

Whatsapp-Nachricht von Caro an Laura
So., 08. Feb.
Wieso hast du Zeit, halbe Romane ins Handy zu tippen? Ich dachte, die Ritte wären Ganztagestouren? Bist du nicht fix und fertig?
9:04

Whatsapp-Nachricht von Laura an Caro
So., 08. Feb.
Und wie! Aber erst ertönte die halbe Nacht das Jaulen von Schakalen und abgehacktes Hyänenlachen. Erst morgens um drei schliefen diese verdammten Viecher ein, dafür dröhnten dann eine Stunde später ein halbes Dutzend Trommeln los und riefen die gläubigen Hindus zum Tempel. Als wir später mit unseren Pferden an einer der heiligen Stätten vorbeiritten, sahen wir eine Gruppe Tempeltänzerinnen in prächtigen Saris, die sich zu den Rhythmen verbogen und Arme wie Oberkörper schüttelten, um den Göttern zu huldigen. Davon gibt's in Indien ja zahlreiche. Shiva, Erneuerer und Zerstörer, Vishnu und seine Gattin Lakshmi – Göttin des Glücks und der Fruchtbarkeit. Am liebsten ist mir Ganesha, der dickbäuchige Elefantengott, der immer lächelt. Man findet sein Bild über fast jedem Hauseingang.

Mann, ich bin so müde! Freue mich jetzt auf eine warme Dusche (dafür macht einer der Männer Wasser überm Feuer heiß) und auf das himmlische Curry unseres Camp-Kochs. LG, Laura. 17:54

Whatsapp-Nachricht von Caro an Laura
Mo., 09. Feb.
Liebe Laura,
klingt toll, aber mal ganz ehrlich: Männer, die sich um heißes Wasser und die Pferde kümmern – und ein Camp-Koch? Packst du wenigstens deinen Schlafsack noch selbst oder gibt es dafür auch einen Boy ...? Hat einen Hauch von Kolonialismus, oder? ☹ Fragt deine sozialkritische Freundin C.
7:02

Whatsapp-Nachricht von Laura an Caro
Mo., 09. Feb.
Ich verstehe, was du meinst, aber sieh es mal so: Ute ist eine faire Arbeitgeberin, und die Jungs haben bei ihr im Reitcamp einen Job, der ihnen Spaß macht und bei dem sie mehr als das Dreifache verdienen, als wenn sie in einer indischen Fabrik arbeiten würden. Wir sehen viele Jugendliche, die nachts die Weizenfelder bewachen müssen, weil sonst die weitverbreiteten Riesenantilopen darüber herfallen und innerhalb weniger Stunden alles kahl fressen. Diese Tiere gelten – genau wie Kühe – nämlich als heilig und dürfen nicht gejagt werden. Es obliegt den Bauern, die Antilopen von ihren Feldern fernzuhalten, und oft müssen schon kleine Kinder nach der Schule Wache halten, damit die Ernte der Familie gesichert ist. Arbeitet aber ein Sohn für

die deutsche Pferdebesitzerin, bedeutet das für dessen Familie, dass sie ein gesichertes Einkommen haben. Und die Jungs lieben die Tiere und ihre Arbeit, das merkt man. Habe erst gestern den jüngsten Pferdeburschen erwischt, wie er meiner Stute die Ohren kraulte und ihr etwas zuflüsterte. Als er merkte, dass ich es gemerkt habe, wurde er total verlegen, denn in der Öffentlichkeit geben sich die jungen Männer cool und lassen gern mal den Macho raushängen. Als ich den Jungen aber fragte, ob ihm sein Job gefalle, nickte er breit grinsend: »No Factory! Here very much better!«

Hoffe, deine sozialkritische Frage ist hiermit beantwortet. Und ja: Ich quäle mich jeden Morgen, mein Daunenmonster in seine Hülle zurückzuquetschen! Namaste, Laura
20:10

Whatsapp-Nachricht von Caro an Laura
Mo., 09. Feb.
Okay, hat sich deine chaotische Kofferpack-Aktion denn wenigstens gelohnt oder sind die Nächte so warm, dass du deinen warmen Daunenkokon verfluchst?
22:49

Whatsapp-Nachricht von Laura an Caro
Di., 10. Feb.
Bin verdammt froh, meinen Schlafsack mitgenommen zu haben. Die Nächte im Januar sind in Rajasthan echt kühl, und früh sieht man die Dörfler mit dicken Decken, die sie wie Ponchos um die Schultern gelegt haben, vor ihren Häusern hocken und heißen gewürzten Chai-Tee schlürfen. Ihre

Behausungen sind nicht wirklich auf »Winter« ausgerichtet, denn die Lehmhäuser bestehen meist nur aus einem oder zwei Räumen, die in einen offenen Innenhof münden. Dort stehen das Bett, Regale mit Kochgeschirr, und quer hängt eine Leine, an der die bunten Saris trocknen. Das Dach ist mit getrockneten Palmenzweigen oder Schilf gedeckt, oft sieht man statt einer Haustür eine Plastikplane. Diese offenen Höfe sind sicher bei der brütenden Hitze praktisch, die neun Monate im Jahr herrscht, während der kurzen Winterperiode allerdings tut jeder gut daran, sich mit Decken aus Yakwolle gegen die Kälte zu wappnen. Selbst die - übrigens oft wild lebenden! - Kühe scheinen am Morgen zu frösteln und holen sich eilig ihr »Frühstück« in Form von Gras ab, das die Menschen ihnen eifrig servieren. Die Kuh ist ja ein heiliges Tier, und Füttern ist daher gut fürs Karma.

Auch Pferde gelten als Boten von Reichtum und Macht, weshalb wir Reiter immer euphorisch begrüßt werden. Sobald der Hufschlag durch die schmalen Gassen hallt, laufen die Dorfbewohner zusammen und nehmen am Straßenrand Aufstellung. Alte Frauen schenken uns ein zahnloses Lächeln, die jungen linsen scheu unter ihren Saris, die oft auch ihre Haare bedecken, hervor und heben die Hand zu einem schüchternen Winken. Anders die Schulkinder. Unser Anblick löst bei ihnen ungehemmte Begeisterung aus, und sie schreien immer aus voller Kehle »Ram Ram«, was »Hallo« bedeutet. Mit ihren hellen Stimmchen und den knallblauen Schuluniformen wirken sie wie die Schlümpfe auf Ecstasy ;) Aber total süß!

2:03

Whatsapp-Nachricht von Caro an Laura
Di., 10. Feb.
Du hast die Nachricht um zwei Uhr abgeschickt. Haben wieder die Hyänen die halbe Nacht gelacht? C.
6:37

Whatsapp-Nachricht von Laura an Caro
Di., 10. Feb.
Nein, es waren Bürgermeisterwahlen in allen Dörfern Rajasthans. Heute wurde der Gewinner gefeiert. Da sind die Hyänen im Duett mit den Schakalen nichts dagegen! Mir dröhnt immer noch der Kopf! Zum Glück machen wir gerade Lunch-Pause ...
14:29

Whatsapp-Nachricht von Caro an Laura
Di., 10. Feb.
Liebe Laura, meinetwegen können sich die Bürgermeister mit den Hyänen beim Partymachen abwechseln, wenn du mir weiter so viele Sachen erzählst ;) LG an die Feierbiester! C.
20:45

Whatsapp-Nachricht von Laura an Caro
Mi., 11. Feb.
Okay, du willst es so. Also: Ich habe mich gewundert, wieso wir die meisten Kinder auf ihrem Schulweg erst gegen zehn Uhr am Vormittag sehen. Bis Ute mir erklärte, dass die Kleinen mitnichten Langschläfer sind – sie müssen nur früh am Morgen erst einmal zwei bis drei Stunden auf den Feldern

helfen, ehe sie zur Schule aufbrechen. Umso bewundernswerter ihr Elan und die unverstellte Fröhlichkeit. Doch der späte Schulbeginn ist nicht das Einzige, worüber ich staune. In ländlichen Gebieten wie den Rajputen-Dörfern, durch die wir reiten, bekommen Kinder oft erst ihren »richtigen« Vornamen, wenn sie zur Schule gehen. Davor werden sie häufig nur »Süßi« (ja, mit »i«) oder mit ähnlichen Kosenamen gerufen. Mit Eintritt in die erste Klasse müssen sie dann »offiziell« registriert werden, und das kann nur, wer einen Vor- und Nachnamen besitzt. Eigentlich ganz praktisch, so haben die Eltern genügend Zeit zu überlegen, welcher Name zu ihrem Kind passt. Solltest du also demnächst schwanger werden, kannst du dir ja mal überlegen, ob du wartest, bis dein Kind sprechen kann und fähig ist, selbst zu entscheiden, wie es heißen will, – dann wird es dir wenigstens später nicht vorwerfen, du hättest mit einem doofen Vornamen seine Karriere ruiniert!
7:16

Whatsapp-Nachricht von Caro an Laura
Mi., 11. Feb.
Wieso schickst du mir die Zeile »Rotzlöffel« – unter dem Bild eines AFFEN? Stellst du dir so meinen künftigen Nachwuchs vor? Herzlichen Dank, du bist mir eine echte Freundin ☹
16:57

Whatsapp-Nachricht von Laura an Caro
Mi., 11. Feb.
Sorry! War ein »Fahndungsfoto«. Das kommt davon, wenn man spontan verreist und die Warnung im Reiseführer nicht

liest. In Indien sind nämlich die »Languren« beheimatet, relativ groß, mit grauem Fell und schwarzer Gesichtsmaske. Sie sind die Hells-Angels unter den Affen. Organisiert wie eine Gang haben sie nur ein einziges Ziel: naiven Touristen in einem Kamikaze-Überfall das Essen oder – wenn es dumm läuft – ihr Handy zu entreißen, und dann blitzschnell ab damit auf den nächsten Baum. Uns erwischte es beim Picknick im Dschungel. Gerade hatten wir aus dem Jeep, die blechernen »Henkelmänner« geholt. Darin: Linsencurry (»Dal«), Reis sowie Fladen, sogenannte »Roti«. Ich hatte noch nicht mal den Deckel abgenommen, da griff urplötzlich eine behaarte graue Pfote in die Fladen, zog zwei, drei, vier heraus – und ehe einer von uns reagieren konnte, war der Affe auch schon auf den nächsten Baum entschwunden. Von dort aus schielte er hämisch zu uns hinunter, während er sich die Fladenbrote hastig ins Maul stopfte. Kein Wunder, denn schon kam die ganze Horde, und hätten die Fahrer des Jeeps sie nicht mit dicken Stöcken und lauten Drohungen in Schach gehalten – unser Mittagessen wäre für die Katz, besser gesagt, die Affen gewesen. Die Daltons könnten noch was lernen!
22:09

Whatsapp-Nachricht von Caro an Laura
Do., 12. Feb.
Respekt. Für den Affen, meine ich. Eine ganze Truppe Reiter auszutricksen, ist eine Leistung! Ich hoffe, dieser Primat endete nicht wie »King Kong« :D
12:19

Whatsapp-Nachricht von Caro an Laura
So., 15. Feb.
Liebe Laura, da ich zwei Tage nichts von dir gehört habe, gibt es drei Möglichkeiten.
1. Die Affen haben dich verschleppt.
2. Deine Prepaidkarte ist leer.
3. Du hast dich zu Tode geshoppt.
11:01

Whatsapp-Nachricht von Laura an Caro
So., 15. Feb.
Alles gut! In zwei Stunden startet meine Maschine aus Delhi, und ich habe mir gerade den letzten Becher Chai-Tee gekauft. Bin leider tatsächlich bei all den tollen Seidenstoffen in einen totalen Kaufrausch verfallen, sodass ich gestern Abend auf einem Koffer saß, der sich nicht mehr schließen ließ, daneben ein praller Rucksack, der gefühlt die Höhe der Zugspitze hatte, – und dabei war der Schlafsack noch nicht einmal verstaut! Ich weiß, dass dies nun das endgültige Aus für die Deklarierung als »Handgepäck« sein wird. Dumm nur, dass man in Indien für das Zusatzgepäck richtig viel Geld hinlegen muss. Aber vielleicht ist das eine Art Karma: Wer shoppt, muss leiden.
23:15

Whatsapp-Nachricht von Caro an Laura
Mo., 16. Feb.
Willkommen zurück! Hast du dir einen Elefanten aus Indien mit-gebracht – für all dein Zusatzgepäck? C.
13:33

85

Whatsapp-Nachricht von Laura an Caro
Mo., 16. Feb.
Liebe Caro, ich konnte es doch nicht lassen, am Flughafen in Udaipur mein Schicksal herauszufordern und ließ es – entgegen jeder Vernunft – darauf ankommen. Brav gab ich meinen Koffer am Check-in-Schalter auf und schwankte dann mit meiner Ruck-Schlafsack-Kombination wie ein Reinhold Messner auf Himalaya-Expedition zum Security-Schalter.
Der Beamte, dessen Gesicht ein riesiger pechschwarzer Schnauzer schmückte, zog bei meinem Anblick nur die Augenbrauen hoch. Ich ließ meinen geballten Charme spielen und deutete strahlend auf meinen Rucksack-Turm: »Hand-Luggage!«, versuchte ich ihm das Monstrum zu verkaufen ... Was glaubst du – ist er drauf reingefallen?
18:06

Whatsapp-Nachricht von Caro an Laura
Mo., 16. Feb.
Nun mach es doch nicht so spannend!
18:14

Whatsapp-Nachricht von Laura an Caro
Mo., 16. Feb.
Sorry, ich brauchte noch was zu trinken. Also, der indische Beamte war so korrekt, wie es eigentlich den Deutschen immer nachgesagt wird. Er wiegte den Kopf hin und her und sagte dann in einem weichen, indisch gefärbten Englisch, dass er mich ja gern mit meinem Rucksack passieren lassen würde, aber er befürchte, dass in dem engen Flugzeuggang etwas

passieren könnte. Nur was, das wusste er offenbar selbst nicht so genau.
18:27

Whatsapp-Nachricht von Caro an Laura
Mo., 16. Feb.
Liebe Laura, vielleicht hatte er Angst, dass dein zusammenge-
rollter Schlafsack einen unschuldigen Trolley heimtückisch im
Gepäckfach ersticken würde? Oder dass die fluffige Daunen-
rolle die anderen Passagiere verängstigt, weil sie dahinter einen
terroristischen Anschlag vermuten könnten :o
18:31

Whatsapp-Nachricht von Laura an Caro
Mo., 16. Feb.
So ähnlich, denn der Beamte war ganz ernst: »You know, Madam, something, something could happen«.
Das hatte ich doch irgendwo schon einmal gehört. Und zwar im Zusammenhang mit dieser romantischen Bollywood-Film-komödie. Obwohl mir die Aussicht, erneut eine Stunde am Check-in-Schalter zu stehen, um noch einmal ein Gepäckstück aufzugeben und dafür dann noch mal extra Geld zu berappen, die Laune ordentlich verhagelte, nickte ich schicksalsergeben. »Kuch kuch hota hai«, sagte ich den einzigen Satz auf Hindi, den ich mir gemerkt hatte.
Zu meiner Überraschung verzog sich der mächtige Schnauzer des Beamten zu einem Grinsen, und ich hörte ein Glucksen. »Kuch kuch, yes!«, rief er vergnügt und fügte bewundernd hinzu. »Shah Rukh Khan«, womit er den indischen Schauspieler meinte,

der in dem Film die Hauptrolle spielte und das Idol der gesamten indischen Nation ist.
18:55

Whatsapp-Nachricht von Caro an Laura
Mo., 16. Feb.
OMG! Du meinst den Typen, der aussieht wie die indische Version von Sascha Hehn in den Achtzigerjahren auf dem Traumschiff!
19:00

Whatsapp-Nachricht von Laura an Caro
Mo., 16. Feb.
:D Das trifft den Nagel auf den Kopf! Habe dem indischen Ordnungshüter trotzdem eifrig zugestimmt, dass ich diesen Khan für einen »great actor« halten würde. Und was glaubst du, passierte? Mit einem Knall drückte der Beamte seinen Stempel auf mein Visa-Dokument und legte meinen Rucksack auf das Band. Anschließend winkte er mich durch die Sicherheitsschranke. »Hand-Luggage«, bestätigte er und lachte, dass zwei Goldzähne blitzten. Manchmal passieren eben wirklich unerwartete Dinge. Darauf müssen wir mal anstoßen. Ich schlage vor, den deutschen Temperaturen angemessen mit einem Glas Glühwein und einem herzhaft-indischen: »Hota hai!«
Deine Laura
19:42

KAPITEL 2

Dann sind wir endlich da ...

»Hab ich nicht was liegen lassen?« Die Top Ten der am häufigsten vergessenen wichtigen Dinge

Schlüssel, Ausweis, Reiseunterlagen: Dieses Trio schafft es auch beim chaotischsten Globetrotter meistens in die Jacken- oder Handtasche. Bei anderen essentiellen Dingen sieht es oft anders aus. Eine Umfrage unter Weitgereisten ergab: Folgende zehn Vorbereitungen und Gegenstände werden häufiger mal vergessen ... und am Zielort schmerzlich vermisst.

10 – Ein Back-up zur Kreditkarte

Bargeld kann gestohlen werden, Travellerschecks nimmt fast keiner mehr, EC-Karten funktionieren selbst in Europa nicht allerorts. Gut, dass es VISA, Eurocard und Co. gibt! Aber: Wissen Sie genau, wie hoch das Wochen- oder Monatslimit Ihrer Karte ist? Und zu welchem Zeitpunkt die Hotel- und Tourenanbieter, bei denen Sie vorab gebucht haben, Ihre Karte belasten werden? Merke: In vielen Fällen ziehen diese Anbieter genau dann das Geld ein, wenn Sie reisen und unbekümmert mit den Dollars, Pfund oder Yen um sich schmeißen. Prompt vermeldet der Bankautomat: »Limit erreicht, nichts geht mehr!« Haben Sie jetzt keine

Zweitkarte oder Bargeldreserven zur Hand, rettet Sie nur noch der Geldtransfer von lieben Menschen aus der Heimat.

9 – Adapter

Ob in Südamerika oder Großbritannien, der Aufsatz für die Steckdose muss mit. Sonst sieht es mit Handy, Rasierer, Föhn und Co. schnell mau aus. Gut, dass immer mehr Gastwirte ein paar Exemplare für die Vergesslichen unter den Touristen parat halten. Adapter gibt es auch am Flughafen oder im gut sortierten Souvenirshop, aber oft zu horrenden Preisen.

8 – Verhütung

Fährt das frisch verliebte Paar in den Liebesurlaub und die Pillenpackung liegt daheim ... Nun hat man vier Möglichkeiten. Erstens: Er kümmert sich. In vielen Sprachen heißen die Verhüterli so ähnlich wie »condom« oder »preservativo«, mit diesen Ausdrücken, Händen und Füßen kommt man meistens zum Ziel. Zweitens: Sie versucht, ohne Rezept die vertraute Pillenmarke zu erwerben. Kann in ausländischen Apotheken klappen, muss aber nicht. Drittens: ein Apfel anstatt. Oder viertens: eine Familie planen. So ein Frühjahrsbaby ist was Schönes ...

7 – Regenschutz

»It never rains in Southern California.« Von wegen! Pech, wenn man den schlimmsten Sommer aller Zeiten erwischt und die T-Shirts schichten muss, um nicht zu frieren. Und auch Wüstennächte können ganz schön frisch werden. Ein paar feste Schuhe, eine lange Hose, ein Sweatshirt oder Wollpulli für den

Zwiebel-Look sowie ein Regenmantel sollten in jedem Land zu jeder Zeit zum Pflichtgepäck gehören.

6 – Lesestoff

Lesefans wissen: Bücher sind die beste Maßnahme gegen Langeweile, Schlechtwetterdepression und Lagerkoller. Darum sollte man nie ohne reisen.

5 – Nähset

Das Lieblingsstrandshirt hat ein Mottenloch, der Knopf an der Hose springt ab, weil die Pasta so gut schmeckt. Wohl dem, der jetzt Nadel und Faden parat hat.

4 – Mückenschutz

Hungrige Moskitos haben schon so manche Urlaubsnacht zum Albtraum gemacht. Netze für die Fenster, Abwehrspray und Anti-Juck-Salben, wenn es einen doch erwischt, helfen.

3 – Adressliste

Wie war noch mal Onkel Julius' Hausnummer? Was, zum Teufel, ist die Postleitzahl von Mertingen? Wer viele liebe Leute mit Karten beglücken will, sollte deren Adressen mit auf Tour nehmen. Und auf jeden Fall die Telefonnummer des Haustiersitters.

2 – Passwörter

Urlaub entspannt. Manchmal so sehr, dass plötzlich die PIN der EC-Karte oder die Zugangsdaten für das Internetkonto wie ausradiert sind. Im Adress- oder Tagebuch lassen sich wichtige

Ziffernfolgen gut verstecken, nur sollte man nicht auch noch vergessen, an welcher Stelle.

1 – Was der Fotoapparat so braucht

Früher vergaß man die Filme. Heute ist es eben das Aufladegerät für die Digitalkamera beziehungsweise der Ersatzakku. Oder der Speicherplatz ist ratzfatz voll und weit und breit keine SD-Card erhältlich. Und mit dem Handy knipsen ist, vor allem bei Kunstlicht, leider nur der Trostpreis. Außerdem: siehe Punkt 9.

Ich und mein Frustblog – das etwas andere Reisetagebuch

Freitag, 26.07., 16.15 Uhr

Lieber Frustblog!

Auch wenn das keinen A... interessiert, und es auch keine Sau jemals lesen wird – ich bin das nervliche Äquivalent der Titanic kurz vor dem Eisberg. Ich könnte schreiend durchs Haus laufen wie ein Cheerleader in einem Horrorfilm. Mal ist es der Wahnsinn zu Hause, mal der im Büro. Wie hat diese Trulle in der Bäckerei heute zu mir gesagt? Ich und urlaubsreif? Haha, der war gut. Ich bin nicht urlaubsreif, sondern geistig kurz vor der Rente. Dabei bin ich erst 42. Aber man kann nicht früh genug damit anfangen, rückwärts zu zählen. Wobei, Urlaub wäre ja schon der richtige Ansatz. Aber die Tage davor sind immer die Hölle. So wie heute. Jeder will noch was, jeder braucht noch was.

»Ach, Sie gehen in den Urlaub?«, ist ein Spruch, den ich wirklich nicht mehr hören kann. Natürlich flankiert von vorwurfsvollen Blicken. Aber im Ranking der doofsten Urlaubersprüche ist das trotzdem nur Nummer drei.

Nummer zwei ist da schon direkter: »Erledigen Sie das bitte noch. Dann dürfen Sie gehen.« Das kommt meistens aus der Chefetage geschossen. Weil es irgendwie der reinen Gnade zu entspringen scheint, dass man endlich einmal verurlauben darf.

Schlimm genug. Aber das Allerschlimmste? Das ist der Gipfel der Heuchelei: »Erhol dich gut!«

Das kommt meistens von Singles. Nur jemand mit Familie kann die perfide Schadenfreude hinter »Erhol dich gut« wirklich ergründen. Vor allem jemand, der mit seiner Großfamilie verreist. So wie ich. Frau, drei Töchter und natür- **Nur jemand mit Familie kann die perfide Schadenfreude hinter »Erhol dich gut« wirklich ergründen.** lich meine Eltern. Mitsamt ihrem Hund, der all die Dinge darf, die ich als Kind niemals durfte. Wie bitte soll das denn Erholung sein?

Freitag, 26.07., 20.23 Uhr
Lieber Frustblog!

Letzte Vorbereitungen vor der Abfahrt. Habe gerade mit meinen Eltern telefoniert. Es heißt ja, der Apfel fällt nicht weit vom Stamm. Um Gottes willen, wenn das stimmt, dann brauche ich unbedingt eine Gentherapie.

Kann mir mal jemand sagen, warum ich immer noch behandelt werde wie ein Fünfjähriger? Eigentlich wollten wir nur die gemeinsame Abfahrtszeit absprechen. Ist doch nicht so schwer. Vorne ich, hinten er. Wie immer.

Warum gibt mein Vater auf einmal das Alphamännchen und will vorne fahren? Na klar, sein neues Navi ist schuld. Wieder mal so ein Top-Spielzeug aus dem Baumarkt, das keiner braucht. Lachhaft. Einer wie ich ist ein Landstraßencowboy. Aber wenn mein alter Herr seinen Spaß an so einem teuren Schnickschnack hat, dann mal zu. Aber vorne fahre ich!

Samstag, 27.07., 9.10 Uhr
Lieber Frustblog!

Wir stehen auf dem Parkplatz der Autobahnraststätte. Wieder mal. Aber frage nicht, was das bisher für eine Fahrt war. Okay, Autofahren ist nicht jedermanns Sache, aber auch eine Achtjährige müsste doch in der Lage sein, mal eine halbstündige Fahrt zu überstehen, ohne sich zu übergeben. Doch was bleibt schon anderes übrig, als nach ein paar Minuten die erste Rast zu machen, wenn die Alternative übelriechend ist und einem die Teppiche versaut?

Randnotiz: Was geben wir diesem Kind eigentlich zu essen? Ich muss bei Gelegenheit mal meine Frau fragen. Wenn sie gerade besser drauf ist. Aber seit ich wie im Sturzflug nach rechts gezogen bin und vor dem **Was geben wir diesem Kind eigentlich zu essen? Ich muss bei Gelegenheit mal meine Frau fragen.** hupenden LKW noch rüber an die Raststätte gelenkt habe, ist sie eigenartigerweise sehr schweigsam. Fast so, als wäre sie sauer.

Vielleicht liegt es auch daran, dass wir durch unser Manöver den Opa verloren haben. Der ist vor uns hergefahren und hat von alldem nichts mitbekommen. Aber scheiss drauf, spätestens in einer halben Stunde habe ich ihn wieder eingeholt.

Samstag, 27.07., 11.03 Uhr
Lieber Frustblog!

Jetzt sind wir da. Ich sehe die Berge direkt vor mir. Wie Panorama? Nein, ich meine nicht das Alpenvorland, sondern die Kofferberge. Selbstverständlich sind nach der Ankunft alle davongestürmt.

Seltsamerweise schweigt meine Frau immer noch. Hätte nie gedacht, dass sie so an meinen Eltern hängt. Aber die haben wir seit dem Zwischenfall nicht mehr gesehen. Bin ja mal gespannt, so rein interessehalber, ob das Opa-Mobil den richtigen Ferienort findet. Oder ob die beiden rüstigen Rentner samt Hund am letzten Zipfel Italiens anstoßen und sich fragen: Nanu, wo kommt denn das Meer her? Aber egal, ich trage erst mal das Gepäck in die Ferienwohnung. Wozu hat man denn Urlaub?

Samstag, 27.07., 13.14 Uhr
Lieber Frustblog!
Na gut, langsam machte ich mir doch Sorgen. Aber nur so lange, bis mein Handy klingelte. Ich natürlich sofort hin, aber es waren nicht meine Eltern. Sondern mein Chef. Hölle, wäre ich nur nicht rangegangen. Wer hätte das gedacht an einem Samstag?

»Ob ich den Vertrag für die Staubfresser AG fertig gemacht hätte ...«, »Wer denn die Kostenberichte abgesegnet hätte ...« und »Warum die Bleistiftbestellung das Limit um drei Stifte unterschritten hat«. Ich erkläre ihm alles, dann habe ich wieder meine Ruhe. Theoretisch könnte mein Urlaub also beginnen. Nur, meine Eltern sind immer noch samt Hund verschollen wie Amelia Earhart, und der Versuch, sie anzurufen, endet auf der Mailbox.

Meine Fantasie zeigt mir das Bild eines hämisch lachenden Autodiebs, der mit Papas Seniorenphone nach Bukarest dauertelefoniert, während ein zitterndes Rentnerpärchen samt Vierbeiner am Straßenrand steht und ungläubig hinterhersieht.

Samstag, 27.07., 15.32 Uhr
Lieber Frustblog!

Sie sind da. Und ganz ehrlich, ich weiß nicht, ob ich mich freuen soll. Denn wider Erwarten hat das Opa-Mobil sehr wohl den Zielort gefunden. Sogar so zeitig, dass die beiden Senioren noch essen gefahren sind. So richtig schick, wie es sich für den ersten Urlaubstag gehört. Während meine Damen und ich bei Wasser und trockenen Keksen auf ein Lebenszeichen gewartet haben. Da wäre es doch nicht **Gibt es eigentlich so eine Art Pubertät für Leute Anfang siebzig?** zu viel verlangt gewesen, mal eben kurz anzurufen. Oder? Aber gut, so sind sie eben. Die Rentner. Nehmen keinerlei Rücksicht auf niemanden. Ich hoffe, dass wir später nicht so werden. Gibt es eigentlich so eine Art Pubertät für Leute Anfang siebzig?

Jetzt sind wir also alle da. Die Großfamilie im Allgäu. Und das bedeutet Urlaub. Ab sofort ticken die Uhren anders. Mist, jemand ruft nach mir. Meine Frau. Ich muss mir die Waschmaschine unserer Ferienwohnung anschauen. Weil die vollgekotzten Sachen unserer Kleinen stinken wie ein Kamel im Regen. Okay, das mach ich noch, dann ist aber Entspannung angesagt.

Sonntag, 28.07., 8.12 Uhr
Lieber Frustblog!

Eigentlich will ich mich einfach nur umdrehen und weiterschlafen. Aber der kräftige Ton in der Stimme meiner Frau bewirkt, dass ich es mir anders überlege. Und was soll ich sagen? Offensichtlich hat jemand die Türe der

Waschmaschine, die ich bis spät in die Nacht instand gesetzt habe, nicht richtig zugemacht. Und jetzt haben wir die Sauerei. Aber da sind sich wieder mal alle einig – natürlich war er schuld. Also ich.

Gemütsmensch, der ich bin, helfe ich meiner Frau dabei, den Boden aufzuwischen. Man will im Urlaub ja nicht unbedingt nur rumstreiten.

Sonntag, 28.07., 8.35 Uhr
Lieber Frustblog!
Endlich Sonntagsfrühstück mit heißem, wohlriechendem Kaffee. Echtes Urlaubsfeeling. Bis mein Handy bimmelt. Meine Frau schenkt mir ihren Nicht-schon-wieder-Blick. Wider Erwarten hallt nicht die Stimme meines Chefs aus dem Gerät, sondern die meines Vaters. Warum der das Handy benutzt und nicht einfach die Treppe hochgeht, welche die Wohnung meiner Eltern mit der unsrigen verbindet, ist mir schleierhaft. Wahrscheinlich hat er wieder mal Angst, dass sein Prepaid-Guthaben verfällt. Aber gut. Er und Mutter haben sich jedenfalls die Wanderschuhe schon angeschnallt und den Hund angeleint. Sie wären dann so weit. Es fehlen nur noch wir. Ich will mich gerade noch beschweren, als meine Lieben schon nach unten stürmen. Fassungslos sehe ich hinterher und nippe an meiner Tasse. Hab mal gehört, dass kalter Kaffee hübsch machen soll. Wenn's so wäre, dann würde ich wie Brad Pitt aussehen.

> **Hab mal gehört, dass kalter Kaffee hübsch machen soll. Wenn's so wäre, dann würde ich wie Brad Pitt aussehen.**

Ich gehe also nach unten, wo gerade ein Ungeduldige-Blicke-werfen-Wettbewerb stattzufinden scheint. Hilft nix, da muss ich dann halt sachlich werden.

»Also, wo soll's denn hingehen?«

Auf diese an sich einfache Frage folgt eine akustische Grausamkeit. Denn für all diejenigen, die kein Teil einer Groß-familie sind: Das ist wie eine spontan einberufene UNO-Voll-versammlung. Jeder hat eigene Vorstellungen, aber die decken sich selten, und ein Kompromiss gilt gemeinhin als so etwas wie Gesichtsverlust. Wandern, Indoor-Spielplatz, Schwimm-bad, einfach durch die Gegend fahren, Burgruinen besichtigen. Alles ist möglich, nichts davon für alle. Demokratisch habe ich beschlossen, etwas für die Bildung unserer Kinder zu tun – also ab nach Kempten ins Cambodunum. Schließlich ist das ja ein sehenswerter archäologischer Park. Na, die langen Gesichter hättest du sehen sollen, mein lieber Blog. Nun endlich herrscht Einigkeit – zumindest darin, dass außer mir keiner dorthin will.

»Der Hund braucht Bewegung«, statuiert mein Vater, und überraschenderweise stimmen dem alle zu.

Sonntag, 28.07., 10.01 Uhr
Lieber Frustblog!
Das ist ja wieder mal so was von klar. Wir sitzen also mit dem heulenden Hund in der Gondel und wackeln den Berg hinauf. Meine Gattin hyperventiliert dank ihrer Höhenangst, die Kinder machen Gondelabsturzwitze, und mein Vater begutach-tet fachmännisch das Panorama. Während ich pflichtbewusst auf die Fragen meiner Mutter antworte. »Ja, ich habe warme Socken an«, »Nein, es ist kein Unwetter gemeldet«, »Ja, ich habe

die Waschmaschine in der Ferienwohnung ausgeschaltet.« Das Übliche halt.

Da klingelt es. Spontan ist die Akrophobie meiner Frau, die man auch als Altophobie oder Hypsophobie kennt, verflogen. (Randnotiz: Warum braucht es drei Namen für ein und dieselbe Angst, die ganz einfach per Klingelton kuriert werden kann?) Meine Frau wirft mir ihren strafenden Blick zu, und selbst der jammernde Waldi schweigt für eine halbe Pfostenlänge.

Natürlich ist es mein Chef. Samstag war ja schon schlimm genug, aber dass er mich auch am Sonntag anruft? Noch dazu auf dem Berg? Das schlägt dem Fass den Boden aus. Ich bin so kurz davor, ihm meine Meinung zu geigen. So was von kurz! Aber dann habe ich doch ein bisschen Mitleid, weil er so verunsichert klingt. Na gut, manche hätten jetzt gesagt, er ist sauer. Er möchte wissen, warum ich denn den UMTS-Stick nicht mitgenommen hätte, den er so selbstlos für seine Angestellten im Urlaub bereitstellen würde? Nur für den Fall, dass man etwas vergessen hat und schnell noch nacharbeiten muss? Ich lasse das alles über mich ergehen, das Gemosere meines Chefs, die Blicke meiner Frau, das Heulen des Hundes. Oben angekommen verabschiedet sich mein Vorgesetzter dank eines Funklochs. Damit steigt meine Laune wieder, und frohgemut steige ich aus. Selbstredend als letzter.

Endlich Frischluft. Ich atme tief durch und genieße für einen Wimpernschlag die schöne Aussicht. Doch schon wird mein Urlaubsfeeling erneut durch heftige Diskussionen unterbrochen. Es geht um die Wandertour. Mein Vater verweigert den steilen Abstieg. Mutter meckert über den glitschigen Boden. Meine Frau möchte den langen Weg nach unten gehen und die Kids den kürzesten. Für den Hund scheint jeder Weg ungeeignet zu sein. Also, was soll ich sagen, nach zwanzig Minuten können wir endlich starten. Mein Vater summt leise vor sich hin, als wir den Schotterweg entlangspazieren, und meine Frau lächelt mir zu. Scheint, als hätte ich mit der langen Route die richtige Wahl getroffen. Die mürrischen Gesichter meiner Töchter ignoriere ich gekonnt. Und zum ersten Mal, ja zum allerersten Mal, fühle ich mich so richtig im Urlaub. Zumindest bis wir die erste Kuhweide erreichen, wo das braune Milchvieh gemütlich vor sich hin kaut. Der Hund, ansonsten ein eher dominant auftretendes Tier, beginnt spontan am ganzen Leib zu zittern. Ungläubig sehe ich zunächst ihn an und dann meinen Vater. Der verzieht gleich sein Gesicht. »Auweh«, meint er nur. Der Hund versteckt sich winselnd hinter den Beinen meiner Mutter, wobei er sie geschickt mit seiner Leine an sich fesselt. »Es ist wegen der Kuhglocken«, beginnt das sonst eher stolze Herrchen zu erklären, »wisst ihr noch, als Mutter und ich letztes Jahr allein losgezogen sind? Da haben die Kühe gebimmelt, und er hat zeitgleich einen Stromschlag am Elektrozaun gekriegt. Seitdem isser so, wenn er Kuhglocken hört.«

Es gibt Erklärungen, die will man lieber nicht hören. Eine Glockophobie für Hunde? Nun gut, dann muss es eben eine andere Wandertour sein.

Sonntag, 28.07., 18.21 Uhr
Lieber Frustblog!
Endlich wieder in der Ferienwohnung. Was war das für ein Ferienwahnsinn. Der akro- und glockenphobikergeeignete Ausweichpfad hat uns ja auch nur zwei Stunden mehr gekostet.

Nach so einem Tag helfen nur noch eine deftige Brotzeit und ein Schnapserl. Bis zu dem Moment, als ich die Haustüre aufschließe, sieht es auch ganz danach aus. Doch dann treten meine Sockenfüße in die Pfütze auf dem Boden. Natürlich ist diese verdammte Waschmaschine schon wieder ausgelaufen. Dieses Ding treibt mich in den Wahnsinn. Während meine Frau aktiv vor sich hin schweigt, so intensiv, dass sich sogar die Kinder still auf ihr Zimmer verkrümeln, beginne ich schon mal mit dem Aufwischen. Bis der Vibrationsalarm meines Smartphones erneut losgeht. Ich erkläre, dass ich schnell mal eben einen Eimer holen muss und verziehe mich nach draußen, um ungestört mit meinem Chef zu telefonieren.

Sonntag, 28.07., 22.45 Uhr
Mein lieber Schatz,
wenn du nicht willst, dass jemand diesen Frustblog liest, dann solltest du ihn auch nicht auf unserem Tablet pflegen. Es ist zwar ungemein praktisch, eine Passwortspeicherung zu haben – vor allem für jemanden wie dich, der ständig alles vergisst –, aber man muss eben wissen, dass diese Speicherung für jeden Benutzer funktioniert. Also auch für mich! Zuerst dachte ich, das ist doch wie Tagebuchlesen. Und ich fühlte mich wirklich schlecht. Zumindest für einen Moment. Aber um es mit deinen Worten zu sagen: Scheiß drauf.

Also ich bin ja wirklich froh darüber, dass deine Eltern so eigenständig sind. Und ihr Navi ist wirklich toll. Ist doch klasse, dass dein Vater sich der neuen Technik so bereitwillig stellt, wo andere schon an der Waschmaschine scheitern. ;-)

Ja, der Hund deiner Eltern. Da kann man schon aus der Haut fahren. Es ist ja erstaunlich, wie sehr der Hund auf die Kuhglocken reagiert. Einem Menschen, beseelt von Vernunft und Verstand, würde das ja niemals so gehen, oder? Obwohl, hast du dich einmal beobachtet, wenn dein Handy klingelt? Ich muss sagen, es ist schon ein bisschen seltsam, wie sehr ihr euch dann ähnelt, der Hund und du. Nur dass er halt wegrennt und du, gehorsamer Mediensklave, der du bist, schnell ein Versteck suchst, wo du ungestört mit deinem Arbeitgeber sprechen kannst. Überall und zu jeder Zeit. Aber irgendwann ist es ja auch mal gut mit dir und deinem Chef, deshalb habe ich dein Handy sicherheitshalber eingezogen. Er ist ja ein erwachsener Mann, der kommt gewiss auch mal ein paar Tage ohne dich klar. Ach, und unsere Älteste hat mir gezeigt, wie man dir die Schreibrechte dieses Blogs entzieht. Hab ich gleich ausprobiert, und was soll ich sagen? Es funktioniert. Lesen ist ja auch so viel entspannender.

Freuen wir uns also auf einen entspannten Urlaub mit unseren Kindern und deinen Eltern. Ganz ohne Frustblog.

Wer braucht denn schon morgen?

Ich war müde und schlecht gelaunt. Sehr schlecht gelaunt. Meine Freundin Kathi hatte mich allein in den Urlaub fliegen lassen. In ein Land, in das sie wollte – ich aber nicht. Eigentlich wäre für mich jedes Land okay gewesen, in dem man sich einfach an den Strand knallen, das Hirn ausschalten und es sich gut gehen lassen konnte. Und zum Sonnenuntergang einen Caipi! Was braucht man mehr? Gar nichts!

Doch Kathi hatte mal etwas anderes sehen wollen ... »Ein Land, das sich echt anfühlt und in dem noch etwas passiert ...«, hatte sie gesagt. Und ich musste es jetzt ausbaden. Klar passiert hier was! Das weiß jeder, der Fernsehnachrichten glotzt. Entweder schießen die Palästinenser aus Gaza mit Raketen, oder die Israelis bombardieren Gaza. Oder ein Selbstmordattentäter jagt sich in die Luft, was auch nicht besser ist. Genau – ich war vor ein paar Minuten in Israel gelandet. Es ist 3.45 Uhr und ich stehe am Flughafen von Tel Aviv in einer unendlich langen Immigrations-Schlange. Das hatte Kathi echt gut hingekriegt. Nur, weil ihr Chef sie unbedingt beim »Super-wichtigen-Pitch« ihrer Werbeagentur dabeihaben wollte, kommt sie erst einen Tag später nach. Und ich muss 24 Stunden allein in Tel Aviv abhängen. In der Stadt, die inzwischen sogar in Reichweite palästinensischer Raketen liegt ... Besser gleich mal auf »Verdrängungsmodus« schalten! Gar nicht so einfach, wenn um mich herum alle Sicherheitsbeamten ihre Hand an den Maschinengewehren haben. Die schauen sicher noch fieser, wenn sie hören, dass ich aus Deutschland bin. Ich kann es ja sogar verstehen. Felix Kant, 28, aus München, einst »Hauptstadt der Bewegung«. Also besser nicht zu lange zu den Security-Männern starren, sondern lieber die Werbeposter im Raum betrachten. Die rufen einem in bunten Lettern »Welcome to Israel« entgegen. Sie zeigen Wüste, Totes Meer, Jerusalem und noch mehr alte Steine ... Und das soll das Land sein, in dem Milch und Honig fließen? Zum Glück ruft mich die Einreisebeamtin endlich an ihren Schalter. Sie schaut mich finster an. Irgendwie schaffe ich es, meine Mundwinkel zu einem Lächeln hochzuziehen. Die junge Israelin lässt ein englisches Fragen-Stakkato auf mich los: Wie lange bleibe ich? Habe ich Freunde hier? Was ist der Grund meiner Reise? Kenne ich Palästinenser? Der Verhör-Style wirkt auf mich wie eine »Hallo wach«-Pille. Ätzend. So viel zu »Welcome to Israel«.

4.30 Uhr. Ich sitze endlich im Taxi auf dem Weg in die Innenstadt von Tel Aviv. Kurz das Fenster herunterlassen. Vielleicht hilft die frische Luft, um wach zu bleiben. Doch die ist nur staubig und schwül. Dafür kann ich die moderne Hochhaus-Skyline ausmachen, die sich wie eine glitzernde Perlenkette vor dem grau-roten Morgengrauen abzeichnet. Mein Taxifahrer Omer freut sich im gebrochenen Englisch, dass ich trotz ständiger Terror-News und dem Gaza-Konflikt seinem Land einen Besuch abstatte. Auch er hat tausend Fragen. Na klasse, noch ein Verhör!, denke ich zuerst. Doch Omer fragt eher selbstverständlich, so als würde sich meine Nachbarin erkundigen, wie es meiner Mutter geht. Ob ich schon Kinder habe, will er wissen. Und aus welchem Land ich komme? Wieder das unangenehme Thema Deutschland. Doch Omer schwärmt ungezwungen über Germany, in dem alles so gut organisiert ist. Da ist kein Vorwurf, von wegen was die Deutschen mal getan haben. Vielleicht ist er ein arabischer Israeli? So was gibt's, das habe ich in einem

Touri-Führer gelesen. Aber Omer ist ein Jude aus dem Iran und lebt seit den Siebzigern hier. Und ich Depp dachte, dass alle Iraner Moslems sind. Egal. Ich will mir hier keinen Crashkurs in Geschichte reinpfeifen, sondern Urlaub machen – falls das überhaupt geht! Das Taxi fährt die Allenby Road hinunter. An die Allee reihen sich zahllose Kioske, geschlossene Läden und Fala-fel-Stände. Nachtschwärmer stolpern nach Hause. Laut Omer ist diese Straße eine der Lebensadern Tel Avivs. Auf mich wirkt alles nur schmuddelig. Beige-grau, garniert mit kaltem Neon-licht. Von wegen Tel Aviv ist »die weiße Stadt«, die wegen ihrer stylischen Bauhaus-Architektur Weltkulturerbe ist. Ich sehe nur heruntergerockte Bauruinen. Alle hässlich! Mein Interesse an einem Stadtrundgang ist hiermit gestorben. Da lege ich mich lieber an den Hotelpool!

»Welcome to the famous Yemenite Quarters«, meint Omer stolz, als er vor meiner Unterkunft hält: einem kleinen, gammeligen Zweisterne-Hotel. Pool? Fehlanzeige! Und was an dem Viertel soll famos sein? Keine Ahnung! Die engen Gassen und hüttenähnlichen Gebäude sehen eher nach einem Slum aus. Mir reicht's, ich knall mich ins Bett! Und das verlasse ich nicht eher, bis Kathi mich morgen Nacht wieder weckt ...

Der Hunger treibt mich am nächsten Morgen leider wieder auf die Straße. Besser ist meine Laune nicht. Wieso auch? Wo gibt es bitte ein Hotel ohne Frühstück? Doch irgendwas ist heute anders ... Klar, das Licht der starken Sonne blendet mich und wärmt meinen Nacken. Die kleinen Häuser des Viertels heben sich stolz und weiß gegen den tiefblauen Himmel ab, genau wie die knorrigen Pflanzen, die jeden Flecken trockener

Erde nutzen. Die Blüten der Oleander, Bougainvilleas und Rhododendren glühen in sattem Pink und Rot. Und der Duft … Genau, der ist anders! Am Tag riecht Tel Aviv nach süßem Sommer. Vor allem die weißen Blüten, die überall am Boden liegen. Ich hebe eine auf und inhaliere ihr schweres Aroma. So muss Orient riechen. … Berauschend!

Am Tag riecht Tel Aviv nach süßem Sommer.

Was ist denn bitte mit mir los? Ich bin doch keine verzückte Parfumverkäuferin auf einem Aroma-Trip? Ich brauche dringend einen Kaffee, dann tick' ich wieder normal! Und dann zurück ins Bett! Als ich an einer Mall vorbeikomme, sehe ich, dass sich jeder Kunde vor dem Eintreten von einem bewaffneten Zivilisten in seine Einkaufstasche blicken lässt. Die Überprüften nehmen das gleichgültig hin. Klar – die Sicherheitschecks sollen verhindern, dass sich Selbstmordattentäter vor der Käsetheke hochjagen. Aber will man das x-mal am Tag über sich ergehen lassen? Ein paar Schritte weiter warten junge Soldaten und Soldatinnen an einer Bushaltestelle. Alle im Kampfanzug und mit Maschinengewehr. Während mir der Anblick ein mulmiges Gefühl verschafft, scherzen die jungen Leute. Wie kann man hier leben? Vor mir schwirren die Menschen sorglos über die angesagte Sheinkin Street, so als würde nur ich die Bedrohung spüren. Endlich steigt mir der Geruch von Kaffee in die Nase. Dem folge ich und stehe gleich in einem simpel eingerichteten Organic-Coffee-Shop. Beim Anblick der Backwaren läuft mir das Wasser im Mund zusammen. Da liegen deutsche Vollkornbrote neben italienischen Ciabattas mit frischen Avocados und französischen Blätterteig-Schweinereien. Als hätten sich alle europäischen Köstlichkeiten verschworen, mir hier aufzulauern.

»Shalom, how can I help you?«, fragt mich eine freundliche Stimme hinterm Tresen.

»Äh, ja – äh, I mean, yes ...«, stammele ich und schaue zu der Person, die auf meine Antwort wartet. Was folgt, ist ein Blackout. Tabula rasa im Morgenland, gepaart mit wirren Bildfetzen, die in meiner Hirnstube Samba tanzen. Die Augen ... so grün ... oder braun ... oder beides ... Und die Wimpern ... so lang und geschwungen ... tief schwarz ... perfekt ... wie die dunklen, kurzen Locken. Mein Gedankenkarussell legt eine Vollbremsung hin. Kurze Locken? Die Person, die ich gerade so anstarre, ist kein Mädel, sondern ein Kerl! Hab ich sie nicht mehr alle?

»Are you okay?«, fragt der junge Israeli, auf dessen Namensschild Shai steht, mit einem Anflug von Lächeln.

»Your eyes are ...« Shit, hab ich das jetzt wirklich gesagt?

»Was ist mit meinen Augen?«, fragt der Typ erwartungsvoll auf Englisch.

Wo ist das Loch, das sich bitte unter mir auftut? Jetzt einfach dem Blick ausweichen und so tun, als wäre nichts gewesen! Ich bestelle also betont cool mit extra tiefer Stimme meinen Cappuccino! »To go«, schiebe ich eilig nach.

»Anything for breakfast?«, fragt der Mann.

Ich stammele wie ein pubertierendes Schulmädchen. Shai empfiehlt eine Brioche gefüllt mit Halva. Ich nicke wortlos und zahle.

»Jasmin!«, meint Shai und zwinkert mich an. Hat der nicht alle Latten am Zaun!?

»Ich heiße nicht Jasmin, sondern Felix!«, sprudelt es in verärgertem Englisch aus mir.

»Glaub mir, ich weiß, dass du ein Kerl bist!«, versichert Shai lachend und deutet auf die Blüte, die ich immer noch in der Hand halte. »Das ist Jasmin!«, schiebt er auf Englisch nach. Ich schaue daraufhin wohl ziemlich dämlich. »Ich habe noch nie einen Typen gesehen, der gleichzeitig so verwirrt und so attraktiv aussieht wie du«, meint Shai. Mir bleibt der Mund offen stehen. Der Typ findet mich attraktiv, ist offensichtlich schwul und gräbt mich an!

»Ich bin nicht schwul!«, schießt es aus mir heraus, zutiefst in meiner Ehre gekränkt.

»Ich dachte, ich hätte ein paar Vibes gespürt!«

»Never ever!«, sagen meine Augen und Mund unisono. »Okay«, sagt Shai lässig, aber seine Augen funkeln weiter verführerisch. Mir ist das alles zu viel. Ich stolpere auf die Straße. Nichts wie zurück auf die Dachterrasse meines Hotels. Dort fühle ich mich sicher. Keine Ahnung, was da eben mit mir los war. Ist auch egal! Jeder ist mal neben der Spur. Wen interessiert schon, dass die Augen von dem Typen sauschön waren? Verdammte Axt, jetzt geht das schon wieder los! Moment - jetzt chill mal! Nur weil ich merke, dass einer ... ganz okay aussieht, bin ich nicht schwul! Ich liebe Kathi und finde sie supersexy! Nun muss ich schmunzeln, denn mir fällt auf, dass ich mich bei dem Gedanken extra breitbeinig hingestellt habe.

Zwecks Ablenkung lasse ich den Blick über die Stadt schweifen und muss zugeben: Die Mischung aus modernen Hochhäusern und alten Bauhäusern hat doch etwas! Und in ein paar hundert Metern Entfernung glitzert das Meer in einladendem Weiß-Blau. Über viele Kilometer erstreckt sich der breite Sandstrand, an dessen südlichem Ende sich der Turm der Sankt-Peter-Kirche wie ein Ausrufezeichen über Jaffa erhebt. Ich habe mal gelesen, dass in der mittelalterlichen Stadt viele israelische Araber leben. Doch auch immer mehr junge, hippe Juden zieht es dorthin. Ob ein friedliches Zusammenleben dann funktioniert? Wie als vermeintliche Antwort meiner Frage fliegen Kampfhubschrauber Richtung Süden. Nach Gaza?! Mein Magen zieht sich zusammen. Um mich zu beruhigen, beiße ich in die Brioche. Der intensive Geschmack vom Halva erfüllt meinen Mund – Sesam trifft auf Zucker, Orient meets Champs-Élysées. Irgendwie strange, aber auch lecker! Was ist schon dabei, wenn ich mich etwas in der Stadt umschaue? Irgendwie muss ich den Tag ja rumkriegen! Und wenn es mir zu schmuddelig oder gefährlich wird, geh ich einfach zum Hotel zurück.

Kurze Zeit später stehe ich vor dem Carmel Market, dem orientalischen Bazar der Stadt. Letztendlich handelt es sich um eine überdachte vierhundert Meter lange Hinterhofgasse. Ihr Boden ist nass und schmutzig. Hausmuttis mit leerem Hackenporsche, Teenies, Kinder und Touristen strömen hinein. Andere verlassen den Markt, voll bepackt mit Fisch, Gemüse, Obst und Klamotten. Vor dem Eingang daddeln junge Leute auf ihren Smartphones, Senioren lauschen gebannt einer Wuchtbrumme mit hochtoupiertem Haarturm. Dramatisch schmettert sie ein hebräisches Lied ins Mikro, das über den mitgebrachten Lautsprecher alles und jeden beschallt. Ihre Zuhörer sind verzückt. Wahrscheinlich die abgehalfterte Helene Fischer von Israel!, denke ich mir und lege den letzten Funken Skepsis ab, als ich den Sukh betrete. Goodbye, Westen, Shalom Israel. Ab jetzt werde ich nur noch geschoben – vorbei an roten Pyramiden aus Granatäpfeln, reifen Bananen, stinkenden Fischen, Blöcken von Halva und aromatischen Gewürzbergen. Jüdisch-orthodoxe Frauen begutachten unter ihrer Perücke die Wassermelonen ebenso kritisch wie direkt daneben ihre muslimischen Geschlechtsgenossinnen unter ihrem Kopftuch. Scheinbar kommen die verschiedenen Religionen doch miteinander aus. Also kein Grund zur Angst!, denke ich, aber dann schlagen meine Sinne blitzartig Alarm, als sich etwas Hartes an meinen Hintern presst. Es ist das Maschinengewehr eines jungen Soldaten, der sich an mir vorbeischiebt. Ich schaue ihn erschrocken an und meine, vor mir steht der Typ aus dem Café.

»Shai!?«, rutscht es mir raus.

Der Soldat lacht. »Ich heiße Alon! Das mit der Waffe war keine Absicht!«, entschuldigt er sich auf Englisch, bevor die Massen uns schon wieder auseinanderschieben. Bin ich jetzt ganz von der Rolle?! Wieso muss ich schon wieder an diesen Shai denken? Und warum erinnere ich mich an seinen komischen Namen? Der Duft von Jasmin lenkt mich ab. Ich schaue mich um. Ohne es zu merken, bin ich im Neve Tzedek gelandet, einem schicken Viertel, in dem einladende Eiscafés und Vintage-Boutiquen die Herzen weiblicher Touristen höherschlagen lassen. Und die der jüdischen französischen Einwanderer, habe ich im Reiseführer gelesen. Warum Franzosen ihre Heimat verlassen, um in einer Krisenregion zu leben, kann ich nicht verstehen. Oder fühlen die sich in Frankreich als Juden heute wieder so unsicher, dass sie lieber dort leben, wo eine ganze Armee sie beschützt? Irgendwie wirft dieses Land mehr Fragen auf, als welche zu beantworten.

Ich will nur noch ins Wasser, um wieder klar denken zu können. Auf dem Gordon Beach schäle ich mich aus dem verschwitzten Shirt und bin fast in den Wellen, wäre da nicht dieser vom rechten Weg abgekommene Volleyball, der mich am Hinterkopf trifft. Leicht benommen werfe ich ihn dem aus der Sonne heranrennenden Beachvolleyballer zu. Krasser Körper!, denke ich. Erst dann sehe ich das Gesicht und das gehört ... Oh no ... Shai!

Der hat meinen beeindruckten Blick längst registriert. »You got a nice body, too!«, meint er frech und lässt seinen Blick angetan über meine Brust gleiten.

Ich schweige überfordert und denke nur: Der lässt echt nicht locker! Wobei, ein kleines bisschen geschmeichelt bin ich ehrlich gesagt auch. »Ich spiel Fußball!«, bring ich auf Englisch raus.

»So you have some experiences with balls!«, resümiert Shai doppeldeutig. Nun muss ich lachen, genau wie der junge Israeli, der es wohl faustdick hinter den Ohren hat. Es braucht keine große Überredungskunst von Shai, denn auch ich habe Lust, in seinem Team mitzuspielen. Und was soll ich sagen, wir zwei funktionieren echt gut zusammen. Jeder erahnt ohne Worte den nächsten Move des anderen. Bald heißt es Spiel, Satz und Sieg. Beim spontanen High Five komme ich ihm das erste Mal nahe. Sein Körper riecht nach frischem Männerschweiß. Mein Puls rast. Ob wegen des Sportes oder wegen Shai, ich weiß es nicht. Und nun?, schießt es durch mein Hirn. Anscheinend schaue ich wie ein Reh im Scheinwerferlicht, denn Shai meint nur: »Du denkst zu viel«, bevor er sich johlend in die Wellen stürzt. Sekunden später habe ich ihn eingeholt. »Können Deutsche auch spontan sein?«, fragt Shai mit spöttischem Unterton.

»Oh ja!«, erwidere ich und tunke ihn unter. Der prustende Israeli revanchiert sich, und diesmal schlucke ich Wasser. Auf jungenhaftes Gerangel folgen unsere wetteifernden Versuche, jede Welle zu reiten, um wenig später erschöpft nebeneinander zu treiben, während der azurblaue Himmel sich mit Abendrot verfärbt. Die Nähe zu dem jungen Mann macht mich nicht mehr nervös. Nein, ich genieße die scheinbar zufälligen Berührungen wie seinen Blick, der nichts fordert, aber viel verspricht.

»Look!« Shai deutet zu dem glühenden Ball, der im Horizont versinkt.

»Wow, schön«

»Ja, sehr schön!«, meint Shai in doppeldeutigem Englisch, als er mich von der Seite anschaut.

Mein Magen fährt Achterbahn. »Zeigst du mir deine Stadt?«, frage ich ihn, bevor ich meinen Mut wieder verliere.

Am Abend ziehe ich neben Shai durch sein Tel Aviv. Im Hip-Viertel Florentine, in dem Studenten den Grundsanierungen ihrer Bauhäuser weichen, wird das Zuckerfest Mimouna der marokkanischen Juden gefeiert. Vor einem Ecklokal bieten zwei als Haremsdamen verkleidete Herren mit Vollbart und Nerd-Brillen den amüsierten Gästen Zuckerspeisen an. Shai zieht mich freudig zu den Jungs, die seine Kumpel sind.

»Das ist mein Freund Felix!«

Mir sind die interessierten Blicke der Kerle unangenehm. Ich muss zugeben, in Deutschland habe ich selten mit Schwulen zu tun. Und nie mit welchen, die so locker im Kleid herumlaufen wie ich im Fußballtrikot. Doch wen interessiert das hier schon? Gleich haben Shai und ich pappsüßes Baklava in der Hand. Mit einem »My kiss is also sweet!«, macht Transe David mich vollends sprachlos. Was sagt man auch bitte auf so etwas?

Zum Glück springt mir Shai zur Hilfe. »Der gehört mir!«, lacht er und zieht mich mit sich. »Ich ahne, was du jetzt brauchst!«, versichert er, und ich vermute, dass er da mehr weiß als ich. Als wir kurz darauf mit ein paar Stella-Bieren unter den tropischen Bäumen auf dem stattlichen Rothschild-Boulevard sitzen, merke ich, dass Shai richtig liegt. Während er über die aufgehübschten, stolz dahinflanierenden Russinnen feixt, genieße ich, wie der Alkohol sich in meiner Blutbahn breitmacht. Anscheinend lächle ich beseelt, denn Shai vermutet, dass mir israelisches Bier schmeckt.

»Es ist schrecklich«, sprudle ich gelöst heraus. Aber es wirkt zum Glück!, denke ich. Denn nun halte ich Shais flirtenden Blick genauso gern aus wie seine Hand, die meine Schulter knetet. Doch der Augenblick hält nicht lange. Plötzlich klingeln überall Mobiltelefone, was jeden in Anspannung versetzt. Auch Shais Handy klingelt. Besorgt erfährt er von seiner Mutter, dass es in Jerusalem eine Messerattacke gab.

»I am okay«, versichert er ihr ruhig. Doch ich bin schlagartig nüchtern und will von ihm endlich mehr wissen. »Die Anschläge werden nie aufhören, solange Israel und Palästina keinen Frieden schließen!«, erklärt Shai traurig. Das sitzt.

»Aber wie könnt ihr in diesem Land leben, wo man ständig in Gefahr ist?«, frage ich.

»Ich möchte dir etwas zeigen«, ist die Antwort des Mannes, dem gerade nicht nach reden zumute ist. Ich folge Shai, vorbei an einem Kleinbus ultra-orthodoxer Juden, die eine Kreuzung

mit Techno beschallen, hinein in die Straße Nahalat Binyamin.
Shai stoppt vor einem Parkhaus. Ich stutze.

Sekunden später stehe ich neben ihm auf dem Dach des
Gebäudes. Vor uns liegen die Dächer der kleinen Bauhäuser,
die als Gemüsegarten oder heimelige Outdoor-Wohnzimmer
hergerichtet sind. Dahinter flimmern die Lichter der Hochhaus-Skyline.

»Tel Aviv ist mein Zuhause!«, meint Shai mit leuchtenden
Augen. »Ich könnte es nie verlassen. Klar, wir wissen hier jeden Tag,
dass wir in Gefahr sind. Aber in Europa kommen jeden Tag Menschen im Straßenverkehr um. Was ist gefährlich und was ungefähr-
lich? Ich weiß nur: Heute lebe ich – also verschiebe ich nichts, was
mir wichtig ist, auf morgen!«

Ich schweige und schaue **»Wer braucht
schon morgen?«
Seine Augen fun-
keln voll Trotz,
gepaart mit purer
Lebenslust.**
den aufgewühlten Shai an,
der fragt: »Wer braucht
schon morgen?« Seine
Augen funkeln voll Trotz,
gepaart mit purer Lebens-
lust. Auf einmal ist mir klar,
wie sehr Ängste und Zweifel mich bisher von Wegen abgehalten
haben, die mein Leben spannender machen könnten ...

»Was bedeutet ›Shai‹?«, will ich wissen.

»Geschenk«, antwortet er leise. In dem Moment ist alles klar.
Ohne ein Wort ziehe ich ihn an mich. Ich spüre seinen drahtigen
Körper und unsere Erregung, als ich in seinen Augen versinke.
Mein erster Kuss mit einem Mann ist leidenschaftlich und heftig
wie zwei Meereswellen, die sich erst bekämpfen, um dann zu

einer zu werden. Der Kuss schmeckt nach Stella-Bier, Meeres-salz und Jasmin.

Verwirrt schlage ich meine Augen auf und weiß nicht, wo ich bin, als jemand das Licht anknipst und schallend lacht. Es ist Kathi, die nach ihrem Nachtflug im Hotel angekommen ist und mich mit einer Jasminblüte kitzelt. »Die lag neben dir!«, quasselt sie. Fuck! Hektisch schaue ich mich um. »Hast du eine Geliebte im Schrank?«, scherzt Kathi.

»Blödsinn«, erwidere ich ein bisschen zu schroff! Kathi blickt auf die offensichtliche Erregung zwischen meinen Beinen. »Dann gilt deine Vorfreude wohl mir!«, nimmt sie an. Zwischen ihren fordernden Küssen bedauert sie, dass sie mich in dieser Stadt, in die ich nie wollte, allein gelassen hat. »Morgen mach ich das alles wieder gut!«, haucht sie mir ins Ohr. Wer braucht schon morgen?, hallt es da in mir nach. Und ich bin in Gedanken bei Shai, der mir heute nicht nur sich und seine Stadt gezeigt hat, sondern auch eine völlig neue Seite an mir. Und wer weiß, vielleicht ist die auch morgen noch da …

Onkel Jo sitzt auf dem Klo!

»Mama, wann sind wir endlich da?« Meine Kinder stellen diese Frage auf jeder Reise, und zwar seitdem sie sprechen können. Inzwischen ist Karla schwierige 13 Jahre alt, Benni nicht viel weniger komplizierte neun. Aber die Frage ist immer noch die gleiche.

Ich drehte mich zu den Kids auf der Rückbank um, verdrehte die Augen und antwortete: »Wenn es ein Eis gibt!«

Aus dem Augenwinkel sah ich meinen Mann Michael auf dem Fahrersitz grinsen – was ein Glück konnten die Kinder das nicht sehen.

Ich, Michael, Karla, Benni: Zusammen sind wir Familie Steinkamp aus Bonn. Und im Kofferraum unserer Familienkutsche saß noch »Frau Müller-Fisch«, genannt Müfi, unsere verfressene Cockerspaniel-Dame. Wer sich diesen bekloppten Hundenamen ausgedacht hat? Die Kinder – wer sonst!

Es war Mitte Juli, und wir fuhren gerade auf der Autobahn durchs Ruhrgebiet Richtung Norden. Genauer gesagt, wir standen. Und das schon seit guten zwei Stunden. Draußen war es über dreißig Grad warm, wir saßen trotz Klimaanlage und laufendem Motor in einer Art Brutkasten und schmorten in unserem eigenen Saft. Doch die Vorfreude war groß, schließlich wartete für die nächsten zwei Wochen ein gemütliches Ferienhäuschen mitten in Ostfriesland auf uns: ausschlafen, endlose Spaziergänge im Watt, Radtouren, baden, wenn das Meer mal da war, frischer Fisch, viel Wind – wir lieben das und fuhren schon seit Jahren Richtung Nordsee. In diesem Jahr hatten wir uns eine kleine Gemeinde namens Negenbargen-Jackstede ausgesucht und dort via Internet ein schickes Reetdach-Bauernhaus mit großem Grundstück gemietet. Genug Platz zum Toben für die Kinder und den Hund – genug Rückzugsmöglichkeiten für Michael und mich.

»Mama, wann geht es endlich weiter?«, quakte es schon wieder von der Rückbank. Im selben Moment trötete der Verkehrsfunk-Jingle aus dem Radio, und es folgte eine Reisewarnung: »Achtung, liebe Autofahrer auf der A31, es ist Zeit für eine Warnung der Polizei: Bitte nehmen Sie keine Anhalter mit, weder auf den Rastplätzen noch direkt von der Autobahn! Wir informieren Sie, wenn die Polizei Entwarnung gibt.«

Michael und ich schauten uns an, und er grübelte laut: »Was da wohl los ist? Ein Bankraub? Entflohene Sträflinge? Ach, egal,  **Ein Bankraub? Entflohene Sträflinge?** guck mal, da vorne geht es endlich weiter! Ostfriesland, wir kommen!«

Knappe drei Stunden später waren wir endlich an unserem Ziel: grüne Wiesen, schnieke Bauernhöfe, jede Menge Kühe, dazu noch diese wunderbaren Düker-Warnschilder überall – und erstaunlich viel Polizei auf den Straßen, das hatten wir in dieser doch sehr ländlichen Gegend noch nie gesehen. Die Anfahrt zu unserem Ferienhaus war nicht ganz so einfach, aber ein freundlicher Radfahrer half uns weiter, und so standen wir endlich vor dem großen Tor, das die Einfahrt zu unserem Feriendomizil verschloss. Eine riesige Wiese mit Hecken und mittendrin ein tolles, reetgedecktes altes Bauernhaus.

Unsere Vermieterin, Frau Jansen, hatte uns mitgeteilt, dass der Schlüssel unter einer großen Pflanzschale liegen sollte, die rechts neben dem Tor stand. Michael bückte sich, hob die Pflanzschale hoch, und die Kinder suchten.

Benni sagte als Erster: »Da ist kein Schlüssel!«

Michael antwortete: »Das kann nicht sein, bitte guck noch mal ganz genau.«

Doch auch Karla stimmte Benni zu: »Papa, da ist nichts!« Dann warf auch ich noch einen Blick unter die Pflanzschale – außer einem irritiert herumirrenden Ohrenkneifer war dort ... nichts.

»Hm, das ist aber komisch, Frau Jansen hat uns das doch in der Reservierungsbestätigung geschrieben. Michael, du hast doch die Mail ausgedruckt, lass uns noch mal nachgucken?«

»Die liegt im Handschuhfach, und da steht auch die Telefonnummer«, antwortete Michael.

Ich ging zum Auto und griff zum Handy. Die Kinder jagten in der Zwischenzeit schon zusammen mit Müfi durch das hohe Gras der Nachbarwiese und quietschten vor Vergnügen.

»Hallo, Frau Jansen, wir stehen hier vor dem Ferienhaus, aber da ist kein Schlüssel unter der Schale am Tor. Was machen wir nun?«

»Hallo«, antwortete Frau Jansen. »Wie, da ist kein Schlüssel? Das ist aber merkwürdig. Dann gehen Sie einfach durch die Hecke – etwa zehn Meter links vom Tor ist ein kleiner Durchgang, der nicht abgeschlossen ist. Sie können sich ja schon mal auf die Terrasse in die Sonne setzen, ich komme gleich vorbei und bringe den zweiten Schlüssel!«

»Kinder, wir suchen ein Tor, das hier irgendwo sein soll, macht ihr mit?«, rief ich der wilden Horde zu. Mit Begeisterung rannten die Kids an der Hecke entlang und versuchten durch

»Such-such«-Rufe die wild bellende Frau Müller-Fisch dazu zu animieren, das Tor zu erschnüffeln. Michael und ich stapften dem Rudel hinterher.

Da meldete Karla auch schon: »Hier ist es – wir gehen schon mal rein!« Und schwupps waren die Kinder und der Hund auf dem weitläufigen Gelände verschwunden. Michael und ich liefen eher gemütlich in Richtung Haus.

»Hier lässt es sich aushalten!«, meinte Michael, während er sich umschaute. Und er hatte vollkommen recht: Auf dem großen Grundstück waren mehrere, windgeschützte Sitzgelegenheiten zu sehen, eine Schaukel für die Kinder, eine große Sandgrube für unseren buddel-verrückten Hund sowie ein kleiner Teich, an dem ein Strandkorb stand – das würde mein Lieblingsort für die nächsten zwei Wochen werden, da war ich mir jetzt schon sicher.

Wir liefen um das Haus herum Richtung Terrasse. Kaum waren wir um die Ecke gebogen, blieben wir auch schon wie angewurzelt stehen: Da stand ein Auto in »unserer« Auffahrt!

»Hui, Frau Jansen ist aber schnell«, sagte ich zu Michael.

Der aber meinte: »Nee, das kann nicht sein, wir hätten das Auto hören müssen!« Wo er recht hat ... doch wo waren eigentlich die Kinder und Müfi?

»Karla, Benni, Müfi – wo seid ihr«, rief ich laut. Keine Antwort.

Dann Michael: »Kiiinder, Frau Müller-Fisch, kommt mal in die Auffahrt!« Wieder keine Reaktion. Dann sahen wir, dass die Tür zum Haus offen stand – die drei konnten also nur dorthinein verschwunden sein. Aber wie ging das ohne Schlüssel? Wir traten ein und standen mitten in einem geräumigen Wohnzimmer, das wirklich wunderschön war mit seinem gemütlichen Buller-Ofen, den vielen einladenden Sesseln und Sofas und einem großen Regal, in dem sich neben jeder Menge Bücher auch einige große Spielesammlungen befanden. In diesem Haus würde uns allen ganz bestimmt nicht langweilig werden - für echte Kinder-bespaßungs-Notfälle gab es sogar einen riesigen Fernseher!

Dann gingen wir weiter in die halb offene, gemütliche Bauernküche im nordischen Landhausstil. In einer Ecke war sogar noch ein alter Holzherd, in dem man bestimmt toll Brot backen konnte. Doch halt - wieso stand da neben der Spüle ein Teller mit den Resten eines Marmeladenbrotes?

Ich zeigte auf den Teller: »Michael, siehst du das?« Er nickte, ging zum Kühlschrank und öffnete ihn: randvoll mit Lebensmitteln. Und Bier!

»Vielleicht hat Frau Jansen für uns eingekauft, aber wie kommt sie darauf, dass wir Bier trinken? Das verstehe ich nicht ...« Mit gerunzelter Stirn blickte Michael mich an. Dann ging er Richtung Esszimmer und öffnete die Tür: »Niemand da, aber hier war auch schon jemand - guck mal, da liegt eine Zeitung von heute ...«

In diesem Moment fuhr mir der Schreck in die Glieder: Gab es heute nicht diese Reisewarnung? Vielleicht waren es tatsächlich entflohene Sträflinge, die in unserem Ferienhaus untergekrochen waren? Oder Bankräuber, die hier in Ruhe ihre Beute teilen wollten? Und die ganzen Streifenwagen waren in der Umgebung unterwegs, weil sie nach ihnen suchten? Doch die lassen sich nicht einfangen, sondern nehmen uns als Geiseln? Himmel, schimpfte ich mich selbst, deine Fantasie geht gerade mit dir durch ... Es gibt bestimmt eine ganz harmlose Erklärung für das alles! Aber wo verdammt noch mal sind die Kinder?

Jetzt war ich ernsthaft beunruhigt und rief lauter: »Benniii, Karlaaa, wo seid ihr? Kommt sofort her! Und bringt Müfi mit! Müüüfiii?«

Wie zur Antwort polterte es im ersten Stock, und ich wurde ganz blass um die Nase. Gleich würden die Verbrecher mit gezogener Pistole auf uns zu kommen!

Genau in diesem Moment kam Karla in einem Affenzahn die Treppe heruntergerannt, als wären ihr sämtliche polizeilich gesuchten Kriminellen auf den Fersen.

Sie hüpfte um uns herum und rief vollkommen außer Atem: »Mama, Mama ... Ich muss euch sofort was erzählen, ihr werdet es nicht glauben: Onkel Jo sitzt auf dem Klo!«

»Wie, was? Onkel Jo? Wo? Und warum sitzt der auf dem Klo? Der ist doch zu Hause und passt auf unser Haus auf, weil wir im Urlaub sind!«

»Nein«, widersprach Benni, der nun mit Frau Müller-Fisch im Schlepptau ebenfalls die Treppe heruntergestürzt kam, »guck doch selbst, Onkel Jo sitzt wirklich oben auf dem Klo!«

Michael und ich schauten uns ungläubig an: Was machte Michaels Bruder Joachim hier? Der Jo, der sich verpflichtet hatte, unser Haussitter zu sein? Und der Jo, vor dem wir klammheimlich auch ein bisschen Urlaub machen wollten, weil er uns mit seinen ganzen Ideen und seinem Tatendrang öfter mal tüchtig nervte? Gerade vor zwei Monaten hatte er unseren vollhölzernen, erst ein Jahr alten Carport in eine knallbunt angemalte Ersatzgarage verwandelt und viele seiner selbst geschweißten Kunstobjekte, die er immer wieder aus Schrott zusammenbaute, darangeschraubt – garniert mit der etwas speziellen Erklärung: »Jetzt weiß wenigstens jeder, wo ihr wohnt! So einen schönen

Carport hat niemand in dieser Straße.« Nun ja, unsere Nachbarn hatten sich nicht so schnell von dem Anblick erholt und blieben bis heute öfter mal kopfschüttelnd davor stehen.

Im selben Moment kam also genau dieser Jo die Treppe heruntergeeilt, die Hose noch auf Halbmast. »Ah, hallo, da seid ihr ja endlich, ich bin schon seit vier Stunden hier!«

Michael und ich sahen uns an, und ich konnte die Gedankenblase über seinem Kopf erkennen: Oh, no … wir wollten Urlaub und kein Chaos! Doch er sagte: »Schön, dass du viel eher da warst als wir – aber wieso bist du überhaupt hier?«

Jo zog erst mal in aller Ruhe seine Hose hoch und machte die Gürtelschnalle zu: »Monika Jansen und ich kennen uns schon ganz lange, wir haben zusammen in der Kommune in Südfrankreich gelebt. Vor zwei Wochen hat sie mich via E-Mail gefragt, ob ich eigentlich einen Michael Steinkamp aus Bonn kenne. Na klar, kenne ich den, hab ich geantwortet!«

»Ah ja«, antwortete Michael, »... aber was machst du hier?«

»Gestern Abend hatte ich dann die spontane Idee, ich könnte doch einfach mit euch zusammen hier oben Urlaub machen – schließlich ist das Ferienhaus groß genug! Und da wollte ich euch überraschen!« Jo lachte laut, warf die Hände in die Luft und jauchzte in der typischen Jo-Art: »Überraschung! Und so was von geglückt, wenn ich mir eure Gesichter so ansehe!«

Oh, Schreck, ich musste mich erst mal setzen. Okay, ein Haus mit sechs Zimmern und einem riesigen Grundstück … da ist auch noch Platz für Onkel Jo, der sich schon liebevoll mit den Kindern darum stritt, wer wo schlafen sollte. Aber auf der anderen Seite war es schon eine Unverschämtheit, dass er einfach über unseren Kopf hinweg entschieden hatte, uns in den Urlaub zu folgen …

Michael setzte sich neben mich auf die Couch und flüsterte mir ins Ohr: »Ich wusste nichts davon, ehrlich. Was machen wir nun?«

»Darüber denke ich auch gerade nach. Ehrlich gesagt habe ich ja nicht so viel Lust auf einen Urlaub mit Jo - aber auf der anderen Seite können wir die Kinder bei ihm parken und öfter mal abends zu zweit essen gehen. Das haben wir schon ewig nicht mehr gemacht! Und die Blumen könnte auch Lisa gießen. Vielleicht ist es ja ganz praktisch, dass Jo hier ist,« antwortete ich zweifelnd.

In der Auffahrt knirschte es, ein Auto fuhr vor - das war bestimmt Frau Jansen, also diese Monika, die Jo schon so lange kannte. Nun war ich aber wirklich gespannt!

Die Tür öffnete sich und herein kam ein gut gelaunter Wirbelwind mit langen blonden Haaren und einem viel zu großen Karohemd, das nachlässig in eine Latzhose gestopft war, die wiederum in Gummistiefeln steckte: »Hallo Familie Steinkamp, hier ist der Zweitschlü... Jo, was machst du denn hier? Das ist ja eine tolle Überraschung!« Lachend fielen sich die beiden in die Arme und küssten sich innig. Michael und ich schauten uns erneut fragend an, aber das war ja schon fast Normalzustand an diesem verrückten Tag. Auch die Kinder guckten erstaunt, schließlich kannten sie Onkel Jo nur als überzeugten Single, in dessen kreativem Chaos kein Platz war für eine Frau. Nur Frau Müller-Fisch kläffte munter und wedelte ausdauernd vor sich hin.

Ich befreite mich langsam aus meiner Schockstarre und stand auf: »Jo, wir müssen reden – unter vier Augen!« Ich nahm mir vor, so richtig rumzumeckern, schließlich hatte Jo uns gerade einen mächtigen Schrecken eingejagt und ganz nebenbei dafür gesorgt, dass wir keinen Familienurlaub im kleinen Kreis genießen würden!

Frau Jansen befreite sich aus Jos Umarmung, ging lächelnd auf mich zu und meinte: »Ich bin Monika! Jo hat schon so viel von euch allen erzählt. Es fühlt sich für mich so an, als würden wir uns schon lange kennen!« Sie schüttelte meine Hand und wandte sich dann an Michael: »Michael, du siehst deinem Bruder wirklich ähnlich. Ich freue mich, dich endlich kennenzulernen!« Dann drehte sie sich zu den Kindern um: »Und ihr zwei, wollt ihr nachher mit mir in den Kuhstall gehen? Ich zeige euch, wie man melkt, und dann können wir auch noch bei den Ponys vorbeischauen!« Und als sie sich dann noch zu Müfi runterbeugte, ihr den Kopf tätschelte und aus der Tasche ein Leckerli holte, war es um uns alle geschehen – was für eine nette Frau!

»Eben hab ich im Radio gehört, dass die zwei Männer, die heute Morgen im Ruhrgebiet aus dem Gefängnis ausgebrochen sind, endlich unweit von hier gefasst wurden – ein paar freundliche, ziemlich leichtgläubige Urlauber haben sie im Auto bis hier mitgenommen!«

Hui, dann waren meine wilden Fantasien ja doch nicht aus der Luft gegriffen ... Aber nun konnte ich beruhigt aufatmen. Ich wechselte einen Blick mit Michael, der mich anlächelte und mit den Achseln zuckte – er hatte sich also in sein Schicksal ergeben.

Die zwei Wochen vergingen wie im Fluge: Wir lernten die tolle Monika genauer kennen, Jo und Monika passten öfter mal auf die Kinder auf, und Michael und ich hatten viel Freizeit – genau das Richtige für ein gestresstes Ehepaar wie uns. Die Kinder amüsierten sich prächtig und konnten am Ende der Ferien melken, einen Stall ausmisten und die Kühe auf die Weide treiben – Fähigkeiten, die sie in Bonn bestimmt nie erworben hätten. Und Frau Müller-Fisch hatte am Ende der Ferien wieder eine schlanke Taille, weil sie sich den ganzen Tag bewegte, den Sandhaufen im Garten mindestens zehnmal komplett umbuddelte und abends vollkommen erschöpft in ihr Körbchen plumpste. Nächstes Jahr fahren wir übrigens wieder in dieses kleine Paradies – und dann ganz offiziell mit Jo.

Teenager-Paradies Irland?

Mit Fünfen in Englisch fing alles an. »Sie sollten«, verkündete die Lehrerin meiner Tochter Jule, »mit den Kindern in ein Land reisen, in dem jeder die Weltsprache spricht.«

»Gute Idee!«, fand ich. Erstens hatten wir schon alles andere erfolglos ausprobiert: gemeinsam büffeln, Computer-Lernprogramme, Nachhilfe. Zweitens reise ich gern. »Fliegen wir nächsten Sommer nach England?«, fragte ich also noch am selben Abend meine Tochter. »Lieber nach Irland!«, rief diese, mit einem Blitzen in den Augen. Sofort stimmten ihre Schwestern ein: »Irland! Au ja! Feen, Pferde, Delfine und Shopping!«

Ähem. Sie hatten natürlich meine Fotos gesehen. Vor Jahren war ich ohne sie mit einer Freundin auf der Insel gewesen. Meine Assoziationen klangen eher so: Irland ist gleich Whiskey, Pubs und im strömenden Regen an Klippen entlangstapfen. Das mit dem Trinken, den Pubs und dem Wandern konnte ich mit zwölfjährigen Zwillingen und einer Dreizehnjährigen aber vergessen.

Und dann sprang auch noch mein Mann ab: »Links fahren, schlechtes Wetter und noch schlechteres Essen? Ohne mich!«

Weil auch ich wenig Lust auf den Linksverkehr hatte, hatte ich recherchiert und herausgefunden: Mit Bussen oder Taxis kann man in fast jeden Winkel der Grünen Insel gelangen, und so machte ich mich an die Buchung. Von der geballten Ladung Tiere rund um das Cahergal Farm House, des Bauernhofs, auf dem unsere Rundreise begann, waren die Mädchen sofort verzaubert gewesen. Fünfzig Kühe, zwanzig Schafe, fünfzehn Pferde, ein Hund und Hühner ... Paul, der Sohn der Besitzer, hatte uns nach dem Frühstück über das Anwesen geführt. Noemi hatte die Eier aus dem Hühnerstall holen dürfen. Alicia und Jule waren derweil damit beschäftigt gewesen, der Hofhündin Buttons den Bauch zu kraulen.

Später balancierten alle drei Mädchen auf dem Mäuerchen aus groben Steinen, wie sie hier überall Gärten und Felder begrenzen, und fotografierten einander auf diesem »Laufsteg«. Eigentlich, dachte ich beim Betrachten des Idylls, hätte man es auch dabei belassen können ... Urlaub auf dem Bauernhof auf Irisch. Aber wir wollten ja noch so viel entdecken!

Ein alter Delfin residiert seit 1983 in der Bucht von Dingle. Statt mit Artgenossen umherzuziehen, spielt er lieber mit Menschen. Als meine Töchter davon hörten, stand für sie fest, dass sie ihn kennenlernen mussten. So traten wir die Reise an, in drei unterschiedlichen Bussen mit fünf Stunden Fahrtzeit. Erstmals meuterten meine Töchter – passend dazu zog sich der Himmel zu. Und in mir zogen Zweifel auf: War meine Reiseplanung wirklich eine gute Idee gewesen? Um alle Träume zu erfüllen, hatte ich in 15 Tage sechs Aufenthaltsorte hineingepackt!

Dann schickte auch noch unsere nächste Vermieterin eine panische Mail. Wir hatten vor Monaten drei Nächte bei ihr gebucht. »Oh, ihr seid ja vier!«, schrieb sie jetzt, »irgendwie war ich von dreien ausgegangen. Ein Bett habe ich noch, in eurem Zimmer wird's nun allerdings eng.« Tatsächlich fanden wir in einem schmucken Reihenhaus fünf Gehminuten oberhalb der Stadtmitte ein Zimmer vor, das fast ausschließlich aus Liegefläche bestand. Die letzten freien Quadratmeter belegten wir mit Koffern. Und draußen regnete es ohne Unterlass. Das konnten ja drei heitere Tage werden.

Mitnichten! Ein paar Stunden später, während das Motorboot, auf dem wir saßen, Fahrt aufnahm, war der Regen weitergezogen. Etwa fünfzig Meter von uns entfernt schwamm Fungie, der Delfin! Ein munterer Großer Tümmler, dem das Spiel mit den Touristen offensichtlich Spaß machte. Zuerst folgte er dem kleinen roten Boot und vollführte Sprünge. Dann war er in den Tiefen des Meers verschwunden. Plötzlich ein Freudenschrei aus vielen Kehlen. Endlich sah auch ich hinter all den Armen und Kameras eine Flosse. Eine Viertelstunde blieb Fungie ganz in unserer Nähe.

Doch es war Tag drei in Dingle, der uns endgültig verliebt machen sollte. Das Wetter präsentierte sich unirisch: sonnig und zwanzig Grad warm. Bianca, die uns mit Frühstück wie zu Hause und allerlei Ausflugstipps verwöhnte, schwärmte von dem Hof, auf dem ihre Tochter ritt. »Sie haben da zurzeit sogar eine deutsche Reitlehrerin«, berichtete sie.

»Reiten, au ja!«, jubelte Noemi.

Alicia und Jule blieben skeptisch: »Auf fremden Pferden? Nee, lieber nicht!«

Ich buchte trotzdem für meine Mittlere einen Ausritt und bestellte uns allen ein Taxi ins Dorf Ballydavid.

Dingle-Stadt mochte, wie wir auf der zehnminütigen Fahrt sehen konnten, entzückend sein mit seinen bunten Häusern, dem trubeligen Hafenbereich und den vielen Pubs und Lädchen. Doch der Rest der Dingle-Halbinsel ist noch hinreißender. Hohe Klippen und Hügel, die in allen Grüntönen leuchten.

 Hohe Klippen und Hügel, die in allen Grüntönen leuchten.

»Man spricht hier übrigens Irisch«, erzählte uns der Taxifahrer Sean. Eine Sprache mit jeder Menge »chrrr« und »krch«, Konsonanten und Vokalfolgen, die ganz anders klingen, als sie für uns aussehen.

In der Reitschule »Sea View Equestrian« nahm uns ein zweiter Sean in Empfang, der Chef. Daneben eine junge Frau, die uns auf Schwäbisch ansprach: »Ich bin die Lena, komme aus dem Schwarzwald und mache hier Pferde-Aupair.«

Noemi landete auf Loki, einem gutmütigen Tier, das den Pferden von Sean und Lena gemächlich folgte. Aufgrund des geringen Tempos konnten wir anderen zu Fuß mitlaufen. Wir liefen durch ein üppig grünes, von Bächen durchzogenes Tal. Hinter jeder Biegung wartete eine neue Überraschung. Hier ein bunter Blumengarten, dort ein kleiner Teich, hier ein Wasserfall. Eine Stunde lang genossen wir Natur und Gemeinschaft. Hinterher hatte ich ein seliges Kind – und zwei frustrierte.

»Warum haben wir uns nur nicht zu reiten getraut?«, ärgerten sich Jule und Alicia.

An Tag fünf unserer Reise folgte Katerstimmung. Siebeneinhalb Stunden Busfahrt waren nötig, um nach Oughterard zu gelangen, am Rande der Region Connemara. Der Grund war Noemi, oder genauer: dass sie sich in eine Unterkunft verliebt hatte.

»Da will ich hin!«, hatte sie ausgerufen, als sie bunter Schlafzimmer und possierlicher Esel ansichtig geworden war.

»Das ist aber ganz weit draußen«, hatte ich argumentiert.

»Aber lies mal! Die Vermieterin ist Schwäbin! So wie wir.« Ich ließ mich überreden. Zumal der benachbarte See Lough Corrib, der dreimal so groß wie der Chiemsee war, und der

Park Brigit's Garden so klangen, als könne man dort gut entspannen.

Die Hinfahrt war dafür das Gegenteil von relaxed. Die Kinder stritten sich immer wieder, und nur das WLAN in den Bussen konnte die Stimmung halbwegs retten. Doch wir wurden entschädigt. Das Tullaleagan

Die Kinder stritten sich immer wieder, und nur das WLAN in den Bussen konnte die Stimmung halbwegs retten.

Guesthouse bot Ruhe, einen traumhaften Blick über See und Hügellandschaft – und ein Luxuszimmer.

»Diese Betten!«, jauchzte Alicia.

»Und ein eigenes Bad«, ergänzte Noemi breit grinsend. »Und wer hat's ausgesucht?«

Im Aufenthaltsraum warteten Tipps und Pläne zum Erkunden der Region. Die Töchter stürmten auf einen Stapel Spiele zu, und bald waren wir alle in eine Partie Yahtzee vertieft. Auch die Esel gingen wir besuchen.

Tag sechs unserer Reise begann mit einem »Irish Breakfast«, Spiegel- oder Rührei, Speck und Würstchen sowie Toast. Dazu Kuchen, Müsli, Joghurt, frische Beeren, Saft, Tee und heiße Schokolade ...

Kurz darauf lernten wir: Brigit's Garden ist der Ort, um nach den berühmt-berüchtigten Feen und Kobolden Irlands zu fahnden. Das verriet uns rasch die Gebrauchsanweisung für die Rallye durch den Park, die Kinder kostenlos machen können.

Wir lernten die Geschichte der Brigida, oder Brigit von Kildare, kennen. Diese Heilige, sagt die Legende, war das illegitime Kind eines Königs und einer frommen Sklavin und kam um 453 zur Welt. Trotz ihrer Schönheit wollte Brigida von Männern nichts wissen und gründete lieber das Kloster Kildare. In ihrem rund siebzigjährigen Leben heilte sie Kranke und vermehrte Gaben. Brigida ist als Schutzheilige unter anderem für Reisende, Kinder und Poeten zuständig.

Das Profil der schlafenden Brigit war in einen der Grashügel eingearbeitet. Außerdem gab es pinkfarbenen Mohn, Wasserläufer, Libellen, Sonnenuhren, Steinzeithütten und vieles mehr zu entdecken. Alicia, Noemi und Jule notierten Wünsche auf Zetteln und hängten sie in Büsche, die Ostersträuchern glichen, und ich studierte fasziniert, was sich Reisende aus aller Welt hier bestellt hatten: von guten Noten über wahre Liebe bis hin zum Weltfrieden.

Kobolde trafen wir nicht, Feen ebenso wenig. Aber an einigen Bäumen entdeckten wir die Eingänge ihrer Behausungen: bunte Holztürchen, von der Größe her für Schleich-Elfen passend. Wir beobachteten, kletterten und krochen, machten Notizen und entspannten uns – ein toller Tag in der Natur.

Connemara allgemein und unsere Gastgeberin Silvia insbesondere verließen wir ausgesprochen ungern. Doch diesmal konnte ich allen Kindern etwas versprechen, was die Laune hob: »Wir machen einen Strandtag!« Bundoran begrüßte uns mit endlosem Sandstrand, hohen Wellen, einem kleinen Jahrmarkt direkt am Meer und 25 Grad. Wer wollte da noch schlecht gelaunt sein?

Nun ging es nach Nordirland. Ich war aufgeregt. Verliefen dort nicht immer noch Mauern zwischen Katholiken und Protestanten? Und war es dort gefährlich? Am Vortag erst war ein

Mann, der vor Jahrzehnten für die IRA gekämpft hatte, erschossen worden!

Und dann entpuppte sich unser Hotel im Titanic Quarter als gemütlich und die Innenstadt als überschaubar, ruhig und sauber. Tags darauf zog es mich ins W5-Museum – W5 steht für »Whowhatwherewhenwhy«.

»Ein Museum?«, meckerte Jule. »Kein Bock. Ich chill' lieber.«

»Aber dort gibt es eine Kletterlandschaft, Roboter, Experimente ...«, lockte ich. Meine Jüngste ist eigentlich sehr interessiert an Wissenschaft und Technik. Doch ihre Faulheit siegte, sie blieb im Hotel.

Wir anderen drei verliebten uns. Sofort. »Robothespian« hieß der mannshohe Roboter, der hinterm Eingang auf uns wartete. Auf Knopfdruck pfiff oder sang er, gab Luftküsse und bekam Herzchenaugen. Kurze Zeit später spielte Noemi auf einer Harfe, deren Saiten aus Laserstrahlen bestanden. Danach übten Alicia und sie sich als Wetterfeen, so richtig mit Bluescreen, großer Kamera und Teleprompter. Selbst Jule musste, als sie abends die Handyfilmchen sah, einsehen: Sie hatte da wohl doch was verpasst.

Am nächsten Morgen klingelte der Wecker früh. Ein echter Held wartete auf uns, genauer: Finn MacCool. Der wollte der Sage nach einen anderen Riesen in Schottland besuchen und schmiss gewaltige Steine ins Meer, um trockenen Fußes ans andere Ufer zu gelangen. Doch aus der Ferne sah er die mächtige Silhouette des schottischen Riesen Benandonner und rannte mir nichts, dir nichts zurück nach Hause.

»Versteck dich im Babybett«, riet ihm seine Frau Oonagh. Finn tat, wie ihm geheißen, schlüpfte unter die Decke und ließ die Füße und Arme aus dem Bett hängen. Kurz darauf klopfte Benandonner an seine Tür.

Oonagh öffnete. »Mein Mann ist aus«, sagte sie mit süßem Lächeln, »aber komm doch rein und warte auf Finn, ich habe Tee und feine Scones.« In den Scones hatte sie eilig Steine versteckt. »Dies ist Finns Lieblingsgebäck«, behauptete Oonagh.

Der herzhafte Biss in einen Scone kostete Benandonner einen Zahn. Kurz darauf erblickte er die Wiege und fragte: »Ist das euer Kind?«

»Finns und mein Baby«, bestätigte Oonagh.

Benandonner betrachtete die Füße und Hände und dachte: »Wenn das Kind schon so groß ist, muss Finn selbst gigantisch sein.« Erschrocken verließ er Finns Haus, rannte nach Schottland zurück, zerstörte den Weg hinter sich und ward nie mehr in Irland gesehen.

So soll der Giant's Causeway, der Damm des Riesen, unweit des Städtchens Bushmills entstanden sein – symmetrische und zum Erklimmen einladende, vorwiegend sechseckige Basaltsäulen, die ins Meer hinein auslaufen. Auf der Hebriden-Insel Staffa gibt es ganz ähnliche Formationen. Doch Wissenschaftler sagen, nicht zwei Riesen, sondern ein Vulkanausbruch vor sechzig Millionen Jahren hat den Giant's Causeway geschaffen. Und wenn schon, dorthin wollten wir.

So entdeckten wir den vielleicht schönsten Trimm-dich-Pfad der Welt. Eineinhalb Stunden lang kletterten wir, wobei jede aufpassen musste, auf den teilweise mit Moos bewachsenen, teilweise mit Wasserpfützen bedeckten Säulen nicht auszurutschen. Zum Streiten gab es keinerlei Gelegenheit.

Zum Abschluss unserer Belfast-Tour bekam ich Jule doch noch so weit, in ein Museum mitzukommen: in das der Titanic. Denn natürlich hatten wir alle den Film gesehen, nun waren wir einen Steinwurf von der Werft entfernt, auf der das Megaschiff entstanden war. Meine Töchter und ich schlüpften mithilfe von Fotowänden, Musik, Sprachaufnahmen und Einrichtungsgegenständen hinein in den Alltag des frühen 20. Jahrhunderts. 13.000 fleißige Arbeiter aus Belfast und Umgebung hatten die Titanic gebaut. »She was okay when she left here«, sagt man hier bis heute mit Stolz und Trauer in der Stimme.

Ein Teil des Museums glich der Werft während der Bauzeit, und wir gönnten uns eine Gondeltour um den virtuellen Schiffsrumpf herum und lauschten den Erzählungen eines jungen Arbeiters über die Bauarbeiten. Zur Freude der Kinder gab es dieses Kurz-Hörspiel in deutscher Sprache. Auch Einblicke in die Kabinen der ersten, zweiten und dritten Klasse der Titanic bekamen wir. Wie plüschig und dunkel damals die Reichen ihre Kabinen einrichteten!

Groß war die Überraschung, als wir am selben Abend nach zwei Stunden Zugfahrt das letzte Hotelzimmer unserer Reise in Balbriggan bezogen: »Das sieht ja aus wie auf der Titanic in der ersten Klasse!«, jubelte Alicia. Tatsächlich: Wir hatten einen eher dunklen Raum zum Innenhof hin, die Möbel, der Boden und die Bettwäsche waren im Stil des frühen 20. Jahrhunderts gehalten.

Auf Balbriggan war unsere Wahl gefallen, weil wir unweit Dublin und trotzdem nah am Meer wohnten. Gleich am ersten Abend erkundeten wir den ruhigen, feinsandigen Strand gleich um die Ecke.

Ein schriller Ton ließ uns wenige Stunden später aus den Betten fahren. Das konnte nur eins bedeuten: Feueralarm! »Raus hier, schnell raus!«, befahl ich den Kindern, die sogar ihre Handys liegen ließen und mir ins Treppenhaus folgten. Kein Rauch, kein Gestank. Gut!

Ein älteres Paar kam uns entgegen, wie wir in Pyjamas, und lächelte uns an: »Alles okay! Da hat nur der Koch das Frühstück anbrennen lassen. Sie können wieder in Ihr Zimmer.« Wir bedankten uns und folgten dem Rat. Aber an Schlaf war nun leider nicht mehr zu denken.

Zum Glück hatten wir etwas vor, was uns wach halten würde: Wir fuhren mit dem Bus zum einzigen Freizeitpark Irlands. Tayto Park heißt derselbe nach den irischen Kult-Chips, die auf demselben Gelände entstehen und deren Name sich an das englische Wort für Kartoffel anlehnt.

Wie in Irland üblich, hatte auch beim Bau des Freizeitparks ein Held Pate gestanden. Cú Chulainn, »Sohn des Hundes«, hieß das Muskelpaket, das schon mit sechs Jahren einen als unbesiegbar geltenden Hund tötete und seitdem Zauberkräfte hatte. Er konnte schwebend kämpfen und sich in ein Monster verwandeln. Allerdings durfte er nie Hundefleisch essen, dank solch eines Tieres war er ja zum Helden geworden. So überlisteten ihn seine Feinde eines Tages, indem sie ihm die verbotene Speise unterjubelten. Sein Appetit kostete Cú Chulainn das Leben.

Diesem Sagenheld ist im Park die riesige Achterbahn gewidmet – die größte Holzachterbahn Europas.

»Gar kein Looping«, murrte Noemi erst. Bis sie drinsaß. Der Wagen nahm Fahrt auf, bot erst einen hinreißenden Blick von oben auf endlose grüne Hügel, dann eine rasante Tour in die Tiefe – zum Kreischen aufregend.

Die letzten beiden Tage gehörten dem Strand von Balbriggan und Dublin-City. Mich zog es ins vegetarische Kult-Restaurant Cornucopia, wo selbst Veganer und Allergiker die Qual der Wahl haben. Durch Gemüseaufläufe, Suppen, Kuchen und Chili sin Carne, mit Tofu-Gemüse-Mischung statt Hackfleisch, gestärkt, bummelten wir über die legendäre Einkaufsstraße Grafton Street.

Auch nüchtern kann man Irland genießen, hatte ich am Ende unserer Reise gelernt. Und ja, es gibt sonnige Zeiten! Die Küche ist inzwischen definitiv für alle geeignet, ob gemüse-, fisch- oder fleischverrückt.

Auch nüchtern kann man Irland genießen, hatte ich am Ende unserer Reise gelernt.

Am Ende klappte bei meinen Töchtern jede Essensbestellung und so mancher kurze Dialog mit Rezeptionistin oder dem Busfahrer auf Englisch. Ob es statt Fünfen in Englisch demnächst Dreien hagelt, steht noch in den Sternen, doch dass diese Sprache nützlich ist, darin sind Jule, Alicia und Noemi sich jetzt einig. Und auch wenn unterwegs manchmal eine von uns meuterte oder die Fetzen flogen, unterm Strich hielten wir deutlich besser zusammen als die Crew auf der Titanic.

Das ist das Leben

Wir sprechen nicht mehr. Du schweigst, und wenn ich etwas sagen würde, bliebe es ungehört. Ich kann nur stumm zusehen, wie du deinen Koffer packst. Das tust du in einer Ruhe und Prägnanz, die ich gar nicht von dir kenne. Du bist doch eigentlich viel wilder, gerade wenn du dich auf eine Reise vorbereitest. Hektisch kenne ich dich, dabei immer lachend und in gespielter Panik ständig auf die Abfahrtszeit des Zuges hinweisend.

Seit wir nicht mehr miteinander sprechen, tust du die meisten Dinge – irgendwie anders. Bewusster und wie in Zeitlupe. Ich beobachte dich dabei, wie du den ordentlich gepackten Koffer schließt. Dein Gesicht kann ich nicht sehen, mir ist dein Rücken zugewandt. Bist du sicher, dass diese Reise eine gute Idee ist?

Wir sind immer glücklich gewesen an diesem Strand an der ostfriesischen Küste. Wie oft waren wir da? Fünf Male? Oder sechs? Ans erste Mal erinnere ich mich gut, wir haben uns einfach ins Auto gesetzt, das Navigationsgerät eingeschaltet und sind losgefahren. Es war ein Freitagabend, das Wochenende lag vor uns. Wir kannten uns seit ein paar Monaten und waren seit wenigen Wochen zusammen. Wir hatten abends in deiner kleinen Wohnung gekocht, gegessen, uns ein bisschen gelangweilt. Und plötzlich stand die Idee im Raum, einfach irgendwohin zu fahren. Ich kannte diesen Strand von einem Trip mit Studienfreunden.

Ich würde dir gern sagen, wie gut ich mich an diese erste Fahrt erinnere. Ausgerechnet ich, der ständig Details vergisst. Du sitzt neben dem sorgsam geschlossenen Koffer auf dem Bett, den Rücken kerzengerade, als würdest du einem Orthopäden zu imponieren versuchen, das Gesicht von mir abgewandt. Es tut mir weh, dich so zu sehen.

Wir waren damals, bei diesem ersten Mal, völlig irre, einfach ins Auto zu steigen, die Nacht hindurch Richtung Norden zu fahren und in den frühen Morgenstunden ohne eine Adresse oder ein reserviertes Zimmer an der Küste zu landen. Es war nicht einmal Feriensaison, sondern Anfang April. Wahrscheinlich würdest du mich jetzt verbessern und sagen, dass es März war. Oder sogar erst Februar? Nein, das kann nicht sein, wir kamen nämlich weit vor einer Tageszeit an, zu der andere Menschen schon auf den Beinen sind, und die Sonne ging schon auf. Es muss Frühling gewesen sein. Aber klirrend kalt, und wir hatten keinen Ort, an dem wir uns aufwärmen konnten. Den Motor laufen zu lassen, um die Heizung in Gang zu halten, haben wir uns nicht getraut. Wir wollten mit dem Motorgeräusch niemanden stören, und du hattest Bedenken wegen der Abgase, die schlecht für die Umwelt seien. Also haben wir die zwei alten Decken aus dem Kofferraum geholt und uns so viele Pullover über den Kopf gezogen, wie wir abends noch eilig in unsere Rucksäcke gestopft hatten. Dann haben wir uns auf die Decke mit den Flecken zweifelhafter Herkunft in den Sand gesetzt und uns unter die weniger muffige Decke zusammengeku- **Wir haben aufs Meer gestarrt, uns im Arm gehalten und konnten nicht fassen, dass so viel Kitsch sich so schön anfühlt.** schelt. Wir haben aufs Meer gestarrt, uns im Arm gehalten und konnten nicht fassen, dass so viel Kitsch sich so schön anfühlt.

Ich verstehe nicht, dass du nach allem, was passiert ist, wirklich diese Reise machen willst. Wozu ist sie gut? Kann sie etwas heilen? Irgendetwas ungeschehen machen? Ich wüsste gern, was du dir davon versprichst. Aber wenn ich diese Fragen stellen würde, würdest du mir nicht antworten, das weiß ich.

Ich war ganz in Gedanken, völlig abgelenkt! Dabei müssen wir jetzt aufbrechen, der Zug fährt in einer Stunde. Nachdem wir herausgefunden hatten, dass es eine bequeme Zugverbindung mit nur einem Umstieg an »unseren« kleinen Ort an der Küste gibt, sind wir nie mehr mit dem Auto gefahren. Keine spontanen Hals-über-Kopf-Aktionen ohne Zimmerbuchung mehr. Jede Reise in den letzten Jahren war sorgfältig geplant, das Hotel gebucht, die Zeitung für den Zeitraum der Abwesenheit abbestellt. Immerhin waren wir mittlerweile erwachsen geworden. Unsere Reisen also auch.

Ich dachte, du hättest dich dieses Mal wieder um eine Sitzplatzreservierung im Zug gekümmert. Ich weiß, das konntest du nie an mir leiden: dass ich wie selbstverständlich davon ausgehe, dass du dich um alles Praktische kümmerst. Du warst so oft deswegen wütend auf mich. Zurecht, finde ich. Es ist keine drei Wochen her, dass du mich deswegen schrecklich angeschrien hast. Du hattest meine Gummistiefel für die Wattwanderungen in diesem Urlaub vom Schuhmacher geholt, der sie für mich flicken sollte. Sie lagen dort seit fünf oder sechs Monaten, auf die mahnenden Anrufe des Geschäftsinhabers hin, sie doch bitte endlich abzuholen, habe ich jedes Mal pflichtbewusst mein Kommen angekündigt – und die Stiefel dann doch wieder vergessen, immer wieder. Du hast die Wohnungstür laut zugeknallt, du musst schon mit einer Stinkwut das Treppenhaus hochgestiegen sein. Die Tüte mit den Stiefeln hast du mir vor die Füße geworfen. Um nichts würde ich mich selbst kümmern, hast du mich angeschrien, immer müsstest du für mich mitdenken. Es war überhaupt nicht klug von mir zu sagen, dass ich durchaus immer mal wieder an die Stiefel gedacht hätte, aber mich doch darauf verlassen könne, dass du ein Organisationstalent seist ... Ich hab an diesem Abend nicht verstanden, woher deine wütenden Tränen kamen. Ich hatte dir doch gerade ein Kompliment gemacht! Aber inzwischen verstehe ich es.

Wäre da nicht diese Stille zwischen uns, diese absolut undurchdringliche, völlige Stille, dann würde ich dir so gern sagen, dass ich so vieles verstanden habe.

Obwohl ich mit den Gedanken wieder ganz woanders war, ist nicht mal mir entgangen, wie entsetzlich voll dieser Zug ist. Ohne Sitzplatz werden das für dich lange Stunden werden - mir ist das egal. Ich folge dir den Gang entlang zwischen Menschenleibern und Koffertürmen hindurch. Ein einzelner Sitz neben einem Zeitungsleser ist frei. Ich weiß, wie sehr du es hasst, wenn er bei jedem Umblättern seiner Zeitung seine Sitzplatzgrenze ignoriert und seine Arme und das Papier dir die Sicht versperren werden. Aber vielleicht ist das nicht das Schlimmste auf dieser Reise, von der ich immer noch denke, sie ist ein Fehler.

Wieder siehst du nicht in meine Richtung; das tust du aber neuerdings fast nie. Nicht mehr, seit alles so anders ist. Du starrst einfach geradeaus, dein Gesicht eine eisige Maske.

Das Schweigen ist das Schlimmste. Natürlich war es nie schön, wenn du wütend auf mich warst, wenn du mich angeschrien und dabei geheult hast. Aber - das ist das Leben, oder? Wut, Tränen, Zorn, laute Worte: gehört alles dazu. Genau wie Liebe, Lachen, Leidenschaft.

Nach dem Umsteigen ist es angenehmer. Der zweite Zug ist viel leerer. Du setzt dich auf den erstbesten Platz, ich mich auf die andere Gangseite. So kann ich dich besser ansehen. Vielleicht habe ich Glück und meine Augen ziehen irgendwie deinen Blick an. Neuerdings versuche ich immer wieder, Beschwörungszauber einzusetzen. Was soll ich sonst tun? Ich halte seit Wochen dieses Schweigen aus. Dann kann ich auch alberne, ausgedachte Zauberformeln aufsagen, bis du in meine Richtung blickst, was soll's! Dies ist eine Extremsituation. Kann mir irgendjemand vorwerfen, wenn ich langsam selbst ein bisschen extrem werde?

Es passiert mir immer wieder: Ich verliere mich in Gedanken und bekomme nichts mehr mit. Es fühlt sich an, als wäre ich gar nicht mehr richtig da ...

Ich verliere mich in Gedanken und bekomme nichts mehr mit. Es fühlt sich an, als wäre ich gar nicht mehr richtig da ...

Fast hätte ich verpasst, dass der Zug an seinem Ziel angekommen ist. Und auch, dass du schon deinen Koffer gegriffen hast und auf dem Weg zur Tür bist. Ich muss mich beeilen, wieder Anschluss zu finden.

Ist das dahinten ... meine Mutter? Ich hatte deiner Stimme gelauscht, als du mehrere Telefonate geführt hast, und es war zu erahnen, dass es um diese Reise ging, aber ... Meine Mutter? Und Sven? Susanne? Was macht denn Lars hier? Du hast wieder diese eisige Maske über dein Gesicht gezogen. Warum strengst du dich so an, um nicht zu weinen? Du kannst weinen, ich wünschte, ich könnte es auch. Setz diese Maske ab, bitte. Das bist doch nicht du! Du bist wild und leidenschaftlich und manchmal wütend oder traurig. Aber doch nicht eisig. Bitte!

»Wir sind heute schon zusammen am Strand gewesen. Hoffentlich ist es morgen Vormittag nicht zu stürmisch. Die Vorhersage hat schlechtes Wetter angekündigt«, sagt meine Mutter in einer klagenden Tonlage.

»Das ist mir egal«, sagst du. »Morgen ist der richtige Tag. Unser Jahrestag. Und wenn es eine ...« Es zerreißt mir das Herz, dass deine Stimme an dieser Stelle bricht. Na ja, es würde zerreißen, wenn ich noch eines hätte. »... wenn es eine Beerdigung wäre, würde auch niemand Rücksicht auf schlechtes Wetter nehmen.«

Jetzt fühle ich mich mies. Ich habe ein schlechtes Gewissen, dass ich nicht wie andere Tote anständigerweise einen Körper hinterlassen habe, den man ordentlich bestatten könnte. Schon bei der kirchlichen Trauerfeier schwebte der Vorwurf in der Luft: Immer war er so unorganisiert – jetzt bekommt er nicht einmal seinen eigenen Tod hin, ohne dass etwas fehlt. Ja, ich war mein Leben lang ein Chaot. Vorstellungsgespräch in der Chemiefabrik an dem Tag, an dem sie die Luft geht – typisch. Schlechtes Timing, immer. Keinen Körper zum Beerdigen dagelassen, es tut mir wirklich leid.

Dass ihr alle hierhergekommen seid, an »unseren« Ort, das rührt mich. Kümmert euch gut um die Frau, mit der ich im klirrendkalten Morgengrauen aufs Meer gesehen habe, ja? Die nach warmem Honig duftet und deren Lippen mich an Himbeeren erinnern. Die so voller Gefühl ist, von leidenschaftlich-liebend bis tobend vor Wut. Sie soll ihre Maske aus Eis abnehmen.

Immer wieder fühle ich mich so abgelenkt, dass ich gar nicht mehr merke, was um mich herum geschieht.

... was habe ich gerade gesagt?

... wo bin ich?

Ich denke, ich bin nicht mehr lange hier.

Namibian Wildlife (fast)

Man stelle sich das so vor: eine lange, gerade Straße, zwei-spurig asphaltiert. Die Umgebung: Steppe in Grau und Braun, vereinzelt auch etwas Grün. Auf dieser Straße zwei überdachte Pick-ups, jeweils mit Kühltruhe, Kochutensilien, Koffern und zwei Dachzelten beladen, in einem Auto drei Erwachsene, in dem anderen zwei Erwachsene und zwei Kinder, ein Junge, ein Mäd-chen, beide sieben Jahre alt. Sonst nichts.

Immer wieder veränderten sich die Landschaft, die Far-ben, die Kompositionen. Rotbrauner Wüstensand. Stachelige Bäume oder welche mit Engelsflügelblättern. Einmal steinige Unendlichkeit und zwischendurch das grüne Band eines Fluss-bettes, zu unserer Reisezeit im Winter weitestgehend trocken. Gelegentlich: Schakale, Strauße, Zebras, Warzenschweine. Oryxantilopen und Springböcke häufiger.

Ab und zu hielten wir an, um uns die Füße zu vertreten, ein paar Äpfel zu essen, uns kurz auszutauschen. Doch wenn wir schwiegen, wenn wir nur in diese endlose Landschaft blickten, blieb nichts übrig als Stille. Vollkommene, reine Stille, nicht ein-mal durchbrochen von dem Zirpen einer Heuschrecke oder dem Summen eines Käfers. Als würde in diesem Land niemand leben, als wäre es ausgesaugt und leer zurückgelassen worden, und nach und nach verbrannte nun in der Hitze des Tages der klägliche Rest.

»Das ist wie eine Reise durch das Ende der Welt«, stellte ich während einer unserer Pausen fest, denn diese Landschaft, diese Stimmung hatte tatsächlich etwas Dystopisches. Wäre einer von uns von einer Schlange gebissen worden, hätten wir mindestens Stunden, manchmal sogar Tage bis zum nächsten Krankenhaus gebraucht. Auf jeden Fall zu lange.

Zum Glück wurden wir nicht gebissen. Nur einmal fast von einem Skorpion gestochen, aber eben nur fast. Wer hätte auch wissen können, dass sich diese Tiere gern in trockenen Ästen verbergen, die wir als Feuerholz einsammelten? Eben.

Der Rest des Abenteuers war Routine. Fahren. Dachzelte aufbauen. Tische und Stühle aufstellen. Feuerholz sammeln, aber das machten manchmal auch die Kinder. Lagerfeuer entzünden. Springbock- oder Oryxfilet vorbereiten, für Vegetarier ist das wirklich nicht das richtige Reiseland. Dazu schon mal ein kühles Bier oder einen Cider, denn das waren die einzigen kalten Getränke. Kartoffeln in Folie einwickeln oder Brotteig kneten, ein bisschen Gemüse schnippeln, falls wir irgendwo unterwegs welches bekommen hatten. Geschirr aus den Kisten heraussuchen. Gelegentlich Klamotten waschen, ab und zu den in den beiden Autos herumfliegenden Kram sortieren. Am Abend, wenn es kalt und dunkel wurde und die Kleinen im Zelt lagen, wickelten wir uns in alle Klamotten, die wir finden

Denn man muss nichts sagen, wenn es vollkommen still ist, wenn über einem Milliarden Sterne funkeln, viel dichter, als wir sie sonst jemals irgendwo gesehen haben.

konnten, und betrachteten den Sternenhimmel, häufig schweigend. Denn man muss nichts sagen, wenn es vollkommen still ist, wenn über einem Milliarden Sterne funkeln, viel dichter, als wir sie sonst jemals irgendwo gesehen haben.

Manchmal dachte ich dann doch, dass ein bisschen Luxus zur Abwechslung nicht schlecht wäre, mal in einem vernünftigen Bett zu schlafen oder sich nicht um jede Mahlzeit selbst kümmern zu müssen. Zumindest, als wir die Autos auf dem Campingplatz parkten, der zu einer Gepardenfarm gehörte, und ein paar Stellplätze weiter einen riesigen Gruppenbus entdeckten. Während die Touristen vor uns her zum Farmgebäude stiefelten, waren zwei schwarze Jungs damit beschäftigt, die Zelte aufzubauen. Das musste man also schon mal nicht selbst erledigen.

Auf dem Gelände wurden vor allem wilde Geparden gehalten, aber auch ein paar, die bereits als Babys von den Besitzern domestiziert wurden und die sich anfassen ließen. Der Farmer, ein zerknautschter, wortkarger Typ mit Cowboyhut, öffnete uns nach kurzer Einweisung (keine Sonnenbrillen, die irritieren die Tiere) das Tor und ließ uns auf das Grundstück, das das Wohngebäude direkt umgab. Vier Großkatzen trotteten gemächlich auf uns zu, offenbar an Besuch gewöhnt, und zwischen ihnen sprangen ein paar Hunde herum, die man unter anderen Umständen, also ohne Geparden, vermutlich als groß empfunden hätte.

Eine Touristin aus der Reisegruppe quiekte erschrocken, als eine der Katzen mit der Pfote nach ihrem Flipflop hieb. Wir trugen natürlich Wanderschuhe, schon allein wegen bereits erwähnter Schlangen und Skorpione die empfehlenswertere Fußbekleidung. Überhaupt sahen die anderen allesamt so aus, als hätten sie sich gerade erst umgezogen, während wir mit zerzausten Haaren und eingestaubten Klamotten am Rand saßen.

»No worry, she just wants to play«, beruhigte ein junger Typ die Frau. Binnen weniger Sekunden gelang es dem Geparden tatsächlich, den Schuh in seine Gewalt zu bekommen und ihn anschließend als Spielzeug zu benutzen, bis einer der Farmarbeiter das Tier mit einem Pantoffel, der, nach dem zerfetzten Erscheinungsbild zu urteilen, wohl häufig zum Einsatz kam, ablenkte und der Dame ihren Flipflop zurückgab.

Eigentlich, muss man sagen, nahmen die Katzen den ganzen Rummel sehr gelassen. Man durfte sie nur streicheln, wenn sie lagen oder saßen, und auch dann nur am Kopf, und natürlich lächelten alle in irgendwelche Kameras, während sie das taten, auch wir. Anschließend sahen wir noch bei der Fütterung zu, dann verließen wir das Gelände wieder. Die Kinder plapperten begeistert, und natürlich war es auch für uns eine imposante Erfahrung gewesen, solchen Tieren derart nahe gekommen zu sein.

Die zwei Reiseführer der Gruppe waren bereits fertig mit dem Aufbau der Zelte, als wir auf den Campingplatz zurückkehrten, und nun damit beschäftigt, einen beeindruckend großen Grill aufzustellen, dazu Tische und Klappstühle.

Das war also Namibia in Luxus, abgesehen von den hübschen Hütten und Chalets, die man an vielen Orten für ein paar Hundert Dollar die Nacht buchen konnte. Inklusive toller Aussicht, Anschluss an Elefantenpfade und Blick aufs Wasserloch, je nachdem, wo man sich befand.

Nach einem Ausflug zum Pool bereiteten wir unser Abendessen vor.

»Wieso reisen wir eigentlich nicht so?«, fragte ich die anderen und deutete kurz auf die Reisegruppe, die sich bereits um ein Lagerfeuer scharte, jeder ein Bier in der Hand, während ich mich darum bemühte, das Feuer in Gang zu kriegen. Eine Tätigkeit, die ich innerhalb der drei Wochen nicht ein einziges Mal vernünftig hinbekam.

»Ach, das wär doch langweilig«, antwortete meine beste Freundin Linda nur. »Wir würden bestimmt eine Menge verpassen.«

Die Kinder rannten immer wieder zu einem der weitläufig umzäunten Wildgepardengehege, in dem sich ein Weibchen mit zwei flauschigen Jungen tummelte. Die Mutter wirkte stets wachsam, immerzu sondierte sie die Umgebung, während die kuscheligen Gepardenkinder mit Punk-Frisur auf einem Baum herumkletterten.

Erst wenn man von so einem Urlaub wieder nach Hause zurückkehrt, merkt man, wie schön es ist, jeden Tag fast durchgängig draußen an der frischen Luft zu sein, egal, wie kalt die Nächte werden, immer die Natur um sich herum zu spüren. Auch wenn diese an jenem Abend, mit Musik von der Reisegruppe nebenan, etwas weiter weg schien als sonst. Wir hatten zwar Handys dabei, aber meines war die ganze Zeit ausgeschaltet, ansonsten waren die Kameras und die MP3-Player, randvoll gefüllt mit Hörspielen für die Kinder, die einzigen technischen Geräte, die regelmäßig zum Einsatz kamen. Diese Ferne vom Alltag schenkte uns eine schwer greifbare Freiheit, eine Art Auszeit von unserem normalen Leben, das so unendlich weit weg schien.

Am nächsten Tag schickten wir die dreckigen Kinder unter die rudimentäre Dusche und packten, wie an fast jedem Morgen, unsere Sachen zusammen. Mit der Zeit spielten sich Handgriffe und Handlungsabläufe ein, wir mussten uns kaum noch absprechen. Jeder räumte sein Zelt auf, zu mehreren klappten wir sie zusammen, irgendjemand schnappte sich den Abwasch, jemand anderes bereitete ein bisschen Essen und Getränke für die Fahrt vor, während andere das Gepäck verstauten. Hatten wir am Anfang noch Stunden für all das gebraucht, waren wir gegen Ende der Reise nahezu rasend schnell fertig.

Bevor wir abfuhren, liefen wir noch einmal zum Farmhaus, um den Campingplatz und den Gepardenbesuch zu bezahlen. Diesmal stand die Frau des Farmers neben ihm, und beide erzählten von ihren Anfängen, und nach ein paar Sätzen öffnete der am Vortag sehr stille Mann das Tor und ließ uns noch einmal auf das Grundstück. Mit Teetassen ausgestattet, setzten wir uns in den Garten. Immer wieder streiften die Geparden neugierig um uns herum, schleckten uns mit Sandpapierzungen über den Arm (»They like to clean their meat«, meinte der Farmer augenzwinkernd) oder hockten sich unter einen großen Baum mit hellen gefiederten Blättern, durch die sanft gefiltertes Sonnenlicht drang.

»Wie sind Sie denn dazu gekommen, Geparden zu halten?«, fragte ich den Farmer.

Er grinste und antwortete knapp: »Vor zwanzig Jahren habe ich sie noch erschossen. Jetzt beschütze ich sie.« Im Prinzip besteht fast ganz Namibia aus Farmland, mit der einen oder anderen Stadt zwischendurch, den Bergen und im Norden dem

Nationalpark. »Die Raubkatzen jagen immer wieder Springböcke und Antilopen, die eigentlich den Farmern gehören. Daher werden sie häufig einfach erschossen.« Wirklich wild lebende Exemplare kommen immer seltener vor, während sich mit der Zeit einige ähnliche Wildtierfarmen gegründet hatten, die die Tiere zwar in Gehegen hielten, doch immerhin waren diese meist etliche Hektar groß.

Es sah beeindruckend aus, wie neben einem der Geparden die beiden siebenjährigen Kinder standen und ihn vorsichtig am Kopf kraulten. Auch wenn sie größer waren als das Tier, sah man seine Kraft, diese Aufmerksamkeit des Jägers, die auch aus einer domestizierten

Es sah beeindruckend aus, wie neben einem der Geparden die beiden siebenjährigen Kinder standen und ihn vorsichtig am Kopf kraulten.

Großkatze nie verschwindet. Wenn er gewollt hätte, wäre es ihm ein Leichtes gewesen, eines der Kinder anzugreifen. Doch obwohl der Farmer die drei aufmerksam beobachtete, wirkte dieses Bild so, als wären diese beiden unterschiedlichen Lebewesen auf eine seltsame Weise miteinander verbunden, als bestünde zwischen ihnen eine unsichtbare Kommunikation.

»Manchmal, wenn der Spieltrieb mit ihnen durchgeht, verwüsten sie schon mal das halbe Schlafzimmer«, erzählte die Farmersfrau lächelnd. Sie hatten beide ein paar Kratzer an den Armen, aber sonst keine Wunden, die auf größere Auseinandersetzungen mit den Tieren schließen ließen. Und wenn eines von ihnen auf die beiden zukam, den Kopf an ihnen rieb und dabei schnurrend die Augen schloss, wirkte es tatsächlich wie eine normale Hauskatze, nur eben deutlich größer und kräftiger. Eingesperrt, aber nicht gejagt.

»Ab und zu büchst uns auch mal einer aus«, berichtete die Frau, »bisher sind sie jedoch immer zurückgekommen.«

Nach einer Weile bedankten wir uns für die Gastfreundschaft und kehrten auf den Campingplatz zurück, um unsere Reise fortzusetzen. Die lärmende Gruppe war bereits aufgebrochen.

»Jetzt weißt du, warum wir nicht in so einem komischen Bus mit Hauspersonal reisen«, meinte Linda zu mir.

Wir konnten alles selbst entscheiden. Wir hatten die Möglichkeit, für ein paar Momente allein mit der Natur zu sein. Uns selbst zu organisieren, jeden Tag, die Route selbst festzulegen. Stehen zu bleiben, wenn wir stehen bleiben wollten. Denn diese Selbstständigkeit und Abgeschiedenheit waren der wirkliche Luxus. Das, was wir auch danach noch lange in uns trugen.

KAPITEL 3

Wenn nur die Touristen nicht wären

Zehn Urlaubsbekanntschaften aus der Hölle

Sonne, Strand und Meer. Das klingt ein bisschen wie der Himmel auf Erden. Nur noch besser. Weil wir uns das so was von verdient haben. Ausspannen, ohne Chef, weit weg vom tristen Alltag. Träum weiter!

Denn schwupps, sind sie da. Ein Handschlag, dazu ungefragt die Vornamen, und schon hat man sie an der Backe. Die flüchtigen Bekanntschaften, mit denen man zwangsläufig den heiß ersehnten Urlaub verbringt.

Dabei kennt man diese Leute doch gar nicht. Und ganz ehrlich: Möchte man sie überhaupt kennenlernen?

Wir haben euch zehn Urlaubsbekanntschaften aus der tiefsten Hölle zusammengestellt, damit ihr ihnen besser aus dem Weg gehen könnt.

Die Klette

»Und, was machen wir heute?« Ja, das ist einer der Lieblingssätze der Klette. Im Kern ist die Klette eine wahnsinnig freundliche und umgängliche Person. Hauptsache, sie darf mit. Weil die Klette so sehr Urlaub von sich selbst macht, dass sie sich einfach irgendwo anders »dranhängt«. Da helfen auch keine deutlichen Worte, um sie loszuwerden. Dagegen ist selbst die hartnäckigste Erkältung ein Kinderspiel.

Der Leistungssportler

Es lebe der Sport. Egal welcher, egal wo. Kamelwettreiten am Strand, Jet-Ski-Fahren im Hotelpool, Power-Joggen in der Rush Hour. Der Leistungssportler ist für alles zu haben. Und man muss leider zugeben, dass er auch eine gewisse Begabung besitzt. Ist es da nicht freundlich, dass er stets versucht, einen mitzuschleifen? Gedankenpause – nein!

Weil der Leistungssportler nämlich keinen Partner für seine Aktivitäten sucht, sondern einen opferähnlichen Berufsverlierer, der sich tapfer der Herausforderung stellt und dann brav das hämische Siegerlachen wegsteckt.

Die Antiautoritären

Der Paul-Kevin? Der will doch nur spielen, das hat der bestimmt nicht so gemeint.

Die Erziehungsinterpretation mancher Eltern leidet gerade im Urlaub unter völligem Realitätsverlust. Schließlich wollen die Antiautoritären auch mal ihre wohlverdiente Ruhe haben, die sie zu Hause nur zähneknirschend vortäuschen. Aber müssen sie dann ihre verzogenen Sprösslinge auf arglose Urlaubsnachbarn hetzen? Doch wehe dem, der sich gegen die Paul-Kevins dieser Welt zur Wehr setzt. Der muss lernen, dass die Antiautoritären sehr wohl Grenzen kennen, aber eben nur bei den anderen.

Der Büchernarr

Ein eher stiller und unaufdringlicher Typ. Er schleppt immer und überall seine Bücher mit sich herum und steckt seine Nase hinein. Oder in seinen Reader. Nach dem Motto »lesen und leben lassen« macht er sein eigenes Ding. Daher versinkt er in irgendwelchen Schmachtwerken von Glitzervampiren, C-Promi-Biografien und trendigen Ratgebern, die man doch niemals umsetzen kann.

Nervig wird der Büchernarr, wenn er all die schönen und interessanten Dinge unbedingt loswerden muss, die er gerade konsumiert hat. Es soll auch Exemplare geben, die ihre Lektüre gönnerhaft an Urlaubsbekanntschaften verleihen, im festen Vertrauen darauf, dass diese sie bis zum Urlaubsende gelesen haben und mit ihm darüber sprechen können.

Das Chamäleon

Das ist der Multikultikosmopolit in Reinkultur. Keine Sitte, die er nicht kennt. Keine Geschichte, die er nicht gehört hat. Keine Sprache, die er nicht fließend zu sprechen glaubt. Sein oberlehrerhaftes Gehabe löst bei seinen Mitreisenden stets fassungsloses Fremdschämen aus und stürzt Einheimische in tiefste Verständnislosigkeit. Der Zenit der Chamäleon-Fertigkeiten liegt jedoch im marktgerechten Feilschen. Hier beweist sich als wahrer Kenner, wer einen Preis durch geschicktes Herunterhandeln verdoppeln oder verdreifachen kann.

Der Spaßvogel

»Kennst du den schon?« Arglose Urlauber mögen dies für eine freundliche Frage halten. Doch Vorsicht – dies ist der natürliche

Warnruf des Spaßvogels. Und wer sich dann nicht duckt, wird mit einer nicht enden wollenden Reihe verstaubter Witze eingedeckt von Rudi Carrell bis hin zu erfolglosen Radio-Comedians. Der Spaßvogel stört sich dabei nicht am gequälten Lächeln seiner Zuhörer, schließlich ist er ein Mann von Welt und lacht dann halt selbst umso lauter. Zur absoluten Topform läuft der Spaßvogel auf, wenn die Animateure zum Karaoke oder Limbo aufrufen. Da sorgt er dann gern für peinliche Kollateralschäden unter seinen unfreiwilligen Freunden.

Der Gierhals

Für die Moderne gibt es den Begriff Schlaraffenland so nicht mehr. Heute sagt man dazu »all-inclusive.« Und da wird dann auf Teufel-komm-raus alles in sich hineingestopft, was man sich nur auf dem Buffet erkämpfen kann. Dass die Hummerscheibchen eigentlich keinen echten Hummer enthalten, ist unerheblich. Der Gierhals würde sowieso den halbvollen Teller übrig lassen. Hauptsache, kein anderer kriegt es.

Die Therapiesüchtige

Manche Menschen begeben sich auf die Couch ihres Psychoanalytikers, andere fahren lieber in Urlaub. Um dort fremden Menschen endlich einmal ihr ganzes Herz auszuschütten. Und ihnen stundenlang von Freunden und Verwandten zu erzählen, die ja doch keine Sau vor Ort kennt. Einmal in Fahrt lässt sich die Therapiesüchtige kaum mehr bremsen und unterbricht nur gelegentlich ihre Lebensbeichten, um sich mit einem »Oder nicht?« rückzuversichern, ob der unfreiwillige Beichtvater nicht vielleicht eingenickt ist.

Der Sonnenbrandgeplagte

Dass der Sonnenbrandgeplagte selbst schuld ist an seinem Feuerwehrteint, macht es nicht wirklich besser. Mit einer Hautfarbe, die man bestenfalls als Mischung zwischen Hummerrot und Leuchtrosa beschreiben kann, ist der Sonnenbrandgeplagte bereits rein optisch auffällig. Viel schlimmer wiegen jedoch die akustischen Folgen für die Zeitzeugen seiner Gebrechen. Da hilft es auch wenig, diesen Urlaubsbekanntschaften Sonnenschutzcreme Faktor fünfzig anzubieten. Weil ein echter Sonnenbrandgeplagter natürlich reichlich ungeschickt ist in der Anwendung derselben.

Der Hygieneprofi

Der Hygieneprofi ist einer der unangenehmsten Urlaubskollegen. Nicht zu Unrecht als Sagrotanjunkie verschrien, weiß dieser Fachmann über alle Sauberkeitsmängel des Hotels bestens Bescheid. Und dass er sämtliche Bewertungen der einschlägigen Urlaubs-Checkportale aus dem Gedächtnis zitieren kann, versteht sich ja von selbst. Glücklicherweise ist es ihm eine Herzensangelegenheit, alle in seinem Umfeld darüber aufzuklären und vor den möglichen Krankheiten wie gesundheitlichen Folgen zu warnen. Einmal in seinem Element ist der Hygieneprofi kaum zu stoppen. Dass er es dann ausgerechnet ist, der im Urlaub krank wird, wundert da sicher niemanden. Aber keine Sorge, ein echter Hygieneprofi hat eine Familienpackung Kohletabletten dabei.

Und weil man gar nicht genug warnen kann vor diesen Erholungsvermiesern, setzen wir noch einen elften drauf ...

Der Sonnenliegenblockierer

Wer schleicht denn da schon um fünf Uhr mit einem Stapel Handtücher um den Pool? Mittlerweile haben sich auch die Hotelangestellten schon an diesen Typ gewöhnt, der ihre ausgedehnte Zigarettenpause vor dem Frühstück stört. Weil hinter den meisten Sonnenliegenblockierern eine dominante Frau steht, die ihn aus dem Bett haut und antreibt, verteidigt der Blockierer gern mal die vierfache Anzahl an Sonnenliegen gegen verschlafene Eindringlinge. Wenn's sein muss mit Pöbeleien und vollem Körpereinsatz. Denn er weiß, was ihm blüht, wenn er auch nur eine Liege verliert ...

Der Glotzmann

Es war das letzte Mal, dass ich allein mit meiner Schwester in den Urlaub fuhr. Sie hatte sich gerade frisch verliebt und verbrachte jede freie Minute damit, abwesend lächelnd rosa Herzchennachrichten in ihr Handy einzutippen. Sie hörte auch nicht zu, brummte weder zustimmend noch ablehnend, sondern guckte nur stets verzückt, von morgens bis abends, auf ihr Handy oder in der Luft herum, und am verzücktesten, wenn es »DING« machte und sie eine Antwort von ihrem Liebsten erhielt.

Ich dagegen hatte die Woche Ibiza als Vorwand benutzt, eine kurze Pause von meinem damaligen Freund einzulegen: Er war zwar im Grunde seines Herzens ein wirklich lieber und ansehnlicher Kerl, hatte aber leider den IQ einer Drahtbürste, und es war nach zwei Jahren mit ihm doch insgesamt sehr anstrengend geworden, eine gewisse Tiefe in die Beziehung zu bringen beziehungsweise Dinge zu tun, die über das wilde Sich-Paaren, Fernsehen und Abends-Ausgehen hinausgingen.

Seit ich 15 gewesen war, fuhren meine Schwester und ich allein in Urlaub. Wir hatten uns in dem Familienurlaub davor geschworen, dass es der letzte sein würde, nachdem die gegenläufigen Interessen eines jeden Familienmitgliedes an einem lauen Sommerabend im Süden in einer furchtbaren Detonation atomaren Ausmaßes explodiert waren. Mindestens zwei von uns hatten am Ende lauthals auf unterschiedlichen Klos geheult, Türen beim dramatischen Abgang zugeknallt und wütend mit Plastikbechern und Schwimmringen geworfen. Von da an fuhren meine Schwester und ich in den folgenden Ferien mit vollstem Einverständnis unserer Eltern allein weg.

Und diese eine Woche Ibiza sollte nun also, wir ahnten es damals noch nicht, unser letzter gemeinsamer Urlaub werden.

Sonne, Meer und Strand, wir hatten das Last-Minute-Angebot gesehen und sofort zugegriffen. Und so flogen wir Ende Juni auf die wilde Baleareninsel, um dort bloß faul am Strand zu liegen, abends ein oder zwei Cocktails zu trinken und dann wie Seniorinnen früh ins Bett zu gehen. Meine Schwester wollte rotwangig träumen, ich wollte lesen und Ruhe vom männlichen Geschlecht. Manchmal guckten wir uns zwar wagemutig die Mini-Disco an, aber die Clubanlage verließen wir, wie Pauschalreisetouristen gehobenen Alters, nach dem Abendessen nicht. Einmal wurde sogar bei uns eingebrochen, doch statt wertvoller Juwelen fand der Einbrecher nur uns in den Betten, die Handtücher um die frisch gewaschenen Haare zu turmhohen Turbanen gezwirbelt, die Gesichter speckig glänzend eingecremt, in unsere Bücher vertieft – der Mann blickte uns mit aufklaffendem Maul an und sprang dann entsetzt in die Nacht zurück, denn dass jemand auf Ibiza um neun Uhr dreißig in seinem Bungalow lag und nicht im Technorausch oder Promillekoma versunken war, schien wohl absolut undenkbar.

Am dritten Tag unseres Aufenthaltes lagen wir gemütlich in der Vormittagssonne am Pool, als sich uns eine Vierergruppe Gleichaltriger näherte. Zwei Männchen, zwei Weibchen, romantischer Pärchenurlaub, man sprach Deutsch. Meine Schwester und ich lächelten den Ankömmlingen offen zu, schließlich besaßen wir Manieren – und die vier drehten sich nach einem herablassenden Blick auf uns fast synchron und mit königsgleich gerümpften Nasen weg, um sich sauertöpfisch auf vier Liegen, ein paar Meter von uns entfernt, niederzulassen. Na gut, warfen wir uns schulterzuckend einen kurzen Blick zu, dann nicht, man muss ja nicht zwingend freundlich sein. Ich hatte mein Buch, meine Schwester ihr Luftschloss, das reichte uns voll und ganz für den Rest unseres Urlaubs.

Aber irgendwann blickte ich auf, weil jemand mich anstarrte.

Wenn man in Romanen liest, dass die Hauptperson auffuhr, weil sie einen intensiven Blick auf sich spürte, denkt man meistens, ja, ja. Die hat wohl zufällig kurz hoch- und rumgeguckt, und dabei ist ihr aufgefallen, dass einer sie anstarrt. Und sie denkt trotzdem immer, sie hätte den Blick physisch gespürt, was für ein Blödsinn. Blicke kann man nicht spüren, Blicke sind materielos. Basta.

Bei dem Glotzmann jedoch war es anders. Genauso wie in einem Buch: Sein Blick war, als hätte jemand ein sehr feines, aber klebriges Spinnennetz ausgeworfen und sachte in dein Gesicht geblasen, sodass sich ein unangenehmes, kalt-wattiges Gefühl über deine Haut stülpt und du dir sogleich panisch über Stirn, Wangen und Mund wischst bei dem Versuch dieses nicht greifbare Gewebe zu entfernen.

Sein Blick war, als hätte jemand ein sehr feines, aber klebriges Spinnennetz ausgeworfen und sachte in dein Gesicht geblasen.

Der Glotzmann saß ganz außen rechts von der schnöden Viererbande, neben seiner Freundin, die auf dem Rücken lag und ihre blanken Nippel in die Sonne streckte. Er las nicht, er schlief nicht, er tippte keine Nachrichten auf dem Handy, er machte gar nichts, außer zu starren. Und zwar zu uns herüber, obwohl es genug andere, meiner Ansicht nach interessantere

Badegäste am Pool gab. Ich blickte, geschützt durch die dunklen Gläser meiner Sonnenbrille, auf und sah ihn starren.

Ohne meine Augen abzuwenden, flüsterte ich meiner Schwester zu, dass der eine Typ da unentwegt glotzte. Sie machte »hm hm« und verschwand wieder in ihrer rosa Wolke.

Ich legte also das Buch ab, verzog meine Lippen zu einem falschen Lächeln, sodass mir die Mundwinkel fast in den Augen hingen, fletschte die Zähne und winkte einmal. Da guckte er endlich weg, und ich nahm mein Buch wieder auf und versuchte, den Typen zu vergessen.

Keine zwei Minuten später waren die Spinnenweben zurück und ich extrem irritiert. Was zur Hölle wollte der Kerl? Hatte er sich nicht genügend Unterhaltung mitgebracht? Konnte er nicht einfach schlafen? Die Augen schließen? Sich auf den Bauch drehen und seine Hinterseite sonnen?

Ich stellte meine Beine auf, rutschte an der Rückenlehne herab und versteckte mich hinter meinen Knien, bis ich genug von dem aufdringlichen Geglotze hatte.

»Können wir zum Strand gehen?«, fragte ich meine Schwester, die säuselte zufrieden vor sich hin, dass ihr alles recht wäre. Sie war zum Glück so leicht bugsierbar wie ein Heliumballon. Also packte ich kurzerhand ihre Schnur und wir zogen von dannen.

Am nächsten Tag nach dem Frühstück wiederholte sich das Spiel – statt sich so weit weg zu setzen wie möglich, schlugen die vier Arroganzbolzen ihr Lager abermals in Hörweite zu uns auf, und während sich drei von ihnen sonnten, glotzte einer.

Der Glotzmann war etwa Mitte zwanzig, groß, nicht schlecht gebaut und trug auf dem Kopf einen dichten, dunklen Bubihaarschnitt, der ihm auf die Ohren fiel. Sein Gesicht war hübsch, solange er nicht lächelte: Sobald er nämlich den Mund verzog, rollte sich das Weiß seiner Augen nach vorne, seine Nasenflügel blähten sich zu hässlich flatternden Nüstern auf, und seine ganze Visage wurde von einem Schuss Wahnsinn bekleckert. Auch die Stimme, quäkig und hoch, passte so gar nicht zu seiner sonstigen Erscheinung.

In jedem Urlaub sieht man seltsame Leute. Überhaupt gibt es immer und überall komische Vögel, aber in einem Hotel klumpen die sich manch- mal zu extremen Haufen zusammen, und man weiß nicht so recht, wo man hinsehen soll. Einmal trafen wir einen Mann am Strand, der von oben bis unten scharlachrot ver- brannt war und eng anlie- gende weiß-schwarze Zebra-Badeshorts trug. Irgendwann stand

Überhaupt gibt es immer und überall komische Vögel, aber in einem Hotel klumpen die sich manchmal zu extremen Haufen zusammen, und man weiß nicht so recht, wo man hinsehen soll.

er von seiner Liege auf, drehte uns seinen festen Hintern zu und pulte sich mühsam aus seinen Streifen heraus, sodass wir plötz- lich einen blanken und schneeweißen Arsch im Gesicht hatten, zwischen den trainierten Backen nur ein hauchdünner Streifen knallroten Stoffes. Er schaukelte schließlich seine Vorderseite nebst dem im roten Tanga steckenden Fortpflanzungsapparat in die Mittelmeersonne. Dann machte er Stretchübungen.

Oder jene adrett zurechtgemachte Dame, die Gesicht und Haare hergerichtet hatte wie für eine Wohltätigkeitsgala und dann als großer Fan der Freikörperkultur mit ihrem Begleiter zwischen den Sonnenanbetern am Strand Badminton spielte - kann sie ja, denkt man, ist ja nicht verboten.

Die Dame jedoch wog mindestens 150 Kilogramm - erstaunlich angesichts ihrer behänden Agilität -, und sie jagte mit großem Enthusiasmus jedem Federschlag hinterher. Dennoch musste sie sich dann wieder und wieder bücken, um den vorbeigezogenen Ball aus dem Sand zu heben; was sie mit Vorliebe so tat, dass sich ihre Hinterbacken vor Publikum spreizten und den unfreiwilligen Zuschauern eine pinkfarbene Rosette offenbarten. Das muss doch nicht sein, denkt man dann. In jedem Urlaub gab es also komische Leute. Aber die gingen meistens ihrer Wege und ließen die anderen in Ruhe. Was aber, wenn da einer saß, der nichts anderes tat, als stur und starr zu glotzen?

Und genau das tat der Glotzmann. Er glotzte unentwegt und ohne Unterlass zu uns herüber, ohne das kleinste Gespür für Anstand oder Schamgefühl. Er glotzte auf unsere schlecht rasierten Beine, die von Sonnenkrätze pickligen Brustansätze, die aus dem Bikini lugten, und die bleich-speckigen Bäuche, die an gestrandete Wale erinnerten.

Und da dem Glotzmann sein dürres, griesgrämig dreinblickendes Weibchen mit perfekten Nägeln, Haaren und getuschten Wimpern zur Seite lag, die außerdem stündlich einen Finger in seinen Oberarm piekte, um ihre pinkfarbenen Nippel von ihm einölen zu lassen, stellte sich mir unweigerlich die Frage, warum in aller Welt der Glotzmann uns so aufdringlich anglotzte.

Schließlich verplemperten weder meine Schwester noch ich irgendwelche besonderen weiblichen Reize - und von divenhaften Göttinnen auf Sonnenliegen waren wir weit entfernt. Meine

Bikinizone war ein stoppeliges Schlachtfeld (genau wie meine Beine), ich war schon wieder fleckenweise und sehr unregelmäßig verbrannt, hatte zwar keine Lust auf Make-up, aber überall im Gesicht Sonnencremespuren, und meine strohigen Haare standen wie die Füllung einer zerrupften Vogelscheuche vom Kopf, wenn sie nicht gerade nach dem Bad im Pool platt an meinen Ohren klebten und mir einen gelben Helm aufsetzten. Und meine Schwester mochte möglicherweise von innen strahlen, aber auch sie hatte sich bei der Körperpflege eher gehenlassen, wartete doch ein ausführlicher Beauty-Tag vor der Rückreise auf sie. Am Aussehen kann es also nicht gelegen haben ... Und wir verhielten uns auch nicht beglotzenswürdig, keine von uns machte Gymnastik auf den Liegen, kreischte laut, weil ihr jemand eine kalte Bierdose in den Ausschnitt warf, hängte verbrannte Tittennippel zum Trocknen in die Sonne oder verteilte in irgendeinem Urdialekt bäurische Binsenweisheiten an die Umliegenden, wie andere Besucher der Anlage es taten. Nein, wir verhielten uns vollkommen unauffällig, manchmal huschten wir in den Pool, tauchten kurz ins Wasser, zogen zwei, drei Bahnen hin und her, gingen dann zur Liege zurück, um dort zu trocknen und zu lesen, zu schlafen oder zu träumen.

Und trotzdem glotzte der Glotzmann weiter.

Vielleicht war er der Meinung, wir wären wie diese Reality-Soaps, in denen zwar nie wirklich was passiert, man aber trotzdem immer weitergucken muss, weil man ja irgendwas Großartiges, Atemberaubendes verpassen könnte.

Jedenfalls glotzte der Glotzmann, bis wir verschwunden waren. Er glotzte auch morgens, quer durch den Frühstückssaal, aber zum Glück saßen wir hinter einer Säule und waren schon fast fertig, als die Viererbande auftauchte. Wann immer er uns sah, glotzte er, während seine kleine, dürre, griesgrämige Freundin mit geschürzten Lippen vor sich hin lästerte und sein Geglotze zickig kommentierte wie andere ein Fußballspiel.

Ich würde gern erzählen, dass ich irgendetwas Großartiges tat, als er so glotzte, dass ich mir eine pinke Hibiskusblüte aus dem rechten Nasenloch zog oder mein Bikinioberteil abnahm und drei deformierte Brüste enthüllte, mir eine schwarzhaarige Riesentarantel in die hohle Hand hustete und in seinen Haarschopf warf, oder mit zuckersüßem Lächeln einer in Penisform geschnitzten Rübe die Eichel abbiss, sodass ihn das kalte Grausen überkommen musste – aber ich machte natürlich nichts.

Gar nichts.

Am letzten Tag packten wir unsere Sachen zusammen, rollten die Handtücher ein, schulterten unsere Tasche und gingen, vom Glotzmann beglotzt, unsere juckenden Sonnenpickel kratzend Richtung Hotel. Und plötzlich schlug mir meine Schwester, die sieben Tage lang mit dem idiotischen Gesichtsausdruck Frischverliebter nichts, aber auch rein gar nichts wahrgenommen hatte, mit der flachen Hand so schallend laut auf die Hinterbacken, dass das Geräusch wie ein Schuss durch die Clubanlage peitschte, von den Wänden widerhallte und dann von ihrem gehässigen Lachen verschluckt wurde.

»Na, glotzt der hühnerbrüstige Typ in der blauen Badehose da hinten immer noch?« fragte sie laut und boshaft, und als sich alle, die Deutsch verstanden, zum Glotzmann umdrehten, und das waren nicht wenige, da endlich hörte er – mit hochrotem Gesicht – auf zu glotzen.

Das war der Onassis

Die Deutschen sind schon ein komisches Volk, dachte sich die alte Frau mit den grauschwarzen Locken, als sie die Horde Touristen vor sich sah. Wie aufmerksame Schulkinder saßen sie auf den Plätzen des kleinen Reisebusses und warteten gespannt, was ihre Führerin ihnen während ihrer einwöchigen Griechenland-Rundreise zu bieten hatte. Also gut, dachte sich die Frau, und begann ihre Tour auf gewohnte Art und Weise: »Liebe Gäste, ich bin Frau Anastassia, und ich darf Sie herzlich in unsere Bus begrüßen. Unsere Fahrer heißt Vasilli, aber sagen Sie ruhig Willi.« Ihre Zunge machte sich selbstständig und leierte den Begrüßungstext einfach so herunter. Erst als sie an die Stelle mit ihrem Lieblingswitz kam, richtete Frau Anastassia ihre Aufmerksamkeit wieder auf ihre Stimme: »Ich bin nun zum dritten Mal verheiratet und ... ist eine schlechte Mann«, sie ließ den Blick reihum über jeden Sitzplatz gleiten, ehe sie verstohlen fortfuhr: »Der erste Mann war guter Mann. Ist aber gestorben an einer Pilzvergiftung.« Wieder fokussierte sie jeden Zuhörer einzeln. »Zweiter Mann war auch guter Mann. Leider gestorben. Pilzvergiftung. Nur der dritte ist schlecht.« Die Reiseführerin konnte sich ein Lachen nicht verkneifen, als sie lautstark erklärte: »Mag keine Pilze!«

Frau Anastassia wusste, dass je lauter sie lachte, desto lauter würden auch die anderen lachen. Das musste man machen bei den Deutschen, weil sie sonst nicht kapierten, wann ein Witz zu Ende war.

»O mein Gott«, flüsterte mein Mann mir zu. »Der war schon alt, als die Akropolis noch stand.«

Da hatte er zwar recht, aber ich fand unsere Reiseleiterin trotzdem irgendwie nett.

»Immerhin versucht sie, Stimmung reinzubringen«, hielt ich dagegen, während ich der alten Dame freundlich zulächelte. Der Minibus setzte sich knatternd und scheppernd in Gang, und Frau Anastassia prüfte mit hochgezogenen Augenbrauen ihre Reiseunterlagen. Ihr Blick wanderte die Teilnehmerliste endlos auf und ab. Vielleicht sah sie nicht mehr so gut? Irgendwann warf mein Vater mit seiner Grummelstimme ein: »Es sind alle da.« Nun ja, allein an seiner Stimmlage hörte ich, dass er, was Frau Anastassia betraf, derselben Meinung war wie mein Mann.

Die alte Griechin fuhr sich mit den Fingern durch die Haare und setzte sich auf ihren Platz. Jetzt ging unsere Rundreise durch das Land der alten Götter tatsächlich los und die Anspannung in unserer Familiengruppe löste sich merklich.

Für die Griechin ähnelte das riesige Athen eher einem Bienenstock für Menschen denn einer Stadt. Sie fragte sich immer wieder aufs Neue, wie Vasilli es nur schaffte, sich mit dem Bus einen Weg durch die Millionenstadt zu bahnen.

Ihre Fahrgäste hatten das wilde Geschnatter eingestellt und sahen wie gebannt aus den Fenstern. Dabei gab es vorläufig nichts anderes zu sehen als Autos, Häuser und Griechen. Frau Anastassia kannte das schon. Die Deutschen sogen alles wissbegierig in sich auf, was älter als ein Jahr sein konnte. Da waren die Engländer anders. Bei denen war Reiseführen ein Kinderspiel. Ein paar Flaschen Ouzo und ein reichhaltiges Essen. Schwupps, schon waren die Engländer zufrieden. Da hielt sich die Fragerei nach Göttern und Ruinen in Grenzen. Und auch die Besserwisserei. »Wo zu viele Hähne krähen, wird es spät hell«, dachte sie bei sich und lächelte. Als der Bus hielt, stürzte Frau Anastassia hinaus, um die Eintrittskarten zu holen. Wenn sie das gleich machte, dann sparte sie sich die ewige Diskussion über Preise und Ermäßigungen.

Ein paar Flaschen Ouzo und ein reichhaltiges Essen. Schwupps, schon waren die Engländer zufrieden.

Nach zwei Stunden Busfahrt durch Athen fühlte ich mich so alt, wie unsere Reiseleiterin aussah. Aber gut, wir hatten Urlaub, und den wollte ich mir durch ein bisschen Schaukelei nicht vermiesen lassen. Schließlich befanden wir uns jetzt unweit der Akropolis. Und wer bitte möchte nicht einmal im Leben diese beeindruckende Ruine besichtigen?

Nach zwei Stunden Busfahrt durch Athen fühlte ich mich so alt, wie unsere Reiseleiterin aussah.

Motiviert stieg ich aus dem Bus und wäre beinahe in meinen Mann gelaufen, der abrupt stehen geblieben war. »Wo ist sie hin?«, hörte ich meinen Vater schimpfen, während er sich die ersten Schweißperlen von der Stirn wischte. Planlos blickte sich unsere Minigruppe nach der kleinen Griechin um, die ohne jeden Kommentar spurlos in der Menschenmenge verschwunden war. Bis ich irgendwo inmitten des Getümmels einen schwarzen Regenschirm entdeckte, der uns zuzuwinken schien. Und tatsächlich hing an dessen Ende Frau Anastassia.

»Hier entlang«, rief sie uns zu und machte sofort auf dem Absatz kehrt.

»Wenn sie alles sehen wollen, warum trödeln sie dann immer so herum?« Die deutsche Reisegruppe schleppte sich verschwitzt den Weg zur Akropolis hinauf, und Frau Anastassia hörte sie stöhnen. Gab es in Deutschland nicht sogar höhere Berge?

Im Museum angekommen verjagte sie erst mal husch, husch die Gruppe Engländer, die es sich gerade gemütlich zu machen schien. Ouzo und Essen gab's schließlich unterhalb des Berges.

»Professore!«, keifte sie unüberhörbar. »Ich muss da durch.« Die resolute Griechin schob zuerst ihren Regenschirm in die fremde Reisegruppe, dann zwängte sie sich selbst durch. Zielstrebig auf einen britischen Reiseführer zu, der seinen Leuten gerade etwas über antike Töpferkunst erklärte. Mittels hektischer Gesten und einem griechischen Vokabel-Stakkato schlug sie ihn in die Flucht.

Erst als sie verschwunden waren, sammelte sie uns um sich und erklärte gönnerhaft: »Alte griechische Töpfe und Amphoren. Halten bis heute.« Mit dieser Erläuterung stimmte sie einen ihrer Bildungsvorträge an. Und ergötzte sich an den irritierten Gesichtern ihrer Zuhörer.

Die nächste Station war wie immer das Kap Sounion, der Poseidontempel. Die Touri-Gruppe begann, die Ruinen selbstständig zu erkunden. Die mitgebrachten Kinder riefen aufgeregt, weil sich etwas im Gebüsch regte. Gab es etwa keine Schildkröten in Deutschland? Mehrere Frauen mittleren Alters verschwanden blitzartig im Kakteenwald. Hatten sie etwa das Toilettenschild übersehen?

»Frau Anastassia, wer hat das hier eigentlich ausgegraben?« Schon wieder so eine Frage. Noch dazu von einem Kind. Was machten die Deutschen nur mit ihren Kleinen, dass sie solche Fragen stellten? Das würde sie wirklich niemals begreifen.

»Ach, das?«, entgegnete sie und strich dem Mädchen über den Kopf. »Waren die Engländer. Haben sie entdeckt und ausgegraben und dem griechische Volk geschenkt.«

Einer der deutschen Männer räusperte sich und redete dazwischen. »Laut meines Wissens war es das Deutsche Archäologische Institut unter der Leitung von Wilhelm Dörpfeld.«

Da half mal wieder nur das Denkergesicht. »Dörpfel? Nie gehört. Es waren Engländer, aber die haben das nicht gut gemacht. Später hat es dann ein Grieche herrichten lassen. Aristoteles Onassis.« Mehr als nur ein bisschen eingeschnappt verzog sich Frau Anastassia zurück in den Bus, wo Vasilli vor sich hin schnarchte.

»Die hat keine Ahnung«, meinte mein Mann, kaum dass die alte Griechin davongezogen war. Und anders als sonst gab ich ihm recht. Immerhin hatte mich mein Gatte gerade erst auf den frisch gegoogelten Dörpfeld aufmerksam gemacht. So beschlossen wir, weiter mittels Smartphone unsere eigene Tour zu machen und genossen die Anastassia-lose Zeit. Denn, das musste ich mittlerweile eingestehen, auf Dauer waren ihre Witze wirklich anstrengend.

Wenn es eines gab, was Frau Anastassia mochte, dann war es die Küstenstraße. Wenn Vasilli dort gekonnt seine Runden drehte, dann wurde es immer ganz still im Bus. Keine Fragen. Keine Verbesserungsvorschläge. Weil die Landschaft ihre Kunden so sehr beeindruckte. Mächtige Felsen und das endlose Meer. Frau Anastassia kam dann immer selbst ins Schwärmen.

Ich schaute zum gefühlt tausendsten Mal aus dem Fenster, nur um gleich wieder wegzusehen. Direkt dahinter, nur wenige Zentimeter neben unseren Reifen entfernt, gähnte der Abgrund. Was ich auch anstellte, um mich abzulenken. Es funktionierte nicht. Weil mir mein Kopfkino ständig präsentierte, wie unser Bus durch die geflickten Leitplanken brach und einer Kanonenkugel gleich in die Tiefe schoss. Dorthin, wo ich schon das ein oder andere Autowrack entdeckt hatte. Selbst mein Mann saß schweigsam neben mir und sah verdächtig blass aus. Wenn dieser verdammte Busfahrer nur nicht so rasen würde!

Als der Bus in Delphi hielt, schwärmte die Reisegruppe sofort aus. Frau Anastassia ließ sie machen. Schließlich konnten sie sich die alten Steine selbst anschauen. Leider siegte auch hier die Neugier. Denn ein älterer Herr rückte seine Brille zurecht und fragte: »Was ist das dort drüben?«

»Das ist der Nabelstein Omphalos, wo die junge Gott Apollo Drachen Python erschlagen hat.«

Als wäre diese Antwort nicht gut genug, kam schon wieder dieser Besserwisser mit seinem Handy in der Hand: »Ähem, Frau Anastassia? Ist es nicht vielmehr so, dass Python als die schwarze Sonne das Sinnbild der Schattenseite des Gottes ist?«

»Unsinn!«, fuhr sie ihn an. »In Griechenland sagt kein Mensch so etwas. Python war ein Drache und Apollon hat ihn getötet.«

Oha. Die Blitze in den Augen der alten Frau sprühten Funken. Schnell knuffte ich meinem Mann in die Seite, damit er nur ja still war. Sein »aber …« schluckte er dann auch schnell wieder runter. Und prompt zog meine kleine Schwester das Feuer des Anastassiadrachens auf sich. Wenn auch, ohne es zu wollen.

»Überall kaputte Mauern und Säulen. Warum baut das keiner auf?«, wollte sie von der Reiseführerin wissen.

Das verletzte Frau Anastassia in ihrem Griechenstolz so sehr, dass sie uns einen Vortrag über Kultur und Echtheit hielt, dessen zweifelhaften Inhalt allerdings niemand so recht verstand.

Am nächsten Tag kamen wir im Fischerhafen Tolo an. Beinahe feierlich erzählte Anastassia die Geschichte von dem Fischer, der einmal so betrunken war, dass er sich in seinem eigenen Netz fing. Ihrem ersten Mann.

Das ionische Meer glitzerte so traumhaft, dass hoffentlich auch die Deutschen nun mal keine Frage mehr stellten.

Das ionische Meer glitzerte so traumhaft, dass hoffentlich auch die Deutschen nun mal keine Frage mehr stellten. Außerdem hatte sie noch eine Trumpfkarte in Form ihres alten Freundes Costas in der Hand.

»Ich kenne eine gute Restaurant«, informierte sie die Gruppe. »Da fahren wir hin, und alle essen.« Sie lotste den Fahrer in eine enge Seitenstraße.

»Können wir denn nicht gleich hier raus? Jeder für sich?«
Na klar, die Deutschen und das Busfahren. Mehr als einer
blickte besorgt auf die Hausmauern, die immer näher zu kommen schienen. Der freche junge Mann ging ihr gehörig auf die
Nerven. Blitzartig verteilte sie böse Blicke in die Runde. Und
weil Vasilli kurz zur Gegenwehr ansetzte, bekam auch er einen
ermahnenden Augenaufschlag. »Geht nicht«, brummte sie
streng. Weil Costas ihr nur was bezahlte, wenn sie den ganzen
Bus mitbrachte. Der alte Geizhals.

»Aber ...«, erwiderte einer der Deutschen.

Da platzte Frau Anastassia endgültig der Kragen. »Immer
wollt ihr was anderes. Oder was wissen. So geht das nicht. Hier
in Griechenland sagt nur einer, wo es langgeht. So war das
schon immer. Und hier im Bus ist das ...«

Vielleicht hatte der arme Vasilli einfach nur genug von der alten
Tyrannin. Jedenfalls stieg er voll in die Eisen, und mit einem Satz
verlor die alte Frau ihr Gleichgewicht. Sie strauchelte und fiel
rücklings um. Glücklicherweise konnte sie sich dabei in einen
der leeren Sitze retten.

»... der Onassis«, beendete mein Mann trocken Anastassias
Ansprache, und kaum dass er es ausgesprochen hatte, öffnete
Vasilli die Tür. Binnen weniger Sekunden waren wir alle draußen
und machten uns auf den Weg durch Tolo. Ganz ohne professionelle Fremdenführerin. Der Rest unserer Reise verlief dann
ziemlich harmonisch. Nicht nur, weil Frau Anastassia aufhörte
zu fluchen. Sie überließ die geschichtlichen Erklärungen von da
an meinem Mann und Google. Und konzentrierte sich auf ihre
Witze und Anekdoten.

Mir fahret jetzt nach Ällis Schprings

Wie kommt eine Studentin gleich nach dem ersten Semester vom Schwabenland nach Australien? In meinem Falle arbeitend und mit Glück.

»Du studierst doch Englisch, beherrschst die Sprache also, oder?«, fragte mich eines Adventstages mein Kumpel Tom, dessen Mutter ein Reisebüro hatte.

»Klar, warum?«

»Und du suchst einen Job für die Semesterferien.«

»Aber so was von!« Ich war mal wieder pleite.

»Als Reiseleiterin hast du auch schon mal gejobbt?«

»Natürlich, und als Brötchenverkäuferin, Putzfrau, Kellnerin, Interviewerin, am Fließband ...«

»Okay, das reicht! Hättest du Lust, im Februar für eine schwangere Reiseleiterin einzuspringen und drei Wochen lang eine Gruppe in Australien zu betreuen?« Der Rest des Gesprächs ging in meinem Freudengeheul unter.

In den folgenden acht Wochen lernte ich wie wild alles, was ich über den Süden und Osten des entferntesten Kontinents herausfinden konnte. Und während Deutschland im Schnee versank, packte ich T-Shirts, Shorts, Bikini und Sandalen in meinen Koffer. An unserem Reiseziel regierte der Sommer!

Meine Gruppe lernte ich am Flughafen Stuttgart kennen. Ein Mittsechziger beäugte mich skeptisch. »Was haben Sie junges Ding überhaupt schon von der Welt gesehen?«, unkte der Mann mit Namen Willi. »Was können meine Elsbeth und ich von Ihnen lernen?«

»Englisch vielleicht?«, schlug ich vor. »Über die Besonderheiten down under informieren uns Experten vor Ort. Darunter auch welche, die so al..., ich meine, so lebenserfahren sind wie Sie.« Er schien halbwegs zufrieden. Dafür flötete mir nun eine blasse etwa Dreißigjährige namens Olga ins Ohr: »Was machen wir, wenn giftige Spinnen und Schlangen auf uns losgehen? Ich hab Angst!«

»Wir lassen Sie nicht allein in den tiefen Dschungel«, beruhigte ich sie.

»Nach meiner Rückkehr bin ich schokoladenbraun«, freute sich eine gewisse Yvette. Die Wasserstoffblondine war Mitte zwanzig, ihr Freund Yüksel so alt wie mein Vater. Wo die Liebe hinfällt ...

»Hüten Sie sich vor der australischen Sonne«, warnte ich meine Gruppe. »Lichtschutzfaktor fünfzig und Sonnenhut sind ein Muss. Die UV-Strahlung ist viel intensiver, die Hautkrebsrate höher als hier.« Alle nickten aufmerksam, auch das Freundinnenquartett im frühen Rentenalter, die beiden Freunde in den Vierzigern und Endsiebzigerin Therese mit ihrem Teenie-Enkel Marcel.

Im Stadtstaat Singapur hatten wir 36 Stunden Aufenthalt, genossen Parkanlagen, Shopping, Hafenrundfahrt und den fruchtigen Cocktail Singapore Sling. Dann ging es weiter nach Adelaide.

»Von hier aus«, erklärte ich, »entdecken Sie die faszinierende Tier- und Pflanzenwelt Australiens.«

»Good afternoon«, begrüßte Therese den jungen Australier, der ihren Pass inspizierte.

»G'Day«, gab dieser zurück, »ha ye goin'?«

Marcel erklärte der verdattert dreinblickenden Großmutter, dass sie soeben auf Australisch begrüßt worden sei. Thereses verdutzte Miene machte einem Lächeln Platz – auch eine Antwort.

Unser Gästehaus am Stadtrand im Grünen war einfach, aber gemütlich. Zum Dinner gab es, zum Wetter passend, ein »barbie«, die ortstypische Abkürzung für Barbecue.

»Was esse ich hier eigentlich?«, wollte Ruth, die Anführerin des Freundinnenquartetts, von unserem Gastgeber wissen.

»Krokodil« antwortete der. »Mag ich lieber als das Kängurusteak da drüben.«

Ruth verzog angeekelt ihr Gesicht und knabberte fortan nur noch Gemüse. Willi hingegen futterte sich quer durch alle Fleischarten und murrte, das schmecke samt und sonders »doch nur wie Hühnchen«.

Die beiden Freunde, Jan und Frieder, aßen fast nichts, dafür hielten sie versonnen lächelnd Händchen. Was sie in Stuttgart verborgen hatten, wurde hier offensichtlich: Sie waren schwer verliebt.

Yüksels Laune stieg proportional zu seinem Konsum des australischen Biers XXXX, das seine Gnade gefunden hatte. Ich nippte sparsam am vorzüglichen Chardonnay, sah mich unter meinen zufriedenen Teilnehmern um und freute mich über den guten Beginn unserer Tour.

Nur leider fand ich hinterher kaum Schlaf. Adelaide ist Stuttgart neun Stunden voraus, sodass mein Körper aufs Aufstehen programmiert war und mir nur kurze Nickerchen gewährte. Irgendwann gab ich auf. Ich stellte mich ans Fenster und sah mir den Sonnenaufgang an. Wie exotisch die Bäume hier aussahen! Wie anders die Vögel sangen! Waren das etwa wilde Wellensittiche?

Mit einem Mal war ich so glücklich, dass ich die ganze Welt hätte umarmen mögen.

Mit einem Mal war ich so glücklich, dass ich die ganze Welt hätte umarmen mögen.

Wenige Stunden später brachte uns ein Bus in den Cleland Wildlife Park, in dem man ganz nah an die einheimischen Tiere herankam. Ein Tierpfleger setzte uns der Reihe nach je einen Koala auf den Arm. Da war es wieder, dieses Glücksgefühl. Willi filmte, wie seine Elsbeth Kängurus und Wallabys fütterte. Plötzlich sprang ein Albino-Wallaby auf ihn zu und rannte ihn um. Jan und Frieder fingen Willi in letzter Sekunde auf. Von nun an wollte das Wallaby aber nicht mehr von der Seite der drei Männer weichen, und ein Tierpfleger musste es schließlich mit Leckerlis ablenken.

Wir sahen unser erstes Wombat, das aussah, als habe man ein Ferkel mit einem Bär gekreuzt, dann geschrumpft und einmal gegen eine Wand rasen lassen. Das lustige Tierchen fraß ohne Unterlass, und der Tierpfleger betonte, wir seien Glückspilze, dabei

Wir sahen unser erstes Wombat, das aussah, als habe man ein Ferkel mit einem Bär gekreuzt, dann geschrumpft und einmal gegen eine Wand rasen lassen.

zusehen zu dürfen, denn Wombats sind eigentlich nachtaktiv.

Plötzlich erklang ein schrilles Kreischen. Olga hatte eine Schlange erspäht.

»Unsere langweiligsten Tiere«, erklärte der Tierpfleger gelassen. »Die sind nur alle paar Tage wirklich fix, nämlich dann, wenn sie Hunger haben. Gib ihnen eine Ratte, und sie pennen gleich wieder weg.«

»Sie essen Ratten? Prima – die finde ich noch ekliger als Schlangen«, freute sich Olga. Da fiel mir auf, dass Yvette und Yüksel verschwunden waren. Ich fand sie an einem entlegenen Rastplatz – beim Sonnenbaden ohne Hut.

»Endlich werde ich richtig knusprig«, schwärmte Yvette.

»Ich fürchte, gerade werden Sie eher pink«, warnte ich sie. »Sie sind doch eingecremt, oder?«

»Ja, klar! Sogar mit Lichtschutzfaktor acht!«, lachte sie.

Woraufhin ich ihr meinen Sonnenhut aufsetzte, Yüksel bat, sie mit meiner Sonnencreme einzuschmieren und beiden Schatten verordnete.

Sie gehorchten. Leider war ich zu spät gekommen, um zu verhindern, dass Yvette abends aussah wie ein gekochter Hummer. Woraufhin sie miese Laune bekam, früh zu Bett ging und ihren Freund mit zu vielen Bieren allein ließ.

Willi schimpfte, sein Bett sei höllisch unbequem. Kurz vor Mitternacht stritten dann auch noch Ruth und ihre Freundinnen, sodass ich der ruhigsten der vier spontan ein Einzelzimmer organisieren musste. Ermattet sank ich auf mein Bett, platt genug, um trotz des Jetlags gut zu schlafen.

Unsere nächste Station hieß Melbourne, mit dem Flugzeug zum Glück nur einen Sprung entfernt. Hier wohnten wir in einem Motel am Stadtrand. Das Frühstück war spartanisch: Toast, Butter, Honig und eine braune Paste namens Marmite.

»Das«, erklärte uns die Dame von der Rezeption, »schmieren wir uns auf den Toast. Wie ihr Deutschen Leberwurst. Ist aber vegetarisch!«

Neugierig probierte ich es aus, wurde allerdings herb enttäuscht. Das Zeug schmeckte wie ein ausgedrückter Maggiwürfel.

Melbourne selbst war dafür unser aller Geschmack, stellten wir in den folgenden Tagen fest. Wir durchstreiften den hübschen Royal Botanic Garden, kauften auf dem Queen Victoria Market Souvenirs, bestaunten coole und elegante Stadtviertel und gönnten uns einen trägen Strandtag am Pier von St. Kilda. Yvette nun mit einer dicken Schicht Sunblocker und unter einem Schirm.

Am letzten Abend gab es trotzdem Stunk. Ich hatte uns in eine nette Gaststätte gelotst, wo die Preise für Pasta und Sandwiches niedrig und die Portionen riesig waren.

»Ein XXXX«, bestellte Yüksel.

Doch der Kellner schüttelte den Kopf: »Sorry, mate, wir haben keine Schanklizenz. No alcohol. Habt ihr das Schild draußen nicht gesehen? BYO, Bring Your Own!«

»Und wo krieg ich den her?«

»Im Liquor Store. Da müssen Sie um diese Uhrzeit ins Zentrum.« Darauf hatte allerdings keiner Lust, also aßen wir ohne Bier und Wein.

»Sie hätten das vorher wissen müssen!«, polterte Willi, auch Ruth und ihre Freundinnen schauten mich böse an. Als ich versprach, dafür am nächsten Abend eine Runde auszugeben, wirkten sie jedoch versöhnt.

Ziel Nummer drei hieß Sydney. Wieder hatten wir um die dreißig Grad, wieder gab es viel zu entdecken. Vor dem muschelförmigen Opera House knipsten wir uns die Finger wund. Im Viertel »The Rocks« atmeten wir Geschichte: Hier, auf den Sandsteinfelsen, bauten Ende des 18. Jahrhunderts die ersten anlandenden Europäer ihre Häuser. Wir wandelten auf den Spuren der Seefahrer, Prostituierten und Schwerverbrecher, für die die Überführung nach Australien tatsächlich eine Strafe gewesen war. In einem Pub gab ich wie versprochen eine Runde aus. Kaum hörte der Wirt uns sprechen, wollte er wissen, woher wir kämen.

»Aus Stuttgart«, antwortete Willi, »der schönsten Stadt Deutschlands.«

»Meine Urahnen stammen auch aus Stuttgart«, verriet er uns, »irgendwann will ich da auch mal hin.« Woraufhin Elsbeth ihn direkt einlud. Woraufhin der Wirt wiederum uns die nächste Runde ausgab.

Bummeln im prachtvollen viktorianischen Queen Victoria Building, den Kulturschock in Chinatown genießen, sonnenbaden am späten Nachmittag in Bondi Beach ... Viel zu schnell war der Städtetrip zu Ende. Yvettes Teint hatte wieder eine normale Färbung angenommen, Leni sich mit ihren Freundinnen versöhnt, und Willi meckerte kaum noch. Was sie wohl zum Great Barrier Reef sagen würden?

Als Unterkunft hatte Toms Mutter uns in der Stadt Townsville ein sogenanntes Backpackers gebucht. Mich machte das allerdings ein wenig nervös. Mit Rentnern in einer Jugendherberge?

Dann aber führte die Rezeptionistin, Kylie, uns zu unseren Zimmern, und ich atmete auf. Die Zwei- bis Vierbettzimmer präsentierten sich hell und sauber und boten genug Komfort, eigene Bäder obendrein.

»Ihre Gruppe ist bei Weitem nicht die älteste hier«, flüsterte Kylie mir zu, »wir haben gerade einen Stammtisch zu Gast, da zählt der Jüngste 82, der Älteste 91.«

Wir lernten die fünf betagten Freunde beim Frühstück kennen. »Wollen Sie sich nicht zu uns setzen?«, fragte der, der den Namen Jack trug. Wir erhielten tolle Informationen über das Great Barrier Reef. Über die Millionen Jahre, in denen es entstand, und über die 1.500 Fischarten, die es bevölkern. Über die Bedrohung durch die Verschmutzung der Meere, den Klimawandel und zu viele Touristen.

Groß war das Hallo, als wir am Morgen darauf unser Motorboot in Richtung Korallenriff betraten und alle fünf wiedersahen.

»Grüß Gott«, rief uns der Jüngste, Henry, entgegen. Er gab sich als Schwabe zu erkennen: »Eigentlich heiße ich Heinrich und wurde in Heilbronn geboren«, verriet er in gebrochenem Deutsch, »aber meine Eltern sind ausgewandert, als ich noch im Kindergarten war.«

»Klein ist die Welt«, freute sich Therese. Die beiden sahen sich tief in die Augen.

Wir schlüpften in unsere Schnorchel-Ausrüstungen, gingen von Bord und tauchten unter. Ein Schwarm bunter Meeresbewohner umrundete mich, Clownfische, Doktorfische und Schönheiten, deren Namen ich nicht kannte. Einige waren so zahm, dass ich sie anfassen konnte. Und diese Farben ... Die

Fische vor den Blau- und Türkisschattierungen des Wassers, dem Gelb und Rot der Korallen ... weitaus beeindruckender als alle Fotos.

Viel zu schnell war alles vorüber und wir zurück auf dem Boot. Selbst Willi schwärmte in den höchsten Tönen. Am darauffolgenden Tag erwachte ich dennoch traurig. Um die Ursache meiner Missstimmung zu kennen, brauchte ich einen Moment: Wir näherten uns unserer letzten Station. Von Cairns im Nordosten aus würden wir den Heimflug antreten.

Cairns selbst raubte uns buchstäblich den Atem. 35 Grad heiß im Februar! Achtzig Prozent Luftfeuchtigkeit. »Kreislaufwetter«, jammerte Willi in meine Richtung, »da müssten Sie ...«

»Du müsstest, und zwar genug trinken!«, widersprach ihm seine Elsbeth, lauter, als ich es je für möglich gehalten hätte. »Hör endlich mit dem Gemotze auf«, maßregelte sie ihren Gatten.

Am letzten Tag erfüllte sich noch ein geheimer Wunsch von mir. Ich traf Nachfahren der Ureinwohner, die bei uns Aborigines, politisch korrekt jedoch Aboriginals heißen. Auf einem Festival. Dumpfe Didgeridoomusik erfüllte die Luft, singend und tanzend steckten die Akteure uns mit ihrer Lebensfreude an. In den Buden nebenan verkauften Aboriginal-Familien Stoffe und Gemälde mit ihrer Kunst, Tiere, Bäume und Figuren in Erdfarben, gestaltet aus unzähligen Punkten. Ich nahm gleich einen ganzen Stapel Postkarten mit, Olga ein T-Shirt.

»Weil ich jetzt keine Angst mehr habe«, verriet sie mir und zeigte mir das Motiv: eine gewundene Schlange.

Zum Abschluss der Reise besuchten wir noch ein großes »barbie« unter Palmen.

Plötzlich gab es ein lautes Hallo. »Ja Marianne, was machst du denn hier?«, rief Ruth und fiel einer hochgewachsenen Brünetten um den Hals.

»Urlaub, on du?«, schwäbelte diese zurück und schickte hinterher: »Ha noi, treff ich hier in Auschtralien mei Nachbarin!« Begeistert rief sie ihre Reisegefährten herbei.

»Überall Schwaben«, ächzte Yüksel, »das ist ja schlimmer als daheim!«

»Überall Schwaben«, ächzte Yüksel, »das ist ja schlimmer als daheim!«

Tatsächlich: Gleich zwei Reisegruppen aus der Spätzlemetropole hatten es zeitgleich an denselben Grill in Cairns geschafft. Bier-, Sekt- und Wassergläser klirrten. Therese schlug vor, man solle sich jetzt endlich duzen! Nicht mal Willi widersprach. An diesem Abend hatten wir uns alle lieb.

Um Punkt Mitternacht fiel Jan vor Frieder auf die Knie und bat um dessen Hand. Breit grinsend antwortete dieser: »Yes, I do!« Sie küssten einander, und wir klatschten Beifall. Die Hochzeitsreise, waren wir uns alle einig, musste nach Australien führen.

Beim Frühstück war ich glücklich, neidisch und hoffnungsvoll – alles zugleich! Glücklich, dass wir alle wohlbehalten und zufrieden so weit gekommen waren. Ans andere Ende der Welt! Ohne Unfälle, Trennungen und Katastrophen.

Neidisch schielte ich aber in Richtung Marianne und Konsorten. »Mir fahret jetzt nach Ällis Schprings«, berichtete sie, »zum Ayers Rock!« Auf ihre Gruppe wartete noch ein halber Monat down under – auf mich stattdessen eine Wirtschafts-Klausur.

Aber wenn ich meine Sache gut machte, wenn ich das ganze Studium bestand, dann würde ich ja vielleicht eines Tages wiederkommen können? Das war meine Hoffnung. Dann ohne berufliche Mission, dafür vielleicht mit einem besonderen Menschen an meiner Seite! Und nächstes Mal, nahm ich mir vor, würde auch ich nach »Ällis Schprings« fliegen.

Von doppelten Rahmen und Kunststoff-Cousinen ...

Mein Mann und ich sind längst nicht immer einer Meinung. Er, der Frühaufsteher, Langstreckenläufer, Lesemuffel. Ich, die Nachteule, Stubenhockerin, Büchernärrin. Doch bei einem waren wir uns schon immer einig: Der Sommerurlaub geht nach Holland! Wir beide lieben Land und Leute, den leckeren Käse, die lustige Sprache, die Küste mit dem schier endlosen Strand, die unfassbar süßen Stroopwafels, die hübschen, kleinen Häuschen mit den gepflegten Vorgärten ...

Seit über zehn Jahren hatten wir jeden Sommer ein Ferienhaus an der niederländischen Küste gemietet, und es verging kein Urlaub, ohne dass wir es nicht im Geiste umdekoriert, renoviert oder gar komplett umgebaut hätten.

»Wenn man sich diese blöden Zierdeckchen und Deko-Möwen wegdenkt und eine Wand türkis streichen würde, wäre es viel schöner«, schlug ich beispielsweise vor.

»Also ich würde ja diese Wände rausreißen, dann hätten wir zwei normal große Schlafzimmer statt drei winzige«, erwiderte dann mein Mann und krempelte schon voller Tatendurst die Ärmel hoch.

Unweigerlich führten unsere Spaziergänge an den Aushängen der örtlichen Immobilienmakler vorbei.

»Ein eigenes Haus am Meer, das wär's«, seufzten wir oft einträchtig. Man könnte spontan verreisen, zum Beispiel wenn es in unseren Gefilden unerträgliche vierzig Grad heiß ist. Und sogar ohne großes Gepäck, denn alles Wichtige hätte man ja vor Ort. Wäre das nicht genial?

Ich träumte von Schreibklausuren am Meer, mein Mann von langen Joggingtouren entlang der Küste bei Sonnenaufgang. Wir wären keine Touristen mehr, sondern Teilzeit-Einheimische!

Wir wären keine Touristen mehr, sondern Teilzeit-Einheimische!

Unsere Vision wurde immer konkreter. Was einmal eine reine Wunschvorstellung gewesen war, entwickelte sich im Laufe der Zeit zu einem Ziel, das immer mehr in greifbare Nähe rückte. Die Immobilienpreise wurden permanent günstiger, die Zinsen hatten einen historischen Tiefstand erreicht, und wir fragten uns: Wenn nicht jetzt, wann dann?

Im nächsten Urlaub wollten wir Nägel mit Köpfen machen. Schon im Vorfeld kontaktierten wir eine Maklerin, sondierten die Lage, studierten das Angebot auf der Website und vereinbarten Besichtigungstermine. Und so fanden wir es auch nicht weiter tragisch, dass unsere erste Urlaubswoche kühl und verregnet war. Wir hatten ja spannende Indoor-Pläne.

Vor der ersten Begegnung mit der Maklerin checkte ich noch rasch ein paar Vokabeln, schließlich wollte ich ohne zu stottern fragen können, ob die Einbauküche im Preis inbegriffen war, die Wände noch vom Vorbesitzer frisch gestrichen würden und wie viel Spielraum es beim Preis gab. Ich hatte in den letzten Jahren zwar allerhand niederländische Krimis gelesen, aber solche Fachbegriffe korrekt zu verwenden und vernünftig auszusprechen, war dann doch noch mal eine andere Hausnummer.

Anoek kam pünktlich. Und wir fanden sie auf den ersten Blick umwerfend! Vor allem mein Mann war sofort so begeistert, dass er ihr am liebsten das erstbeste Appartement abgekauft hätte, nur um sie glücklich zu machen. Bei einem Topmodel-Casting hätte sie vermutlich im Vorbeigehen gewonnen mit ihren langen blonden Haaren, ihrer von der Sonne karamellisierten, makellosen Haut, ihren unendlich langen Beinen, die in hautengen Jeans steckten, und ihren unfassbar hohen Absätzen. Sie begrüßte uns mit Handschlag und einem nicht zu strahlenden Lächeln, zückte dann den Schlüssel und führte uns durch das erste Objekt – ein Siebzig-Quadratmeter-Appartement in Deichnähe. Zweite Etage, kein Garten, aber mit Balkon. So viel wussten wir schon aus dem Internet.

Das Wohnzimmer war sehr ansprechend. Es sah fast exakt so aus wie auf dem Foto, nur ungefähr halb so groß. Da hatte wohl jemand mit der Perspektive getrickst.

Anoek wies uns auf zahlreiche Details hin – den schönen Holzboden, das Einbauregal, die Helligkeit. Wir waren angetan. Hochzufrieden damit, wie viel ich verstanden hatte, folgte ich ihr in Richtung Schlafzimmer.

»Warum sind die Rahmen doppelt, und was hat sie da von Kunststoff-Cousinen erzählt?«, raunte mein Mann mir zu.

»Raam heißt Fenster«, erklärte ich grinsend, »und kozijn bedeutet Rahmen.« Ganz offensichtlich war sein Sprachzentrum vor lauter Bewunderung für Anoeks Schönheit blockiert. »Pass auf, dass dir der Mund nicht offen

Ganz offensichtlich war sein Sprachzentrum vor lauter Bewunderung für Anoeks Schönheit blockiert.

steht. Das sieht ein bisschen dämlich aus. Außerdem könntest du ihr Großvater sein«, foppte ich ihn. Das war zwar maßlos übertrieben, erschien mir aber in dieser Situation eine angemessene Reaktion zu sein.

Im Schlafzimmer erwartete uns eine Überraschung: Hier gab es nicht nur ein Bett und einen Einbauschrank, sondern auch eine gigantische Duschkabine.

Duschen in de slaapkamer? Na ja, ein bisschen seltsam fanden wir das schon.

Duschen in de slaapkamer? Na ja, ein bisschen seltsam fanden wir das schon.

Noch seltsamer, dass es gar kein Badezimmer gab. Nur eine winzige Toilette. Und in der befand sich nichts außer einer Kloschüssel. Immerhin mit Brille und Deckel.

Die Küche war ebenfalls eine einzige Enttäuschung. Klein, verbaut und dunkel. Dass sich der Balkon, zu dem man von hier aus gelangte, als extrem mickrig entpuppte, passte nun genau ins Bild. Diese Wohnung war nichts für uns. Hier gab es ja noch nicht mal ein Waschbecken! Was hieß das noch gleich auf Niederländisch? Ach ja, wastafel - zum Glück hatte ich vorhin noch meinen Wortschatz aufgefrischt.

Ich machte eine Bemerkung darüber, und Anoek musste mit einem bedauernden Lächeln zugeben, dass der Vorbesitzer seine Zähne vermutlich an der Spüle geputzt hatte.

Das nächste Häuschen war geradezu entzückend im Vergleich! Besonders gut gefiel uns die getäfelte Wand, die Einbauküche und das nagelneu gefliese Bad. Die Schlafzimmer waren auch nicht übel, aber um sie zu erreichen, musste man eine Treppe erklimmen, die diesen Namen nicht wirklich verdiente. Die Stufen waren so steil, dass es mir fast schwindelig wurde, und die Tritte so kurz, dass man beim Hinuntergehen seitlich auftreten musste.

»Wahnsinn, wie sie das schafft mit ihren Highheels«, staunte mein Mann, als Anoek souverän hinabschwebte. »Schwieriger als Jorges Catwalktraining«, musste ich neidlos anerkennen.

Schweren Herzens erklärten wir ihr, dass das Häuschen für uns leider nicht infrage kam. Schließlich wollten wir ja auch in zehn Jahren noch ohne Treppenlift unsere slaapkamer erreichen.

Ganz so steil war die Treppe in dem Objekt, das wir uns anschließend anschauten, zwar nicht, aber wir hatten eigentlich damit gerechnet, dass es gar keine gäbe. Auf der Website hatte es ausgesehen, als läge das Appartement auf einer Etage. Auf den Fotos hatte es außerdem topmodern, riesengroß, extrem schick und geradezu klinisch sauber gewirkt. Leider hauste hier zurzeit ein Messie, und nicht nur das: ein Messie mit Husky. In der ganzen Wohnung roch es wie im Schlangenhaus eines Zoos. Und überall lag Gerümpel herum. Dass sowohl der

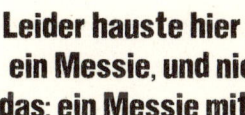

Leider hauste hier zurzeit ein Messie, und nicht nur das: ein Messie mit Husky.

Messie als auch der kläffende Husky anwesend waren, fand vor allem Anoek alles andere als erfreulich. Sie bat tausendfach um Entschuldigung. Wir zeigten uns verständnisvoll, doch trotz großer Fantasie konnten wir uns nicht vorstellen, uns in dieser Bude jemals wohlzufühlen.

Schade - damit waren wir schon am Ende unserer Besichtigungstour angelangt.

Oder doch nicht?

Anoek hatte noch eine Überraschung in petto. Ein Appartement zwischen Tulpenfeldern und Dünen, top gepflegt, in erstklassigem Zustand, mit viel Stauraum, einer modernen Einbauküche, großem Bad und allem, was das Herz begehrt.

Leider lag der Preis deutlich über unserem Limit. Wir würden uns dieses Objekt nur leisten können, wenn wir im Lotto gewannen (haha), ich einen Bestseller schrieb (hoho) oder wir die Wohnung die meiste Zeit an fremde Urlauber vermieten würden (och nö).

Meinem Mann tat es vor allem leid, Anoek enttäuschen zu müssen. Sie würde mit uns leider keinen Abschluss machen - jedenfalls nicht in diesem Jahr.

In der zweiten Ferienwoche wurde das Wetter besser, und wir verbrachten viel Zeit am Strand. Auf dem Rückweg kauften wir uns jeweils drie bollen ijs (mein Mann Zitrone, Melone und Ananas, ich Pistazie, Vanille, Karamell) und schlenderten wie jedes Jahr an den Schaufenstern der örtlichen Immobilienmakler vorbei. Bei Anoeks Konkurrenz, sozusagen.

»Wäre schon schön gewesen«, meinte ich.

»Ja, aber überleg mal, was man mit dem Geld alles anstellen könnte«, erwiderte mein Mann.

»Stimmt - wir könnten jedes Jahr mehrmals verreisen!«

»Und müssten nicht immer an denselben Ort fahren.«

»Lauter Vorteile«, nickte ich.

Wir waren uns mal wieder einig.

Am nächsten Tag mieteten wir Fahrräder und machten einen Ausflug. Erst am Deich entlang, dann durch ein paar idyllische Dörfchen zurück.

»Schau mal, da steht te koop«, sagte mein Mann alle fünf Minuten. Tatsächlich standen jede Menge Häuser zum Verkauf. Die Schilder verwiesen jeweils auf eine Maklerfirma, einige davon auch auf die von Anoek.

»Wir fahren doch übermorgen schon heim«, sagte ich, als er wieder mal auf ein potenzielles Kaufobjekt hinwies, »das ist zu knapp, um neue Besichtigungstermine zu vereinbaren.«

»Aber hier steht privé-verkoop – zonder makelaar. Sollen wir einfach mal klingeln?«

Tatsächlich – kaum war die schöne Anoek außer Sichtweite, funktionierte auch sein Sprachzentrum wieder.

»Gute Idee«, sagte ich.

Wir verliebten uns auf den ersten Blick in das Häuschen. Es war ein liebevoll renovierter Bungalow, klein und fein. Der Holzboden glänzte, der sichtbare Klinkerputz wirkte urig, und als ich entdeckte, dass die Wand zwischen Küche und Schlafzimmer türkisfarben gestrichen war, wusste ich: Das ist es!

Der Preis war überraschend moderat. Die Besitzer – ein sehr nettes, junges Paar – hatten ein größeres Haus gebaut und wollten baldmöglichst umziehen. Wir tauschten Adressen und versprachen, uns zu melden, sobald die Finanzierung sowie weitere Details geklärt wären.

Auf dem Heimweg redete mein Mann ohne Pause. Er machte bereits Pläne für Umzug, Möblierung und Gartengestaltung. Ich dagegen war sprachlos vor Glück und konnte es kaum fassen. Wir standen so kurz davor, unseren Traum zu verwirklichen!

»Und was ist mit all den anderen Urlauben, die wir machen könnten? An anderen Zielen?«, erinnerte ich ihn bei unserem abendlichen Strandspaziergang an unser Gespräch von neulich.

»Andere Ziele? Wer will denn da hin?«, meinte er nur.

Stimmte auch wieder.

Es wurde dann allerdings doch nichts aus dem süßen kleinen Häuschen. Vor lauter ramen und kozijnen und Begeisterung für die türkisfarbene Wand hatten wir bei der Besichtigung leider das Wort erfpacht überhört. Der Erbpacht-Zins für das Grundstück, den wir bis in alle Ewigkeit an die Gemeinde hätten zahlen müssen, war nicht gering und würde vermutlich von Jahr zu Jahr steigen. Damit war der Schnäppchenpreis keiner mehr, im Gegenteil, auf lange Sicht wäre sogar das teure Appartement zwischen Tulpenfeldern und Dünen günstiger gewesen.

Erstaunlicherweise waren wir gar nicht besonders enttäuscht. Dann würden wir eben doch noch ein bisschen länger zur Fraktion der Touristen zählen, statt zu den Teilzeit-Einheimischen. Im nächsten Jahr würden wir wieder ein Ferienhaus mieten und es im Geiste umgestalten. Ich würde bis spät in die Nacht lesen und mein Mann in aller Frühe am Strand entlangjoggen. Nachmittags würden wir wieder mit drie bollen ijs - er Fruchteis, ich Milcheis - an den Schaufenstern der Immobilienmakler vorbeispazieren und die Angebote begutachten. Wer weiß, vielleicht würde mein Mann ja im Lotto gewinnen oder ich einen Bestseller landen ...

Und wenn nicht? Auch nicht schlimm. Wir hatten einen gemeinsamen Traum. Und nur darauf kam es an.

Schon wieder Karibik

»Vamos a la playa« summend betrachtete ich mich vor dem großen Spiegel in meinem Schlafzimmer. Yippie – es war Mitte Januar und ich probierte Sommerkleidung an. Drehte und wendete mich in einem weißen bodenlangen Rock und einem hellgrauen Oberteil. Auf meinem Bett türmten sich bereits etliche knallbunte Kleider, Shirts im Marine-Look, aber auch schicke Abendgarderobe mit Pailletten und Straßsteinen, außerdem eine Strandtasche, Sandalen, Badesachen und vieles mehr. Wie ich das alles in meinem silbernen Rollkoffer unterkriegen sollte, war mir zu diesem Zeitpunkt allerdings noch ein Rätsel! In drei Tagen würde ich in der Sonne sein. In Hamburg herrschte schon seit Wochen diese Mischung aus Schneegriesel, Kälte und trostlos grauem Himmel. Doch in diesem Jahr konnte ich die für mich so scheußliche Zeit mit purer Vorfreude überbrücken: Karibik. 16 Tage auf einem Fünfsterne-Luxuskreuzfahrtschiff – und das Schönste: Ich musste nicht mal etwas dafür bezahlen.

Die vier Männer, die mit mir reisen würden, teilten meine Freude allerdings ganz und gar nicht. Als ich ihnen verkündete, dass wir gut zwei Wochen in der Karibik unterwegs sein würden, gab es lange Gesichter. Sie sagten nicht viel, denn sie waren ja Profis. Nur Tom stöhnte: »Schon wieder Karibik.«

Sie sagten nicht viel, denn sie waren ja Profis. Nur Tom stöhnte: »Schon wieder Karibik.«

Die Reise stand unter dem Motto »Im Rhythmus von Salsa, Reggae und Samba«, und ich war sicher, dass sie für uns ein absoluter Erfolg werden würde. Wir würden die richtige Stimmung an Bord bringen. Kann es denn eine schönere Art geben, sein Geld zu verdienen als im Urlaub?

Für mich jedenfalls nicht. Aber »meine« Männer sahen das wie gesagt ganz anders. Die Jungs sind Musiker der Band *Todo Negro* und ich seit Kurzem ihre Managerin. Tom, Carlos, Coco und Jim machen lateinamerikanische Musik vom Feinsten. Und sind somit prädestiniert für die drei Gala-Auftritte auf dem Luxustraumschiff. Ein bisschen Proben und Soundcheck, klar. Aber der Rest der Zeit steht uns zur freien Verfügung, denn wir kommen zwar zur Unterhaltung der Gäste, reisen aber selbst mit Passagierstatus. Also keine Mannschaftskabine unter der Wasserlinie, sondern Suiten auf dem Oberdeck. Kein Essen mit der Besatzung, sondern Galadinner.

Die Jungs sind Profimusiker und das Reisen gewohnt. Mit ihrem vorherigen Manager haben sie bereits weltweite Tourneen gemacht. Quer durch Europa, Afrika, Nord- und Südamerika, Asien, Ozeanien, Australien – alles schon gesehen. Und auch die Karibik ist für die Jungs natürlich nichts Neues.

Was beim ersten Mal noch spannend oder zumindest interessant gewesen sein mag, ist auf die Dauer allerdings wohl ermüdend. Auf dem Luxuskreuzer haben sie schon so viele Monate ihres Lebens verbracht, dass eine weitere Reise nach Barbados für sie somit eher eine lästige Pflicht denn eine Freude ist.

Klar, ich verstand das ja – Tom, Carlos, Coco und Jim haben allesamt Familie oder zumindest eine Liebschaft in Hamburg. Und die Abende mit Frau oder Freundin vor dem heimischen Ofen sind für die Jungs verlockender, als die an der Poolbar zehntausend Kilometer von zu Hause entfernt.

Und ebenso konnte ich verstehen, dass erwachsene Männer nicht gern in einer Doppelkabine wohnen – auch wenn diese sich Suite nennt und dreißig Quadratmeter groß ist. Bei allem Verständnis für die Lage der Bandmitglieder, hielt sich mein Mitleid aber in Grenzen. Als Musiker kann man sich eben nicht immer aussuchen, wo man arbeitet, und es gibt sicherlich Schlimmeres als drei Konzerte auf einem Traumschiff zu geben.

Als Musiker kann man sich eben nicht immer aussuchen, wo man arbeitet, und es gibt sicherlich Schlimmeres als drei Konzerte auf einem Traumschiff zu geben.

Drei Tage später standen wir im Hafen von Barbados, und meine Erwartungen wurden sogar noch übertroffen. Die Sonne strahlte von einem azurblauen Himmel, das Meer glitzerte in einem satten Türkis, und das Schiff, das nun für mehr als zwei Wochen mein Zuhause sein sollte, lag majestätisch vor uns. Nicht mal um das Gepäck mussten wir uns kümmern. Es wurde direkt vom Flughafen in die Suiten gebracht – im Gegensatz zu den Männern hatte ich natürlich eine für mich allein –, und ich begann sogleich damit, meine Siebensachen in den begehbaren Kleiderschrank zu räumen.

Doch ich hatte noch nicht einmal die Hälfte meiner Kleider verstaut, da kam auch schon ein Anruf: »Verena, die Harfe ist weg«.

Wie von der Tarantel gestochen, sprang ich auf: »Waaas?« brüllte ich ins Telefon.

»Na weg«, meinte Jim nur lakonisch.

»Aber das hättest du doch am Gepäckband merken müssen, wenn so eine große Kiste fehlt.« Ich war außer mir. Inzwischen hatte sich das Schiff schon einige hundert Meter vom Ufer entfernt. Morgen sollte unser erstes Konzert stattfinden. Und wir würden hier in der Karibik sicher nicht so einfach eine Ersatzharfe finden. Der Auftritt würde ein Desaster werden – vielleicht würden wir schon übermorgen in Bonaire mit Schimpf und Schande von Bord gehen müssen.

Jim erklärte, dass er eine große Kiste entgegengenommen habe. Der Adressaufkleber war weg gewesen, aber ansonsten habe sie ganz genauso ausgesehen wie seine eigene. Doch als er nun an Bord das Instrument herausholen wollte, stellte er fest, dass sich in der schwarzen Kiste stattdessen etliche Angelruten und sonstiges Angelzubehör befanden.

Während meine Stimmung an diesem ersten Abend an Bord trotz des erstklassigen Essens, herrlichen Wetters und all des Luxus um mich herum, nun deutlich getrübt war, scherzten meine Musiker die ganze Zeit, erzählten Anekdoten von Pannen auf früheren Reisen und schienen allerbester Stimmung zu sein. Nur der ohnehin eher schweigsame Jim wirkte noch ruhiger als sonst.

Als ich nach dem Essen meine Befürchtung kundtat, dass wir bei einem verpatzten Auftritt möglicherweise im nächsten Hafen das Schiff verlassen müssten, meinte ich wahrzunehmen, dass Tom seinem Kollegen Coco zuzwinkerte. Doch ich konnte mich auch geirrt haben. Ich brauchte dringend frische Luft, und so hing ich an der Reling auf dem Lido-Deck meinen Gedanken nach. Unbemerkt war Carlos, der Sänger unserer Band, hinter mich getreten.

Er legte einen Arm um meine Schulter: »Verena, mach dir keine Gedanken. Wir werden gut sein.«

Und so war es dann auch. Das Konzert am Folgeabend im Salon riss das elegante Publikum regelrecht aus den Sesseln. Die Leute klatschten begeistert und forderten eine Zugabe nach der anderen. Wie konnte ich die Musiker auch derart unterschätzen? Jim spielte Bass, der Bassist Tom übernahm die Percussion, die Harfen-Soli wurden gestrichen und dafür argentinischer Rock ins Programm genommen. Dem Publikum jedenfalls hatte es gefallen – und wenn die feinen Gäste zufrieden sind, sind es der Kapitän und der Unterhaltungschef an Bord natürlich auch.

Die Panne mit der Harfe hatte ich diesem natürlich gestanden. Oliver, der stets gut gelaunte Entertainment Manager, nahm die Sache zu meiner Freude auf die leichte Schulter. Schon im übernächsten Hafen in Curaçao kannte er einen Musikladen. Den Besitzer hatte er bereits angerufen, und der würde bis zu unserer Ankunft dort eine Harfe besorgen, die er Oliver so lange leihweise überlassen wollte, bis das Schiff im kommenden Monat noch einmal in Willemstad Station machen würde.

Für mich hieß das erst mal durchatmen und die Reise endlich aus vollen Zügen genießen. Ich ließ keine Mahlzeit aus, lag viel am Pool, spielte *Shuffleboard* und übte am Golf-Simulator. Ich machte Landausflüge und gönnte mir am Abend zwei oder drei Cocktails an der Bar. Bis auf die gemeinsamen Abendessen sah ich von der Band in all dieser Zeit wenig. Die Jungs probten hin und wieder, aber dazu brauchten sie mich ja nicht. Carlos hatte ich ein paarmal aus der Ferne mit einer gar nicht alten, aber dafür umso mehr goldbehangenen Passagierin gesehen. Was die Musiker sonst so den Tag über trieben, entzog sich meiner Kenntnis.

Inzwischen waren wir schon den achten Tag an Bord, das nächste Konzert im Salon würde am Folgeabend stattfinden. Doch zuvor durften wir noch Grenada genießen. Laut Bordzeitung sollte ab dem späteren Nachmittag das Wetter umschlagen. Heftige Gewitter sind in der Karibik keine Seltenheit, auch wenn wir bislang davon verschont geblieben waren. Also entschied ich mich, gleich nach dem Anlegen am Vormittag eine Runde durch St. George zu drehen. Ich ließ mich mit dem Tenderboot an Land bringen, schlenderte durch den beschaulichen Ort und war nach drei Stunden wieder zurück an Bord. In der Tat zog sich der Himmel schon langsam zu, und so streifte ich meine Sportsachen über und machte mich auf den Weg ins Fitnesscenter.

Wenigstens ein bisschen wollte ich gegen den Überfluss an Kalorien, den ich hier zu mir nahm, angehen. Ich war schon eine ganze Weile auf dem Laufband, da hörte ich, wie über die Bordansage Tom und Coco sowie zwei Damen durchgerufen wurden. Die vier sollten sich dringend an der Rezeption melden.

Um Himmels willen! Das durfte doch nicht wahr sein! Denn das konnte nur eines heißen: Das Schiff würde gleich ablegen, und Tom und Coco waren noch nicht an Bord!

Mit einem Handtuch wischte ich mir mein schweißnasses Gesicht ab und rannte, so schnell ich konnte, fünf Etagen runter zur Rezeption. Doch

Das Schiff würde gleich ablegen, und Tom und Coco waren noch nicht an Bord!

dort herrschte gähnende Leere. Das Schiff hatte den Anker eingefahren und setzte sich gerade kaum wahrnehmbar in Bewegung. Ich begab mich nach draußen und blickte in Richtung Grenada. Inzwischen regnete es heftig, begleitet von Blitzen und Donnergrollen.

Carlos und Jim hatten wohl den gleichen Gedanken wie ich, denn als ich vor die Tür trat, sah ich sie schon an der Reling stehen. Betreten schauten sie mich an. Doch gerade als ich lospoltern wollte, packte mich Carlos am Arm.

»Guck mal«, fuchtelte er wild. »Da kommen sie.«

Ich bin recht kurzsichtig und konnte nicht gleich erkennen, was er meinte. Doch dann sah auch ich, dass sich ein Fischerboot in großem Tempo unserem Luxuskreuzer näherte.

Unter uns wurde eine Strickleiter aus dem Schiff gelassen. Dann ging alles ganz schnell. Mitten in dem heftigen Gewitter und während der Fahrt kletterten erst die zwei Frauen (Mitglieder der Besatzung, wie ich später erfuhr), dann Coco und dann Tom die Leiter hoch und gelangten dort an Bord, wo üblicherweise der Lotse zusteigt.

»Jetzt müssen wir wohl alle bis zum Ende der Reise an Bord bleiben«, feixte Carlos noch.

Ich schaute ihn nur böse an, bevor ich ebenso wütend Tom und Coco in Empfang nahm. Doch im Grunde meines Herzens war ich natürlich heilfroh, dass den beiden nichts passiert war.

Der Rest der Reise verlief dann zum Glück ziemlich ruhig. Nicht nur, was das Wetter anging. Alle Musiker sowie alle Instrumente waren nun an Bord – und da blieben sie auch.

Das zweite Konzert im Salon und auch die Abschiedsgala am Pool waren für die Band wieder fantastische Erfolge.

Ich selbst verstand mich mittlerweile so richtig gut mit Oliver und verbrachte auch einige Zeit mit ihm. Kurz vor Ende der Reise hatte er eine Überraschung für mich, die mein Herz höherschlagen ließ. Nur traute ich mich erst mal nicht, sie den Musikern zu beichten. Doch als wir am letzten Abend nach der Poolparty alle zusammen im Lido-Café saßen, musste es sein.

»Also Jungs, ich muss euch was sagen«, versuchte ich, es auf den Punkt zu bringen. »Wie ihr ja gemerkt habt, ist *Todo Negro* hier an Bord supergut angekommen. Ja, und der Entertainment Manager und auch der Kapitän wollen uns gern noch eine Weile auf dem Schiff behalten.« So, jetzt war es raus! Ich schaute auf meine Hände, um die Musiker nicht ansehen zu müssen, und fuhr schnell fort: »Da wir im Februar zu Hause ohnehin keine Auftritte haben, können wir noch drei Wochen verlängern. Wir bleiben also noch etwas in der Karibik und fahren dann zum Amazonas. Von dort geht es dann zurück nach Hamburg.«

Die Musiker machten wie erwartet lange Gesichter. Aber sie sagten nicht viel, denn sie waren ja Profis. Nur Tom stöhnte: »Schon wieder Amazonas.«

Die Malle-Misere

»Man sollte nicht vierzig werden, ohne einen Fuß auf Mallorca gesetzt zu haben«, erklärte ich meinem Mann Micha kurz nach meinem 39. Geburtstag.

»Was hast du plötzlich gegen unsere Familienurlaube in den Bergen?«, fragte er verdutzt. Seitdem wir Kinder hatten, zog es uns nämlich hoch hinaus. Alle Jahre wieder. Diesmal aber wollte ich etwas anderes. Schönwettergarantie! Spanische Leidenschaft! Und eine Insel, auf die alle anderen schworen!

»Meer, Strand, Wärme, Flugzeuge! Au ja!«, jubelten unsere Kinder Clara, neun Jahre alt, Dominik, sieben und Lina, fünf.

»Ich suche uns ein Resort mit Kinderbetreuung, feinem Essen und besten Bewertungen«, überredete ich Micha. »Im Osten der Insel. Da kann man auch ein bisschen wandern. Und wir fliegen in der Nachsaison.«

Er ließ sich überzeugen, und wir buchten.

Als er ein halbes Jahr später, Anfang September, der Anlage unweit Cala d'Or ansichtig wurde, pfiff er anerkennend. Alles grünte und blühte. Ordnung wurde hier großgeschrieben. Über blitzend weißen Wohngebäuden spannte sich ein makellos blauer Himmel. Die türkisfarbene Poollandschaft zog sich über mehrere Ebenen bis fast hinunter an den Strand und war gesäumt von schattenspendenden, duftenden Pinien. Das Beste jedoch: Unsere Ferienwohnung hatte einen Balkon mit Meerblick! Ich sah uns schon Sonnenuntergänge betrachten, während wir die Kinder bei ihren neuen Freunden geparkt hatten ... Endlich mal wieder nur zu zweit ...

Doch erst mal stand das Auspacken an. Die Kinder eroberten sich das Schlafzimmer mit Meerblick, wir nahmen das hintere zur Straße. Diese würde uns, da eine Sackgasse, ganz sicher nicht nerven, dachte ich.

Ich sah uns schon Sonnenuntergänge betrachten, während wir die Kinder bei ihren neuen Freunden geparkt hatten ...

Als ich mich aufs Bett fallen ließ, fiel mir auf, wie hart die Matratze war. Doch hatte mein Rücken früher nicht sogar Hänge- und Isomatten standgehalten?

Ich begann gerade, von Schäferstündchen mit meinem Mann zu träumen, da stürmten die Kinder in unser Zimmer: »Wir! Wollen! Essen!«

»Na gut, auf zum Restaurant«, stimmten wir Eltern zu.

Dort freuten sich die drei über Pommes und Nudeln mit Sauce – gleichzeitig sackten die Mundwinkel meines Mannes nach unten.

»Dieser Riesenraum, die Tischgruppen, die Theken – das sieht ja aus wie in unserer Kantine!«, meinte er. Dann stellte Micha noch fest, dass an diesem Abend hauptsächlich Fischgerichte zur Auswahl standen. Und er hasste Fisch! Als eine lärmende Touristengruppe Einzug hielt, war es mit

»Jetzt klingt das hier auch noch wie in unserer Kantine mittags um zwölf«

seiner Stimmung endgültig vorbei: »Jetzt klingt das hier auch noch wie in unserer Kantine mittags um zwölf«, meckerte er.

»Die reisen bestimmt morgen ab«, tröstete ich ihn, »es ist schließlich schon Nachsaison.«

Pünktlich zur Bettgehzeit sackte dann meine Laune in den Keller. Erstens waren unsere Kinder noch hellwach – von wegen Schäferstündchen. Und kaum hatte ich mich hingelegt, sagte mir diese Matratze laut und deutlich: Deine Isomatten-Tage sind vorüber. Wie das drückte, zog und zwickte! Ich wälzte mich herum – vergebens. Kein Schlaf weit und breit. Um halb eins gab ich auf und zog auf die Wohnzimmercouch um.

Am nächsten Morgen erwachte ich wie gerädert. Als Micha im Türrahmen auftauchte, musste ich trotzdem lachen – ob seiner Augenringe. »Du siehst aus, wie ich mich fühle«, begrüßte ich ihn. »Magst du was von meinem Concealer abhaben?«

»Ich will lieber eine andere Matratze und Ohrstöpsel«, antwortete er. Dann berichtete er von Motorengeräuschen und Gepiepse nachts um halb zwei. »Außerdem ist es mir jetzt schon zu schwül«, meckerte er. Dreißig Grad plus und hohe Luftfeuchtigkeit waren wir einfach nicht mehr gewöhnt.

Immerhin waren die Kinder guter Dinge, und wir versuchten, sie für die Kinderbetreuung zu begeistern. »Ihr geht planschen, macht Spiele, findet neue Freunde ...«, ermunterte Micha sie. Gleichzeitig drückte er meine Hand, und ich lächelte ihn an, wissend, was das bedeutete. Eine Auszeit für Mama und Papa!

»Good morning!«, rief kurz darauf der erste Animateur und stürzte sich breit grinsend auf unsere Kinder. »I'm James! What are your names?«

Clara, Lina und Dominik machten große Augen. Wir gaben uns als Deutsche zu erkennen, woraufhin James uns zu einer blutjungen Betreuerin brachte.

»Willkommen bei uns, ihr Süßen«, säuselte sie. »Ich bin die Biene und Wir! Werden! Ganz! Viel! Spaß! Haben! Mir nach!« Sie wedelte mit den Armen, lächelte ihr Zahnpastalächeln und lotste unsere Kinder dann zu einem Stand, an dem sie sich Namensschildchen malen durften.

Auf dem Weg zurück zur Ferienwohnung schmiedeten Micha und ich Pläne für die nächsten Stunden: »Erst hauen wir uns noch mal aufs Ohr, dann machen wir eine Strandwanderung, und dann gönnen wir uns einen Milchkaffee in einem netten mallorquinischen Café!«

Doch kaum hatten wir die Beine hochgelegt, klingelte mein Handy. »Hallo? Hier ist die Biene. Der Domi hat sich angehauen und will zu seiner Mama.«

Na, toll.

Nachdem ich meinen Sohn am Pool in Empfang genommen hatte, hingen auch gleich meine Töchter an mir und wichen mir nicht mehr von der Seite. Seufzend nahm ich alle drei mit in die Wohnung.

»Die anderen Kinder sprechen gar kein Deutsch!«, jammerten sie. »Und überhaupt sind die doof. Da gehen wir nicht mehr hin!«

»Aber ... Vielleicht kommen morgen neue, nettere?«, versuchte es Micha.

»Die Betreuer sind aber auch blöd, voll nervig«, befand Dominik und äffte Bienes Gesten nach.

Nach einem gemeinsamen Strandspaziergang buchten wir ein Mietauto für vier Tage. Wäre doch gelacht, wenn wir kein Familienprogramm hinbekämen!

Diese Nacht überließ ich Micha den Platz auf dem Sofa.

»Nicht ideal, aber besser als das Bett«, fand er.

Ich schlief wieder bescheiden. Diesmal hörte auch ich das Fahrzeuggeräusch, tigerte zum Fenster und erblickte ein Müllauto, das die Tonnen vor unseren Apartmenthäusern leerte. Beim Rückwärtsfahren warnte es Entgegenkommende mit einem durchdringenden Piepen.

Tag drei begann wieder mit strahlendem Sonnenschein, und die Kinder wünschten sich einen Ausflug zum Pool direkt unter unserem Balkon. Wir stimmten zu.

»Wir passen abwechselnd auf sie auf«, besprachen Micha und ich. »Einer geht mit ins Wasser, einer darf dösen.« Gesagt, getan! Die Großen tauchten, ich übte mit Lina schwimmen. Dank der Bewegung tat mein Rücken gleich weniger weh, und als ich sah, wie schnell Lina Fortschritte machte, hob sich meine Laune. Micha schnarchte auf seiner Liege, und eigentlich lief alles prima, bis Clara mit einem Mal »iiih«, schrie.

»Da schwimmt Kacke!«

»Bestimmt keine echte«, antwortete ich. Als Teenager hatte ich gern mal Plastik-Kothaufen auf Lehrerpulten platziert.

»Nein, das ist ein echter Stinker«, beharrte sie.

Ich kraulte hin und besah mir das Objekt des Ekels. Und tatsächlich ... pfui Deibel! Wir eilten nach drinnen, duschten uns ausgiebig und beschwerten uns telefonisch bei der Hotelleitung.

Kurz darauf holte ein Mitarbeiter die Hinterlassenschaften aus dem Wasser. Der Pool wurde erst mal gesperrt.

An Tag vier schaltete ich morgens mein Handy ein, ahnend, dass es Neuigkeiten geben würde. Hatte unsere Nachbarin ihr neues Baby bekommen? Mein Herz hüpfte, als ich eine SMS entdeckte:

»Liebe Sabrina,

deine Tante Ann ist gestern Abend überraschend verstorben. Ruf mal an, deine Eltern.«

Wumms! Ich saß vor Schreck auf dem Boden, und Tränen strömten mir übers Gesicht. Das konnte doch nicht sein! Die lebhafte, fröhliche Ann, Vaters kleine Schwester? Noch keine sechzig, so voller Leben ... Wie um alles in der Welt ... Ich schluchzte hemmungslos. Mein Mann und meine Kinder trösteten mich.

Als ich spürte, dass ich wieder reden konnte, wählte ich mit zitternden Fingern die Nummer meiner Eltern. Ich erfuhr, dass meine Tante einem Herzinfarkt erlegen war. Völlig ohne Vorwarnung. Ein Schock. Gemeinsam weinten wir ins Telefon. Die Beerdigung, erklärte meine Mutter, würde in drei Tagen stattfinden. »Aber bleib bitte, wo du bist, Schatz. Genießt noch euren Urlaub.«

Vom Genuss war ich Millionen Meilen weit entfernt.

»Ich werde sie vermissen«, schniefte Lina irgendwann. »Sie hat so tollen Kuchen gebacken und war so lieb. Aber wenigstens hat sie jetzt kein Rückenweh mehr. Und sie ist beim Onkel Ferdi im Himmel und kann mit ihm Wein trinken.«

Ich drückte sie fest an mich. Kinder sind die besten Trauerbegleiter.

Nachmittags holten wir uns trotz allem den Mietwagen. »Wir wollten ja eigentlich nach Palma de Mallorca – erträgst du das überhaupt?«, fragte Micha mich besorgt.

Ich nickte: »So eine Großstadt lenkt gut ab, da komme ich wenigstens nicht ins Grübeln.«

Und genau so war es. Wir parkten unterhalb der Altstadt, ließen uns durch die engen Gässchen treiben, stöberten in manch einem bunten Lädchen und holten uns Ensaimadas, die typisch mallorquinischen Hefeschnecken. Auf der Plaza Mayor bestaunte Lina gerade eine mannshohe Silberstatue, als diese plötzlich das Gesicht verzog und unser Mädchen breit angrinste. Die lebte ja! Lina quietschte vor Schreck, ihre Geschwister kugelten sich vor Lachen.

Nach unserer Rückkehr am Abend fühlte ich mich verschnupft, schob es auf die Trauer und ging vor allen anderen ins Bett.

Tags darauf erwachte ich mit Gliederschmerzen, glasigem Blick, Schwindel und dafür ohne Stimme.

»Du bist krank und bleibst liegen«, befahl mein Mann. »Wir bringen dir Frühstück mit.«

Er fuhr mit den Kindern an einen größeren, wellenreicheren Strand als unseren, von dem sie hinterher in den höchsten Tönen schwärmten. Ich schwitzte und schlief, träumte wirres Zeug und war meinem Mann unendlich dankbar dafür, so viel Ruhe zu bekommen.

Schon am nächsten Morgen ging es mir besser. Endlich erwachte ich fieberfrei. Vom letzten Tag mit Auto sollte auch ich etwas haben. Wir fuhren zum Nationalpark Cala Mondragó. Nicht der Strand zog uns an, sondern der

Wanderweg oberhalb des Meers. Wie klar das Wasser in den Buchten wirkte, die man von hier aus sah! Wie appetitlich die Kräuter dufteten, die entlang der Wege wuchsen! Wie angenehm es sich im Schatten der alten Bäume wandern ließ! Sogar die Kinder machten gern mit, bis ein kalter Wind aufkam und wir erkannten, dass diese graue Wolkenwand, die auf uns zurollte, wohl doch nicht vorüberziehen würde. Wir schafften es gerade noch ins Auto, bevor die ersten dicken Tropfen fielen.

»Irgendwie ist der ganze Urlaub bisher ins Wasser gefallen, oder?«, fragte ich meine Familie auf der Heimfahrt.

Micha nickte: »Da ist der Wurm drin. Und vielleicht bin ich auch zu alt für so was. Wenn das Schlafen und das Essen kein Genuss sind, ist es für mich einfach gelaufen.«

Ich nickte.

»Wir«, krähten die Kinder vom Rücksitz, »finden's eigentlich ganz schön. Viel Pommes, jeden Tag Cola, Pools und das Meer, und vor allem keine Kinderbetreuung.«

Micha und ich lachten: »Wenigstens sind die Kinder gesund!«, sagte er, »es könnte schlimmer kommen.«

Und es kam schlimmer.

In dieser Nacht, nach dem Aufwachen-wegen-der-Rückenschmerzen und Aufwachen-wegen-des-fiependen-Müllautos, verließ ich wegen Dominik mein Bett. Er heulte wie ein Wolf. Um kurz darauf ins Bad zu stürmen und sich dort zu übergeben.

»Wenigstens sind die Kinder gesund!«, sagte er, »es könnte schlimmer kommen.« Und es kam schlimmer.

Am nächsten Morgen glühte die Sonne wieder am Himmel, und unser Sohn glühte ebenfalls. Ständig rannte er auf die Toilette.

»Magen-Darm-Grippe«, diagnostizierte ich. »Die hat uns gerade noch gefehlt.«

Während Micha dem Patienten geduldig Tee kochte und vorlas, begleitete ich Lina und Clara in den (nun blitzsauberen) Pool unterhalb unserer Wohnung.

Es dauerte zwei Tage, bis unser Sohn wieder fit war. Micha und ich wechselten uns weiterhin ab – am Bett, am Pool, auf dem Wohnzimmersofa. Romantik? Spaniens Leidenschaft? Fehlanzeige.

In den letzten drei Tagen unseres Urlaubs schien der Fluch, der uns begleitet hatte, endlich seine Wirkung verloren zu haben. Micha hatte Ohrstöpsel gekauft, so schliefen wir nachts durch. Außerdem waren viele andere Familien abgereist, und das Essen im Restaurant wurde gemütlicher. Es gab nun täglich Fleisch, sodass mein Mann um die Meeresfrüchte herumkam. Und unter den neu angereisten Kindern fanden Lina, Clara und Dominik unerwartet Freunde, mit denen sie auch mal ohne uns spielten.

Am Himmel leuchtete tagsüber pausenlos die Spätsommersonne, nachts glitzerten die Sterne. Sogar das mit dem abendlichen Sonnenuntergang-Gucken vom Balkon aus klappte!

Es hätte also wunderbar sein können, aber …

»Das ist einfach nicht meine Art von Reise«, fasste Micha am Abend des letzten Tages zusammen.

Ich nickte: »Nicht unser Urlaub als Familie. Auf jeden Fall freue ich mich auf zu Hause. Unsere Betten. Unser Freibad.

Unser kleines, ruhiges Esszimmer. Darauf, dich mal wieder strahlen zu sehen.«

»Und ich dich!« Wir sahen uns tief in die Augen. Und einigten uns darauf, im Folgejahr ein Familienhotel in Österreichs Bergen zu buchen.

KAPITEL 4

Mein (un-)schönstes Ferienerlebnis

Die Typologie der Gruppenreisenden

Schon seltsam: Egal, welche Gruppenreise man bucht, es sind stets die gleichen Typen von Urlaubern dabei. Einem ist immer alles zu teuer, ein anderer findet jederzeit etwas auszusetzen, und auch einer, der zu sämtlichen Treffpunkten zu spät kommt, fehlt so gut wie nie.

Im Folgenden präsentieren wir eine Charakterisierung der einzelnen Gruppenreisetypen, wobei das jeweils genannte Geschlecht natürlich austauschbar ist (und nur für die leichtere Lesbarkeit festgelegt wurde).

Der Besserwisser:

Der Besserwisser war schon überall auf dieser Welt, er kennt sich in jedem Fachgebiet perfekt aus und verfügt über einen unerschöpflichen Erfahrungsschatz ... Zumindest scheint er das zu glauben. Sein vermeintliches Universalgenie stellt er gern bei allen sich bietenden Gelegenheiten zur Schau. Besonders gern sondert er dabei oft clever getarnte Banalitäten ab. Seine eher durchschnittliche Gelehrtheit lässt ihn den Intellektuellen meiden und die Nähe der Naiven suchen.

Typisches Zitat: »Das weiß man ja ohnedies.«

Lieblingsbeschäftigung: den Reiseführer unterbrechen und verbessern.

Der Intellektuelle:

Der Intellektuelle ist unglaublich belesen und verfügt über eine fundierte Bildung. In seiner vergeistigten Art genügt es ihm jedoch, seine komplexen Überlegungen im Stillen zu genießen. Daher hält er mit seinem Wissen meist hinterm Berg. Nur direkt gefragt lässt er seine Umwelt teilhaben, wobei ihm allerdings oft das Gespür fehlt, welches Niveau er bei seinem Gegenüber voraussetzen kann. So kommt es auf beiden Seiten oft zur kommunikativen Frustration. In seinem Interesse an andersartigen Lebensweisen fühlt sich der Intellektuelle besonders zur Naiven hingezogen.

Typisches Zitat: »Cave quicquam dicas, nisi quod scieris optime.«

Lieblingsbeschäftigung: in Hegels »Phänomenologie des Geistes« lesen.

Die Nörglerin:

Es ist einfach unmöglich, die Nörglerin zufriedenzustellen. Kein Haar in der Suppe, das sie nicht entdeckt, und kein Haken, den sie an einer Sache übersieht. Besonders wichtig ist es ihr dabei, die gesamte Reisegruppe über ihre negativen Beobachtungen in Kenntnis zu setzen. Sie reist nach dem Motto: Nur ein Urlaubstag, an dem es etwas auszusetzen gab, ist ein guter Urlaubstag. Verstanden fühlt sie sich - zumindest ein Stück weit - vom Geizkragen.

Typisches Zitat: »Ich hätte mir mehr erwartet!«

Lieblingsbeschäftigung: Mängel beim Hotelpersonal reklamieren.

Die Naive:

Die Naive sieht in jeder Touristenfalle einen Ort, an dem man ursprüngliche Kultur erleben kann, und hält Restaurants, die auf der Gruppenreise anvisiert werden, für Geheimtipps. In ihrer grenzenlosen Begeisterungsfähigkeit für alles Neue macht sie bei jedem einzelnen Angebot mit und löchert den Reiseleiter unaufhörlich mit Fragen. Damit sie dabei nirgends übervorteilt wird, wird sie von der Mütterlichen gern unter ihre Fittiche genommen.

Typisches Zitat: »Das ist ja so unglaublich!«

Lieblingsbeschäftigung: sich von Straßenverkäufern völlig überteuerten Plunder andrehen zu lassen.

Der Geizkragen:

Es ist nicht so, dass der Geizkragen es nötig hätte, aber bis zum Centbetrag zu knickern, gehört für ihn zum guten Ton. Geld ist sein zentrales Thema im Leben, und er tut nichts, ohne für sich eine detaillierte Kosten-Nutzen-Rechnung aufgestellt zu haben. So kommt es häufig vor, dass er außerhalb der Sehenswürdigkeiten auf die Reisegruppe wartet, weil er nicht bereit ist, das Eintrittsgeld zu entrichten. Dadurch bleibt er auch bis zum Schluss der Außenseiter der Gruppe.

Typisches Zitat: »Voll die Abzocke hier!«

Lieblingsbeschäftigung: bei Fixpreisen feilschen.

Der Spieler:

Wann immer sich die Reisegruppe trennt, wird sie vor der Weiterfahrt auf den Spieler warten müssen. Denn er liebt den Nervenkitzel des Zuspätkommens genauso wie die Gefahren, die der Verzehr von suspekten Speisen mit sich bringt. So wird dieser Borderliner unter den Touristen auch stets etwas Verbotenes – wie zum Beispiel einen Stein von einer Ausgrabungsstätte – im Handgepäck mitschmuggeln. Besonders schmeichelhaft findet er dabei das Entsetzen in den Augen der Naiven.

Typisches Zitat: »Was ist denn schon dabei?«

Lieblingsbeschäftigung: Nüsse essen, die in Bars in kleinen Schüsseln angeboten werden.

Die Mütterliche:

Wenn irgendjemand die Verantwortung für die Touristengruppe samt Reiseleiter übernimmt, dann ist es die Mütterliche. Stets hat sie ein offenes Ohr für alle auftauchenden Probleme und hilft tatkräftig bei deren Lösung. Besonders wichtig ist ihr auch der Zusammenhalt innerhalb der Gemeinschaft. So hat der Spieler es hauptsächlich ihr zu verdanken, dass der Bus noch da ist, wenn er wieder einmal hoffnungslos zu spät kommt, und dass Anteil genommen wird, wenn er von Montezumas Rache heimgesucht wird.

Typisches Zitat: »Sind alle da?«

Lieblingsbeschäftigung: die Leute fragen, wie es ihnen geht, und ob sie gut geschlafen haben.

Die Eso-Tante:

Die Eso-Tante reist nicht, sie spürt. Besonders schätzt sie jegliche Art von Kultstätten und Kraftplätzen, die sie dann mit geschlossenen Augen und einem seligen Lächeln auf den Lippen mit ihrer Wahrnehmungsfähigkeit ergründet. Die Touristenmassen um sie herum stören sie dabei wenig. Die restliche Zeit verbringt sie damit, die zwischenmenschlichen Schwingungen innerhalb der Gruppe auszuloten. Dabei gibt sie aber – im Sinne eines professionellen Patienten-Therapeuten-Verhältnisses – niemandem den Vorzug.

Typisches Zitat: »Ich spüre da eine ganz schlechte Energie zwischen euch!«

Lieblingsbeschäftigung: fühlen.

Am schönsten ist das Heimkommen – Familienidyll am Bodden

Wie sehr hatten wir uns auf diesen Urlaub gefreut! Zehn Tage Bodden und Ostsee. Natur pur, Wind, Sonne und viel Auslauf für die Kinder. Im kalten dunkelgrauen Berliner Januar hatten wir Abend für Abend am Computer gesessen und voller Vorfreude den Sommer geplant. Die meisten Unterkünfte waren schon ausgebucht, aber wir fanden doch noch eine Perle: eine helle gemütliche Ferienwohnung mit einem riesigen Garten und angrenzenden Feldern bis zum Horizont. Und fußläufig war eine kleine Badestelle am Bodden erreichbar. Wunderbar! So harrten wir also geduldig aus, ließen den tristen Winter an uns vorüberziehen, begrüßten die ersten lieblichen Vorboten des Frühlings und zählten die Tage bis zu den Sommerferien. So richtig wollte sich der Sommer im Juli noch nicht zeigen, aber das war uns egal. Wahrscheinlich wartete er wie wir auf den Ferienbeginn, um sich dann in seiner ganzen Pracht zu entfalten.

Und endlich war es so weit. Die Anreise war perfekt organisiert, die erste Woche vor Ort durchgeplant, die Kinder gut gelaunt, die Koffer im Auto, also ging's los! Ich kann nicht genau sagen, ab wann dieser Urlaub unter einem schlechten Stern stand.  Fing es schon an, als unser Dreijähriger kurz nach Berlin plötzlich quengelte, obwohl

> **Ich kann nicht genau sagen, ab wann dieser Urlaub unter einem schlechten Stern stand.**

wir gerade noch vierstimmig und lauthals bei der Eiskönigin mitgesungen hatten? Als ich mich jedenfalls lachend zu dem Kleinen umdrehte, um mit ein paar Albernheiten seine Stimmung aufzuhellen, sah ich mit Entsetzen, wie er das Gesicht verzog und sich schwallartig über seinen Kindersitz erbrach.

»Doch zu viel Milch am Morgen«, dachte ich noch relativ gelassen. Auch mein Mann blieb ruhig, und wir nahmen das kleine Malheur mit Humor. Nur unsere fünfjährige Tochter konnte nicht darüber lachen. Angewidert hielt sie sich die Nase zu und richtete die Augen gen Decke, um die halbverdauten Cornflakes neben sich nicht sehen zu müssen. Als auch sie anfing, vor Ekel zu würgen, waren wir erleichtert, dass der nächste Rastplatz vor uns auftauchte. Stoisch begannen wir, den Kleinen von seinen matschigen Klamotten zu befreien, ihn notdürftig mit Feuchttüchern zu säubern, den Bezug vom Kindersitz zu ziehen und zu lüften, um irgendwie den Gestank aus dem Auto zu bekommen.

»Ach, halb so schlimm, kann ja nur besser werden!«, scherzten wir. Wir hatten ja keine Ahnung! Hatte ich schon erwähnt, dass die Toilette der Raststätte vollkommen zugepisst war und es weder Papier noch Seife gab? Egal, wir sind ja flexibel und können improvisieren. Kurz wurde ich laut, als ich bemerkte, dass unsere Tochter Spaß daran fand, zerknüllte Taschentücher unbekannter Herkunft aufzuheben, um

»Ach, halb so schlimm, kann ja nur besser werden!«, scherzten wir. Wir hatten ja keine Ahnung!

einen Turm damit zu bauen. Tief durchatmen, nicht die Urlaubsstimmung vermiesen lassen, betete ich mir vor.

Der Garten war schön und die Wohnung wirkte auch ganz nett, soweit wir das durch die Fenster sehen konnten. Zunächst mussten wir jedoch über eine Stunde auf den Hausmeister warten, der sich mit unserer Ankunftszeit vertan hatte.

»Macht nichts, dann warten wir eben. Wir haben ja Urlaub.« Unser Lachen klang nun schon etwas verkrampft. Blöd nur, dass neben unserem Haus eine Baustelle war. Die würden doch nicht etwa? Wenigstens von Baulärm wurden wir verschont, das kann ich vorwegnehmen. Problematischer war, die gelangweilten Kinder von den aufgeschütteten Sandbergen fernzuhalten. Auf der Kuppe dieses abenteuerlichen Gebirges wuchsen auch noch leuchtend rote Mohnblumen. Wie kleine Äffchen flitzten sie den Sandhaufen hoch und pflückten die schönen Blüten. Die rostigen Metallstreben, die wie Dolche aus dem Sand ragten, und der scharfkantige Schutt, der überall herumlag, kümmerten sie dabei wenig. Der Hausmeister fand uns schließlich auf dem Nachbargrundstück, hinter dem Schild mit der Aufschrift »Achtung Baustelle! Eltern haften für ihre Kinder.« Er beobachtete seelenruhig, wie mein Mann unserer Tochter hinterherjagte, die sich vor Lachen schon in die Hosen gepullert hatte, während ich mir den wild strampelnden Dreijährigen unter den Arm klemmte und den steilen Sandberg hinunterschlitterte.

»Sind halt Kinder«, befand der gute Mann auf seine norddeutsche Art, drückte uns die Schlüssel in die Hand und düste wieder davon. Endlich durften wir ankommen! Ich scheuchte die Kinder in den Garten, damit wir in Ruhe die Koffer auspacken konnten. Beim Rundgang durch die zweigeschossige Wohnung stellten wir fest, dass Handtücher fehlten. Jetzt sahen mein Mann und ich uns schon etwas genervt an. Aber wir konnten den aufkeimenden Frust noch kontrollieren. Schließlich hatte der Urlaub gerade erst angefangen. Und der Anreisetag ist ja immer etwas stressig. Also fuhr mein Mann nach Stralsund, um Handtücher zu kaufen. Und ließ mich mit den völlig überdrehten Kindern allein. Ich versuchte, sie davon zu überzeugen, im Garten so richtig die Sau herauszulassen. Sie dürften dort nach Herzenslust rennen, hüpfen, raufen und am Feldrand sogar herumschreien! Hauptsache, ich hatte für einen Moment meine Ruhe. Aber nein, sie entschieden, meine Vorschläge in der Ferienwohnung umzusetzen. Ich spürte, wie eine kleine Ader an meiner Schläfe zu pochen begann, aber ich unterdrückte meine Wut. Während die Kinder die Treppe hinauf- und hinunterpolterten, kreischten und stritten, versuchte ich, an die kommenden Tage zu denken, an die schönen Ausflüge, die Meeresluft und den strahlenden Sonnenschein. Als alle Koffer ausgepackt waren, holte ich für die Kinder eine Überraschung hervor. Die Kleinen juchzten, als ich ein großes Planschbecken im Garten aufblies. Mit dem Mund natürlich. Deshalb war mir auch etwas schwummerig, als ich den Gartenschlauch abrollte und keinen Hahn zum Aufdrehen entdecken konnte. Ich schloss kurz die Augen und atmete langsam ein, bis sich der Schwindel legte. Aber ich hatte mich nicht verguckt: Es gab einen Gartenschlauch, den man aber nur mit einem bestimmten Werkzeug aufdrehen konnte. Was ich allerdings im gesamten Haus nicht finden konnte. Die Kinder lagen schon im Pool ohne Wasser und beschwerten sich. Also schleppte ich Eimer für Eimer die Treppen vom Badezimmer zum Garten hinunter. Als ich oben den letzten Eimer mit Wasser füllte und aus dem Garten fröhliches Kinderlachen und Planschgeräusche drangen, wischte ich mir den Schweiß von der Stirn und lächelte erleichtert. Es würde doch noch schön werden, da war ich mir sicher! Beschwingt schleppte ich einen weiteren schweren Eimer in den Garten und verschüttete das halbe Wasser, als ich abrupt stehen blieb. Die Kinder hatten nicht vergnügt geplanscht. Nein, sie hatten mit einer unscheinbaren Plastikschippe ein nicht eben kleines Loch in den Rasen gegraben und die gesamte Erde in den Pool umgeladen. In dieser Schlammpfütze lag nun meine Tochter in ihrem süßesten Sommerkleid und schmierte sich vom Scheitel bis zur Sohle mit Matsch ein, während ihr kleiner Bruder quiekend vor Freude für mehr Erdnachschub sorgte.

In dieser Schlammpfütze lag nun meine Tochter in ihrem süßesten Sommerkleid und schmierte sich vom Scheitel bis zur Sohle mit Matsch ein.

»Guck mal, Mama, wir spielen Schwein!«, rief sie mir fröhlich zu. Das war der Moment, als sich meine Urlaubsstimmung in Luft auflöste. Zum Glück kam mein Mann einen Augenblick später. Die neuen Handtücher hinterließen zwar einen lästigen Fusselfilm auf der Haut und waren nicht sonderlich saugfähig, aber immerhin konnten wir die kleinen

Schlammschweine nach einem ausgiebigen Bad in etwas einwickeln. Der Pool blieb für den Rest des Urlaubs ein verwaistes Matschbad.

Erst sehr spät am Abend kehrte Ruhe ein, denn die untergehende Abendsonne leuchtete direkt durch die Vorhänge des Kinderzimmerfensters, was ungünstig ist, wenn man Kinder hat, die erst im Dunkeln die Augen zumachen.

Mein Mann und ich teilten uns noch ein Glas Malzbier, machten uns Mut für die kommenden Tage und hofften auf gutes Wetter.

Aber das Wetter wurde nicht gut. Immerhin regnete es nicht. Es war frisch und sehr windig. Wir wollten einen Ausflug zum Bodden machen, vielleicht konnten die Kinder, die seit dem Frühstück nur gestänkert hatten, sich im kalten Wasser etwas abkühlen. Der kurze Fußweg zur Badestelle zog sich in die Länge. Es wurde gestritten, wer an meiner Hand gehen durfte, wer den Fuß als erster vorne und wer den Käfer entdeckt hatte. Endlich erstreckte sich der Bodden vor uns. Ein langer Steg führte direkt in den grauen Himmel hinein, und ich erfreute mich an den Wolkenfetzen, die über uns hinwegsausten. Aber wo war die Badestelle? Ein Warnruf ließ uns zur Seite springen und die Kinder nahe an uns heranziehen. Zwei große Pferde schoben sich mit ihren Reitern an uns vorbei und marschierten geradewegs in den Bodden hinein. Die Kinder waren ganz begeistert, wie viel Pipi wasserfallartig aus einem Pferd herausplätschern kann. Zum Äppeln kamen die Tiere dann freundlicherweise an den Ministrand, damit die Kinder ihnen aus nächster Nähe dabei zusehen konnten. Wir schauten den Pferden noch lange nach. Dann blickten wir wieder aufs Wasser. Unsere Tochter fragte begeistert nach Eimer und Schaufel. Sie freute sich schon, die Pferdeäpfel einzusammeln. Doch wir nahmen die Kinder an die Hand und traten den Rückzug an.

Am nächsten Morgen kitzelte mich die Sonne wach! Der Wetterbericht hatte Regen angesagt, aber der Himmel war azurblau, es war warm wie am Mittelmeer, und deshalb warfen wir

Unsere Tochter fragte begeistert nach Eimer und Schaufel. Sie freute sich schon, die Pferdeäpfel einzusammeln.

sofort unsere Strandtaschen ins Auto und brausten los. Die gute Laune war wieder da! Der Strand bei Zingst war wunderschön, der Wind war aber ganz schön kalt, wenn man nur noch einen Bikini anhatte. Die Kinder maulten und verkrochen sich in der Strandmuschel. Irgendein Schlaumeier hatte vor dem Urlaub zu mir gesagt: »Ostsee mit Kindern ist super! Drück ihnen eine Schippe in die Hand, und du hast für den Rest des Tages deine Ruhe.« Unsere Kinder tickten offenbar anders. Die Buddelsammlung, die für zehn Kinder gereicht hätte, blieb unbeachtet liegen. Stattdessen wurde gejammert und gestritten, »Ich hab Hunger«, »Ich hab Durst«, »Mir ist kalt, ich will nach Hause«. Zu viert quetschten wir uns in der Strandmuschel aneinander, es war nicht einmal genug Platz, um ein Buch zu halten. Mein Mann erbarmte sich und lockte die Kinder zum Wasser. Der Kleine steckte einen Zeh hinein, schrie auf und kam wieder zu mir gerannt.

Die Große stürzte sich in die Fluten, schrie ebenfalls auf, holte freudig einen Eimer und begann, einen kleinen Teil der zirka tausend Quallen einzusammeln. Aber Papa musste helfen! Neben uns kampierte eine sechsköpfige Familie. Alle vier Kinder zwischen etwa zwei und zwölf bauten stundenlang eine äußerst komplexe Sandburg, während ihre Eltern genauso viele Stunden in aller Ruhe lesen konnten. Ich spürte Neid in mir aufsteigen, rief mich aber gleich wieder zur Räson. Wir müssen den Kindern schließlich helfen, anzukommen, dachte ich einfühlsam. Also erzählten mein Mann und ich Geschichten, lasen vor, ließen Drachen steigen, bauten zusammen eine Sandburg, hüpften über die Wellenkämme und lachten dabei übertrieben, wir fütterten Möwen, sammelten Muscheln, retteten Quallen und tröteten auf Grashalmen. Die Kinder sahen uns ausdruckslos dabei zu. Am späten Nachmittag packten mein Mann und ich völlig erschöpft unsere Sachen zusammen. Irgendwie hatte unser Engagement wenig gebracht. Hinter uns hörten wir plötzlich lautes Platschen und Kindergegacker. Unsere beiden Engelchen hatten ein großes Sandloch ausfindig gemacht, welches ältere Jungs im Laufe des Tages ausgehoben hatten. Dort hatte sich Wasser gesammelt und die Kleinen suhlten sich darin, dass es eine Wonne gewesen wäre zuzuschauen, hätten wir sie nicht gerade schon komplett angekleidet. Als unsere Tochter auch noch euphorisch rief: »Hier kann man ja noch viiiel besser Schwein spielen!«, vergaßen wir endgültig unsere guten Urlaubsvorsätze und gaben unsere Rollen als ewige Hüter der Harmonie auf. Geübt im Kinderjagen schnappte sich jeder eines, schleifte es unter Gekeife und Geschimpfe zum Meer und schlenkerte es völlig unberührt vom tobenden Protestgeschrei durch das kalte, gallertartige Quallenwasser. In Handtücher gewickelt wurden die Kinder ins Auto verfrachtet und na ja, wir standen im Stau. Resignation machte sich bei uns breit.

Der Regen kam in der Nacht. Kein Schauer, kein Niesel. Nein, es regnete Strippen. Den ganzen Tag und den kommenden auch. Aber wir sind ja naturverbundene und coole Eltern. Wir steckten die Kinder in ihre Regenanzüge, selbst hatten wir natürlich keine, und zogen los, um einen Spaziergang zu machen. In einer Stunde schafften wir es

Der Regen kam in der Nacht. Kein Schauer, kein Niesel. Nein, es regnete Strippen.

gerade mal die Dorfstraße hoch. Denn alle zwanzig Zentimeter kreuzten Schnecken und Regenwürmer unseren Weg. Ein Streit entbrannte zwischen den Kindern, wer die größte, die kleinste oder die Schnecke mit dem schönsten Haus hatte. Die Schnirkelschnecken waren abgemeldet, als die ersten fetten Nacktschnecken hastig versuchten, vor uns die Straße zu überqueren. Als wir nach einer gefühlten Ewigkeit nach Hause kamen, verbrachte mein Mann eine gute Stunde damit, den Kindern den unfassbar fest haftenden Schneckenschleim von den Händen zu bürsten, während ich zahlreiche der hilflos ineinander verkeilten Tierchen aus den Jackentaschen befreite.

Was geschah noch Aufregendes in diesen zwei Tagen? Die Kinder verhedderten ihre Spielzeugangeln im Pflaumenbaum, unsere Tochter matschte durch Maulwurfshügel und stapfte in einem unbeobachteten Augenblick mit ihren Erdestiefeln durch die ganze Ferienwohnung, und unser Sohn rettete eine Handvoll Käfer vor dem Regen, indem er sie in unserer Küche einquartierte. Mein Mann und ich waren mit den Nerven am Ende. Man konnte nicht in Ruhe aufs Klo, Wäsche aufhängen oder kochen, ohne dass kleine Kinderhände währenddessen großes Unheil anrichteten. Wir waren in einer Schimpftiraden-Endlosschleife gefangen und trieften vor Selbstmitleid. Das war kein Urlaub, das war der Vorhof zur Hölle!

Das war kein Urlaub, das war der Vorhof zur Hölle!

Der Wetterfritze im Radio versuchte am nächsten Morgen fröhlich zu klingen, als er die Tageshöchsttemperatur von 12 Grad Celsius verkündete. Die Kinder prügelten sich gerade, und mein Mann und ich kauerten als Schatten unserer selbst auf der Couch.

»Wirklich Pech für alle Ostsee-Urlauber!« Hörte ich da etwa Häme in der Stimme des Moderators?

»Glück für alle Berliner! Heute kommt der Sommer mit 25 Grad Celsius in die Hauptstadt.«

Mein Mann und ich sahen uns lange an. Ohne ein Wort gesagt zu haben, sprangen wir gleichzeitig auf, rafften all unser Zeug zusammen, rannten in den Regen und stopften alles in den Kofferraum. Zum Schluss zerrten wir die Kinder auseinander, warfen die Schlüssel in den Briefkasten und waren drei Stunden später ohne Streit, ohne Stau, ohne Stress zu Hause in Berlin.

Den Nachmittag verbrachten wir im völlig überfüllten Freibad am Olympiastadion. Es war herrlich! Ich saß lesend am Beckenrand, als unsere Große plötzlich vor mir auftauchte und mich mit ihren beschlagenen Schwimmbrillengläsern anglotzte.

»Mama, können wir beim nächsten Mal zu Hause Urlaub machen? Woanders ist doof.«

Sommerurlaub in Berlin? Es gibt Schlimmeres.

Der Vulkan

»Das war wirklich blöd von uns«, schimpfte Ramona, als sie sich zu mir in den staubigen Straßengraben fallen ließ. Sie wirkte noch immer völlig abgekämpft, und ich konnte mich nicht daran erinnern, sie jemals so aufgelöst gesehen zu haben.

»Geradezu idiotisch«, bestätigte ich und wischte mir den mit Straßenstaub vermischten Schweiß von der Stirn. Innerlich gab ich ihr die Schuld an der Sache, aber es erschien mir nicht ratsam, sie ausgerechnet jetzt darauf hinzuweisen.

»Das dürfen wir niemals jemandem erzählen«, entschied Ramona kopfschüttelnd. »Damit machen wir uns zum Gespött der ganzen Welt.«

»Auf gar keinen Fall«, nickte ich. Denn damit hatte sie recht.

Was war passiert? Eigentlich nichts Besonderes, außer dass wir uns eben vorbildhaft dämlich verhalten hatten. Wie jemand, der zum ersten Mal mit dem Rucksack unterwegs war. Was zumindest in meinem Fall beinahe der Wahrheit entsprach. Denn außer ein paar Touren über die griechischen Inseln und durch Schottland waren meine Exkursionen auf eigene Faust überschaubar. Ganz anders verhielt es sich allerdings mit Ramona. Sie war eine erfahrene, weitgereiste Rucksacktouristin, die von Peru bis Indonesien schon überall gewesen war. Und nun passierte ausgerechnet ihr so ein dummer Fehler. Vielleicht freute ich mich im Nachhinein sogar ein bisschen über ihr Versagen. Zeigte es doch, dass auch sie nur ein Mensch war.

Seit drei Wochen waren wir jetzt auf den Philippinen unterwegs, hatten von Manila aus die Nordinseln erkundet, und uns dann schrittweise in den Süden vorgewagt. Ramona vorneweg, ich hinterher.

Die letzten Nächte hatten wir in einer kleinen schäbigen Absteige in Sichtweite des Mayon verbracht. Der Vulkan war vielleicht noch acht oder neun Kilometer entfernt, und wir hatten zwei Tage lang gestritten, ob wir noch näher heranfahren oder ihn gar besteigen sollten. Er galt als der schönste Vulkan der Philippinen, vielleicht sogar der ganzen Welt, groß und erhaben, mit einem fast perfekt geformten Kegel. Dummerweise war er mit seinen fast 2.500 Metern auch ziemlich hoch und zudem noch aktiv, sodass er jeden Moment ausbrechen konnte, während man auf ihm herumspazierte. Ich zumindest hatte keine Lust, in meinem Urlaub in die Luft gejagt

 **Ich zumindest hatte keine Lust, in meinem Urlaub in die Luft gejagt zu werden.**

zu werden. Überhaupt war der Aufstieg nur mit erfahrenen Führern möglich. Die Wände waren steil, der Untergrund voll mit losem Gestein. Und selbst dann dauerte es mindestens zwei Tage, bis man sein Ziel erreicht hatte. All das hatte in meinen Augen gegen eine spontane Besteigung des Bergs gesprochen. Ramona indes hatte nichts davon abgeschreckt, auch wenn sie selbst alles andere als eine versierte Bergsteigerin war. Liebend gern wäre sie hochgeklettert, behauptete sie, hätte den Vulkan erkundet und nur meinetwegen darauf verzichtet. Ich war ihr nun also auch noch zu Dank verpflichtet.

Heute Morgen wollten wir dann weiterfahren. Vom Bus-bahnhof aus, auf dem zu dieser Zeit nur wenige Busse und noch weniger Reisende waren, hatte man einen grandiosen Blick auf den Vulkan, der im glühenden Morgenrot einen drohenden, imposanten Eindruck machte. Nachdem wir uns eine Bank im Bus gesucht und unsere Rucksäcke in die schmalen Gepäckfächer gequetscht hatten, saßen wir dann und warteten, dass der Bus losfahren würde. Wie wir in den vergangenen Wochen gelernt hatten, gab es im philippini-schen Reiseverkehrsnetz keinen echten Fahrplan. Wann sich der Bus in Bewegung setzte, hing allein vom Zeitgefühl des Fahrers ab.

Nach einer halben Stunde raffte sich Ramona auf, schnappte ihre Kamera und verließ den Bus. »Ich gehe noch schnell ein Abschiedsfoto vom Vulkan machen«, ließ sie mich wissen.

Ich blieb allein zurück, beobachtete eine alte Frau, deren Kinder ihr halfen, einen abgewetzten Koffer und zwei mit Tüchern abgedeckte Weidenkörbe von jeweils der Größe eines Autoreifens in den Bus zu wuchten. Mit ihr und uns waren vielleicht zehn Leute im Bus verteilt. Es sah nach einer beque-men Fahrt aus.

Als der Bus nach weiteren zwanzig Minuten immer noch nicht losgefahren war, begann ich mich zu langweilen und stieg ebenfalls noch einmal aus. Ramona stand etwa dreißig Meter entfernt zwischen hüfthohen Grasbüscheln und fotografierte den Mayon. Ich gesellte mich zu ihr. Die Luft war klar und noch ein wenig kalt, sodass ich kleine Wölkchen mit meinem Atem bilden konnte. Es versprach ein schöner Tag zu werden.

»Er ist der höchste Berg der Philippinen«, erklärte Ramona.

»Nein, der zweithöchste«, korrigierte ich. »Der Mount Apo auf Mindanao ist noch höher, knapp dreitausend Meter.« Hatte ich im Reiseführer gelesen.

Ramona sah mich kurz von der Seite an und kniff die Augen etwas zusammen, wie sie es immer tat, wenn ihr etwas nicht passte. »Aha«, machte sie und ging noch ein Stück weiter an den Berg heran. Ich folgte ihr.

»Der höchste Vulkan der Welt ist der Mauna Loa auf Hawaii«, dozierte ich weiter, während ich ihr in das unwegsame Gelände folgte. »Der ist über viertausend Meter hoch.«

»Na, was du nicht sagst ...«

Der Weg wurde uneben, und ich war mir nicht sicher, ob es ratsam war, noch weiter zu gehen. »Wo willst du denn hin?«

»Ich habe dahinten eine Eidechse gesehen.«

»Es könnte auch eine Schlange gewesen sein. Du weißt schon, dass es hier giftige Schlangen gibt?«

»Sei nicht immer so ein Angsthase.«

»Bin ich nicht«, behauptete ich. »Wir sollten nur nicht allzu weit vom Bus weggehen. Falls er losfahren will.«

»Wird er schon nicht.«

»Und wenn doch?«

Sicherheitshalber drehte ich mich einmal um. Der Bus setzte sich tatsächlich gerade in Bewegung. Ohne uns. Dafür mit unseren Rucksäcken.

Der Bus setzte sich tatsächlich gerade in Bewegung. Ohne uns. Dafür mit unseren Rucksäcken.

Ramona wirbelte herum wie ein Kreisel.

»Unsere Sachen!« Ihre Stimme klang plötzlich panisch.

Der Bus rollte vor zur Straße und nahm sehr schnell Fahrt auf. Ramona stolperte an mir vorbei. »So was Bescheuertes!« Sie begann, hektisch mit den Armen zu fuchteln, um dem Fahrer zu signalisieren, dass er uns vergessen hatte, was einigermaßen komisch aussah, so dass ich mir trotz der dramatischen Situation das Lachen verkneifen musste. »Hallo, anhalten!«

Die wenigen Umstehenden sahen uns mit einer Mischung aus Skepsis und Neugier an, ohne jedoch einen Finger zu rühren. Bis wir die Straße erreicht hatten, war der Bus nur noch ein Punkt am Horizont. Ramona beugte sich nach vorn und stützte die Hände auf die Knie. »So eine Scheiße!«

»Was machen wir denn nun?«, fragte ich. Irgendwie erwartete ich, dass Ramona einen Plan haben würde. Sie hatte immer einen Plan.

»Wir müssen irgendwie hinterher«, keuchte sie.

Geniale Idee! »Und wie?«

In den Rucksäcken waren all unsere Habseligkeiten, abgesehen von Ramonas Kamera und unseren Dokumenten, die wir in der Bauchtasche unter dem Shirt trugen. Auf Ramonas Platz lag der Reiseführer.

»Warum bist du auch aus dem Bus gekommen?«, schimpfte sie ungehalten, während sie sich ächzend aufrichtete.

»Du bist schließlich zuerst ausgestiegen«, hielt ich dagegen.

»Du bist eine Idiotin!«

Wir liefen zurück zum Busbahnhof und suchten nach einem Verantwortlichen. Es gab aber keinen. Ramona versuchte einem anderen Busfahrer, der rauchend auf einem Plastikstuhl saß und Zeitung las, irgendwie unsere Situation begreiflich zu machen. Genauer gesagt, schrie sie ihn an. Aber sie hätte genauso gut einem Eichhörnchen die Lage schildern können. Der Mann verstand nämlich kein Englisch und schien auch sonst nicht in der Stimmung, sich aus seinem Stuhl scheuchen zu lassen. Ramona ließ nicht locker, und irgendwann – entweder, weil er ausreichend genervt war oder tatsächlich den Ernst der Lage erkannte – legte der Mann tatsächlich seine Zeitung beiseite und raffte sich auf. Die Szene hatte so viel Unterhaltungspotential, dass sich nun auch einige Wartende zu uns gesellten und neugierig herauszufinden versuchten, was passiert war. Während Ramona in gebrochenem Englisch und mit Händen und Füßen versuchte, den Umstehenden die Situation zu erklären, tippte mich ein junger Typ von der Seite an und fragte in gut verständlichem Englisch, was los wäre. Ich erklärte es ihm, und er wies auf seinen einsam am Straßenrand stehenden Pick-up.

»Come with me«, bot er breit grinsend an, wobei er einige von Kautabak dunkel gefärbte Zähne entblößte. »I drive you.«

Mir wurde etwas mulmig zumute, und ich merkte, dass ich lieber unsere Rucksäcke sausen ließ, ehe ich zu diesem Typen in sein verbeultes Auto stieg. Dankend lehnte ich ab und wartete auf Ramona, die sich schnaufend einen Weg zu mir zurückbahnte.

»Okay«, erklärte sie, als sie vor mir stand, »in Kürze fährt noch ein Bus in dieselbe Richtung. Der hält zumindest auf den nächsten drei oder vier Bahnhöfen, die auch unser Bus anfährt. Wenn wir Glück haben, holen wir ihn ein. Zumindest, wenn ich alles richtig verstanden habe.«

»Was bedeutet denn in Kürze?«, fragte ich nach.

»Was weiß ich, in Kürze eben.« Ramona war genervt von der Situation im Allgemeinen und meiner Frage im Besonderen.

»Und wenn nicht?« Ich kam mir sehr brutal vor.

»Hast du vielleicht eine bessere Idee, du Schlaumeier?«

Bis eben hatte ich nicht wirklich vorgehabt, Ramonas Plan infrage zu stellen. Ihre Beißfreudigkeit in meine Richtung weckte jedoch etwas Ungeahntes in mir. Etwas, das ich bisher nicht kannte. Eine Gelegenheit, die ich nutzen musste.

»Und wenn ich eine habe?«

»Na, da bin ich ja gespannt. Ich kann es kaum erwarten, sie zu hören.«

Ramonas Geringschätzigkeit und ihre offensichtliche Annahme, dass keine Idee, die von mir kam, etwas taugen konnte, bestätigte mich in meiner spontanen Entscheidung.

»Der Typ dahinten will uns fahren!«

Ich wies auf den Jungen mit den schwarzen Zähnen, der immer noch grinsend am Rand der Gruppe stand, und uns jetzt zuwinkte. Ramona verzog das Gesicht.

»Nie und nimmer«, murmelte sie leise.

»Hast wohl Schiss?«

»Mit der Mühle kommen wir sowieso nie an.«

»Also doch Schiss.«

»Traust dich ja selber nicht.«

»Wollen wir wetten?«

Ramona zögerte einen Moment, bevor sie zustimmte. »Okay.«

»Worum wetten wir?«

»Wer zuerst ankommt. Und um das nächste Abendessen.«

Wir beide wussten, dass es hier um mehr ging als ein Abendessen, und für einen Moment hoffte ich, dass sie ablehnen würde. Doch sie schlug ein, wohl ihrerseits davon ausgehend, dass ich im letzten Moment einen Rückzieher machen würde. »Abgemacht!«

Also lief ich zu dem Jungen und seinem Auto und stieg ein. Bis ich in der rostigen Kiste saß, konnte ich kaum glauben, was ich hier tat. Dass ich allein zu einem wildfremden Typen, der alles andere als vertrauenerweckend aussah, in einem wildfremden Land, dessen Sprache ich nicht verstand, in ein Gefährt stieg, das wie Gottes Rache an allen Autofahrern aussah. Genauso wie ich wusste, dass ich das hier eigentlich nicht wollte, wusste ich aber auch, dass ich es tun musste, zumindest bis wir hinter der nächsten Biegung verschwunden waren und Ramona mich nicht mehr sehen konnte. Sie wirkte plötzlich sehr klein und allein, wie sie da am Busbahnhof zurückblieb und ein bisschen ungläubig die Hand hob. Dann aber gab es kein Zurück mehr, und ich dachte daran, dass mich wohl niemals jemand finden würde, wenn der Typ mich jetzt entführen und später irgendwo auf dem platten philippinischen Land in der Nähe des Mayon verscharren würde. Zum Glück schien der Junge keinerlei Interesse daran zu haben, mit mir irgendetwas anderes anzustellen, als unseren Bus zu verfolgen. Meine Angst legte sich ein wenig. Nur um sogleich einer neuen Bestürzung Platz zu machen. Wir jagten nämlich in einer Geschwindigkeit über den löchrigen Asphalt, dass ich befürchtete, das Auto könnte jeden Moment unter uns auseinanderbrechen. Ich versuchte, auf dem Tacho zu erkennen, wie schnell wir fuhren. Die Nadel funktionierte jedoch nicht. Überhaupt schien nichts in dieser Kiste zu funktionieren, weder die Scheibenheber, noch die Sicherheitsgurte, noch die Hupe, nichts! Ich betete, dass zumindest die Bremsen eine Ausnahme bildeten. Der Fahrer benutzte sie jedoch nicht, nicht mal in den Kurven! Ich wurde durchgeschüttelt wie ein Cocktail, während mich der Typ immer wieder stolz angrinste, statt auf die Straße zu achten. Zwei-

mal schrie ich ihn an, dass er auf den Weg schauen sollte, als wir uns dem Straßengraben bedrohlich näherten. Mit einem kurzen Einlenken brachte er uns wieder auf Spur. Ich biss die Zähne zusammen, verkeilte mich,

Ich wurde durchgeschüttelt wie ein Cocktail, während mich der Typ immer wieder stolz angrinste, statt auf die Straße zu achten.

so gut es ging, zwischen dem losen Sitzpolster und dem Armaturenbrett und hoffte, dass alles schnell vorbeigehen würde.

Irgendwann plärrte der Fahrer etwas, und ich spürte quasi durch meine geschlossenen Augen, wie er hektisch auf seinem Sitz zu hampeln begann. Als ich die Augen öffnete, waren wir unserem Bus schon fast bis zur Stoßstange aufgefahren. Ich ging zumindest davon aus, dass es unser Bus war, denn von außen sahen alle gleich aus. Mein Fahrer begann, wild zu hupen und unternahm mehrfach Versuche, den Bus zu überholen, doch der Gegenverkehr zwang ihn immer wieder, einzuscheren. Irgendwann schaffte er es, und als wir auf der Höhe des Busfahrers waren, bedeutete er mir, mich hinauszulehnen, um dem Fahrer zu demonstrieren, dass er anhalten sollte. Ich aber wollte mich auf keinen Fall aus dem Wagenfenster lehnen, schon allein, weil ich Angst hatte, mitsamt der klapprigen Tür auf die Straße zu fallen. Da ich aber merkte, dass mein Fahrer nicht eher überholen würde, als bis ich dem Busfahrer ein Zeichen gegeben hatte, lehnte ich mich notgedrungen doch hinaus.

»Could you stop, please?«

Ich hätte auch fragen können, ob der Fahrer Bananen haben wolle. Er verstand nichts. Aber zumindest merkte er, dass etwas nicht stimmte, und verlangsamte zum Glück sein Tempo. Es war höchste Zeit, denn inzwischen näherte sich ein anderes Auto auf der Gegenfahrbahn. Während ich wieder nach drinnen kroch, kniff ich die Augen zu, davon überzeugt, dass es im nächsten Moment krachen würde. Endlich kam der Bus hinter uns zum Stehen.

Während ich hineinkletterte, um unsere Sachen zu holen (der Reiseführer lag noch genauso offen auf Ramonas Sitz, wie sie ihn zurückgelassen hatte), erklärte der Junge dem Busfahrer die Situation. Dieser nahm die Information ohne ein Wort der Verwunderung entgegen und setzte, nachdem wir ausgestiegen waren, seinen Weg ungerührt fort. Man könnte meinen, so was wäre ihm nicht zum ersten Mal passiert.

Erst nachdem mich der Junge am nächsten Busbahnhof abgesetzt und höflich verabschiedet hatte (er wollte nicht mal Geld für seine Hilfe), wurden meine Beine weich, und ich musste mich auf den Bordstein setzen, wobei ich unsere Rucksäcke umklammerte, als hinge mein Leben davon ab. Ich zitterte, mir war schlecht und mein Herz pumpte bis zum Hals. Aber ich fühlte mich großartig!

Eine Stunde später tauchte Ramona mit dem nächsten Bus auf. Ich saß noch in genau derselben Position. Sie ließ sich neben mich fallen, immer noch aufgeregt, aber wohl auch erleichtert, mich und die Rucksäcke wiederzusehen.

»Das dürfen wir echt niemandem erzählen«, meinte sie kopfschüttelnd. »Damit machen wir uns zum Gespött der ganzen Welt.«

»Auf gar keinen Fall«, nickte ich. Obwohl, warum eigentlich nicht? Weil ich in diesem Fall mal ausnahmsweise die Heldin war? Na, ich würde einfach mal abwarten, wie sie sich mir gegenüber in den nächsten Wochen verhalten würde. Davon würde ich es dann abhängig machen, ob und wem ich diese Geschichte erzählte.

Raub auf dem Nil

Es war ein leichtfertiges, ja beinahe leichtsinniges Versprechen gewesen, das ich meiner Frau kurz nach meinem Heiratsantrag gemacht hatte ... Flitterwochen auf dem Nil. Das ist jetzt zehn Jahre her. Meine Frau und ich waren damals bereits seit neun Jahren zusammen, und eine Hochzeit stand natürlich längst im Raum. Die Tatsache, dass sie am Tag des Antrags bereits im vierten Monat schwanger war, hatte zwar die Sache mit dem Antrag beschleunigt, aber Flitterwochen gleichzeitig unmöglich gemacht. Weder wollte meine Frau mit all den Einschränkungen, die die »besonderen Umstände« mit sich bringen, den schönsten Urlaub ihres Lebens begehen. Noch wollten wir kurz nach der Geburt aufbrechen und unseren Erstgeborenen mitnehmen. Sie ahnen, weshalb wir das Thema Flitterwochen auf später verschoben hatten. Es kamen jedoch noch zwei weitere Kinder, und plötzlich waren zehn Jahre vergangen. Nun aber war Nummer drei, unser Sohn Lars, aus dem Allergröbsten heraus, und wir entschlossen uns, die Flitterwochen endlich nachzuholen. Wir würden eine Nil-Kreuzfahrt unternehmen. So eine wie im Agatha-Christie-Film »Mord auf dem Nil«. Nur ohne Mord. Und zwar in dem Land, aus dem die Hälfte meiner Familie kam: Ägypten. Es blieb bloß eine wichtige Frage: Wohin mit den Kindern? Allein zu Hause lassen ging noch nicht. Karim war erst zehn Jahre alt. Sein Bruder Lars hatte gerade drei Kerzen auf dem Geburtstagskuchen ausgepustet, und Antonia, die Mittlere, war sieben. Es blieb nur eine Lösung: Alle fliegen mit und werden von meiner Verwandtschaft vor Ort betreut. Andere Optionen gab es nicht, denn die Möglichkeit, weitere zehn Jahre zu warten, lehnte meine Frau entschieden ab. Ein paar Anrufe bei meiner Familie in Kairo, viele Besuche in Reisebüros und den ein oder anderen Beruhigungsschnaps nach Aufaddieren aller Kosten später war alles organisiert. Honeymoon in Egypt! Bereits am Tag nach unserer Ankunft in Kairo ging es zum Schiffsanleger. Der kleine, aber feine Luxusliner, auf dem wir (fast) Frischvermählten eincheckten, machte mir erst wirklich bewusst, was ich zehn Jahre entbehrt hatte. Zeit mit meiner Frau. Unser Ziel war also klar: Die kommenden zehn Tage würden wir genießen.

Der Abschied von unseren Kindern war jedoch erst einmal sehr tränenreich. Von unserer Seite aus. Meine Schwester, selbst kinderlos und extra aus Deutschland mitgereist, und meine Verwandten in Kairo würden sich gut um sie kümmern. Aber würde auch alles klappen? Würde unsere Kinder die Sehnsucht nach ihren Eltern um den Schlaf bringen? So genervt, wie die ganze Bande am Anleger in Kairo in brütender Hitze herumstand, war zumindest mit dem letztgenannten Punkt nicht zu rechnen. Offenbar sollten wir endlich losfahren. Die drei Teufelsbraten waren ein eingeschworenes Team und hatten ein ziemlich kompaktes Programm vor sich. Es bestand aus stundenlangen FIFA-16-Turnieren mit den Cousins auf der neuen Playstation 4, vielen McDonalds-Besuchen, und Abstechern in die Badebecken diverser Sportclubs, in denen meine Verwandten Mitglied waren. Wir winkten, als würde es mit dem Traumschiff nun wochenlang auf Reisen gehen, und blieben so lange an der Reling stehen, bis sich unser kleiner Luxuskreuzer auf den Weg machte. Den Nil hinauf bis hinter Assuan. Unsere drei Kinder, die dem Abenteuer ihres Lebens entgegensahen – Ägypten ohne die üblichen elterlichen

Regeln –, wandten bereits die Köpfe, noch ehe unsere Tränen getrocknet waren. Und mir wurde schmerzlich bewusst, wie verzichtbar wir wenigstens für einige Tage waren. Doch dann griff meine Frau meine Hand, verschmierte sich mit der anderen die Wimperntusche vollends, und fragte: »Hörst du das?«

Kairos Straßenlärm, die Motoren des Schiffs oder die Stimmen der anderen Menschen an Bord – was genau meinte sie?

»Die Stille«, antwortete sie, auch wenn es alles andere als still war. Doch ich verstand. Es gab keine Streitereien zwischen den Jungs und ihrer Schwester. Zumindest keine, deren Zeuge wir wurden. Wir waren ein Ehepaar auf Flitterwochen in Ägypten. Ich sog die Luft tief ein. Sie roch nach einer Mischung aus frischem Obst, Jasminblüten und Abgasen. Kairo eben. Ich war glücklich.

Als ich unsere Kabine betrat, mischte sich Ungläubigkeit in das Glück. Mein eigenes Bild von Ägypten war, was die Übernachtungsgelegenheiten anbelangte, stets sehr einfach gewesen. Wir hatten bisher meist bei meinen Verwandten gewohnt. Der Luxus war dort überschaubar, stand aber auch nie im Vordergrund. Doch die Kabine, die wir nun betraten, verschlug mir fast den Atem. Stellen Sie sich ein schwimmendes Set für einen Tausend-und-eine-Nacht-Film vor, und Sie sind auf der richtigen Spur. Ich habe wohl noch nie so viel Gold,

Stellen Sie sich ein schwimmendes Set für einen Tausend-und-eine-Nacht-Film vor, und Sie sind auf der richtigen Spur.

Marmor und edles Tropenholz an einem Ort gesehen. Natürlich weiß ich, dass das Gold nicht echt war, aber es sah verdammt echt aus. Orientalischer Prunk, wohin man nur sah. Und in der Mitte ein herzförmiges Bett. Gut, es markierte einen gewissen Stilbruch, aber es war riesig. Meine Frau strahlte mich an, ließ sich darauf fallen und sank platschend hinein. Ein Wasserbett. Hatte sie sich schon immer gewünscht. Ich ließ mich neben sie fallen, sank noch ein wenig tiefer ein und schloss die Augen. Die Flitterwochen konnten beginnen! Wir verbrachten den Nachmittag in unserer Kabine, bestellten uns einen frischen Mangosaft, den wir auf unserem eigenen kleinen Balkon tranken, und betrachteten die vorbeiziehende Landschaft. Felder, Häuser, Palmen. Ägypten zog als lebendige Kulisse an uns vorbei. Nie hatte ich etwas Schöneres gesehen.

Über die folgenden Tage gibt es wenig zu berichten. Wir genossen unsere Kabine und den Ausblick. Jeden Morgen nahm ich ein landestypisches Frühstück zu mir. Foul und Ta'amya. Dahinter verbergen sich ein deftiger Bohnenbrei und frittierte Kichererbsenbällchen, die man hierzulande als Falafel kennt, in Kairo aber einen anderen Namen tragen. Wenn wir zurück in unsere Kabine kamen, wartete jedes Mal eine Überraschung auf uns. Die Stewards falteten unsere Handtücher zu immer neuen Tieren. Japanisches Origami war nichts dagegen. Und als Krönung setzten sie einem der Tiere regelmäßig meine Ray-Ban-Sonnenbrille auf. Am ersten Tag hatte mich das gestört. Ich hänge sehr an ihr. Sie sieht aus wie eine Blues-Brothers-Brille und ist fast zwanzig Jahre alt. Ich habe mich mit ihr dafür belohnt, dass ich im Studium einmal die beste Klausur in meinem Semester geschrieben hatte. Sie hat damals ein Vermögen gekostet! Meiner Frau und meinen Kindern war es verboten, sie auch nur zu berühren. Am zweiten Tag hatte ich mich jedoch an den

Anblick der Brille auf den Falttieren gewöhnt und fand besonders die Kobra mit meiner Sonnenbrille ganz witzig.

»Wir müssen uns fertig machen«, meinte meine Frau, ich glaube am achten Tag, noch ehe ich den üblichen Mangosaft bestellen konnte. Es ist immer ein

Es ist immer ein gutes Zeichen, wenn man das Zeitgefühl im Urlaub verliert.

gutes Zeichen, wenn man das Zeitgefühl im Urlaub verliert. Ein Zeichen der Entspannung.

»Wofür?«, fragte ich verwirrt. Wir hatten uns für die Zeit an Bord nichts anderes vorgenommen als puren Genuss und gelegentliche Landausflüge.

»Heute fahren wir bis nach Abu Simbel«, antwortete sie. »Der Tempel von Ramses dem Zweiten. Die letzte Gelegenheit, ein Hochzeitsgeschenk zu kaufen.«

Hochzeitsgeschenk? Gut, morgen war unser eigentlicher Hochzeitstag. Aber war die Tour auf dem Nil nicht schon teuer genug? Ich bin in diesem Punkt vielleicht unromantisch, aber immerhin war ich auch der Familienvater mit dem dauerüberzogenen Konto. Doch der Blick meiner Frau, eine Mischung aus Bitte und Befehl, machte mir klar, dass es hier nichts zu diskutieren gab. Ein Hochzeitsgeschenk. Also bitte. Wir verließen das Schiff, um einen klimatisierten Bus zu besteigen, der uns in schlappen drei Stunden zum berühmten Tempel und den riesenhaften Pharaonenfiguren brachte. Dieser Ort ist wirklich ein Erlebnis. Staunend gingen meine Frau und ich umher, umschwirrt von zahllosen Andenkenverkäufern, die froh waren, endlich mal wieder ein paar Touristen zu sehen. Es war etwas anstrengend, den imposanten Anblick zu genießen, andererseits taten mir die Menschen sehr leid, die wegen der rückläufigen Touristenzahlen eine harte Zeit durchmachen mussten. Ich kaufte ihnen also so viele Andenken ab, wie ich konnte, und stopfte alles in meinen Rucksack. Das richtige Geschenk für den Hochzeitstag war leider nicht dabei. Während meine Frau irgendwann wieder mit den anderen den Bus bestieg, verabschiedete ich mich für einen Einkaufsbummel in die nahegelegene kleine Stadt. Ich würde ihr dort das erwünschte Geschenk zum Hochzeitstag kaufen, anschließend hierher zurückkehren und den zweiten Bus nehmen, der die Nachmittagsgruppe wieder zum Schiff zurückfahren würde. Ich hatte bis sechs Uhr Zeit. Ein Hochzeitstagsgeschenk. Noch hatte ich keine Idee, was das sein könnte. Ich würde mich inspirieren lassen.

Also nahm ich mir ein Taxi und tauchte in das wahre Ägypten ein. Lebendig, heiß und laut. Mein Griff nach dem Sicherheitsgurt ging ins Leere. Ägypter sind, was den Straßenverkehr anbelangt, tollkühn. Gelegentlich kontrolliert zwar die Polizei, ob man sich angeschnallt hat. Doch für solche Gelegenheiten gibt es täuschend ähnliche Gurtattrappen, die man sich über die Schulter legen kann. Vielleicht ist es ein Akt des zivilen Ungehorsams oder die arabische Variante von russischem Roulette. Ich weiß es nicht.

Mein Fahrer fuhr außerordentlich beschwingt durch Abu Simbels Straßen. Jetzt erst merkte ich, was mir bislang gefehlt hatte. In einem ägyptischen Taxi durch den

 In einem ägyptischen Taxi durch den chaotischen Verkehr zu rasen, ist pure Lebensfreude.

chaotischen Verkehr zu rasen, ist pure Lebensfreude. Ich genoss die Fahrt und sah den anderen Menschen zu, wie sie sich durch die Straßen zwängten. Frauen balancierten dabei gewaltige Taschen und Körbe auf den Köpfen, Polizisten ritten auf Kamelen, und über allem lag das Hupen, das den Tag erfüllte wie das Konzert der Grillen die Nacht.

Ich stieg beim Basar von Abu Simbel aus, in dem es laut meinem Fahrer die besten Läden für traditionellen Schmuck geben sollte. Auf der Fahrt hatte ich mir überlegt, dass eine goldene Kette meiner Frau sicher gefallen würde. Ich streifte durch die Auslagen, wehrte einige aufdringliche Händler ab, um zuletzt bei einem alten Goldschmied einzukehren, der mir eine wunderschöne Kette mit einem Anhänger der Göttin Isis verkaufte. Auftrag erfüllt, dachte ich und schaute auf die Uhr. Halb vier. Genug Zeit für einen erfrischenden Tee. Ich trat auf die Straße und wollte die Kette gerade einpacken, als ich angerempelt wurde. Ich kam ins Straucheln, aus meinem offenen Rucksack fiel ein Teil des Souvenir-Plunders auf die Straße, und ich hörte jemanden neben mir lauthals um Entschuldigung bitten. Ein Jugendlicher, der mit seinem Kumpel unterwegs war, musste gegen mich gelaufen sein. Ich stopfte meine Sachen hastig in den Rucksack zurück. Ich hatte mich erst einige Schritte von den beiden entfernt, als ich laute Stimmen hinter mir hörte. Die beiden Jungen. Sie riefen nach mir und zeigten auf mich. Mein Arabisch ist passabel, aber nicht perfekt. Ich verstand allerdings, dass ich anhalten sollte. Ein dreister Überfall, schoss es mir durch den Kopf. Sie haben den glitzernden Nippes in meinem Rucksack gesehen und dachten nun wohl, es sei wertvoller Schmuck.

Ich überlegte nur kurz. Dann lief ich los. Die beiden hinter mir riefen lauter. Ich sah mich kurz um und erkannte, dass auch sie rannten.

Tausendundein Gedanke schossen mir durch den Kopf. Wohin sollte ich laufen? Wo gab es Hilfe? Sollte ich stehen bleiben und kämpfen? Nun, ich hatte es in Judo bis zum weiß-grünen Gürtel gebracht. Fast. Kurz vor der Prüfung hatte mich eine hartnäckige Knieverletzung aus der Bahn geworfen und meine kindliche Kampfsportkarriere beendet. Vermutlich würden die beiden wenig beeindruckt sein, wenn ich anhielt und um ein paar Sekunden bat, um mich an halb vergessene Selbstverteidigungsgriffe zu erinnern.

Ich rannte weiter und verfing mich im Netz der engen Gassen des Bazars. Meine Lunge brannte, als würde sie in Flammen stehen. Schweiß rann mir in die Augen. Wo um Himmels willen war ich? Das Örtchen Abu Simbel war für mich ägyptisches Neuland. Außerdem war ich so aufgeregt, dass ich mich vermutlich auch in meinem niederrheinischen Heimatdorf verirrt hätte. Ich drängte mich an verärgerten Passanten vorbei, die mir Beschimpfungen hinterherriefen, und riss dabei einen Stapel Wassermelonen um, die hinter mir über den Boden kullerten. Ich warf einen Blick zurück. Die beiden waren erschreckend nahe, und die Melonen würden sie nur kurz aufhalten. Einer wedelte mit etwas herum. Ich konnte es nicht erkennen. Eine Waffe?

Vor mir öffnete sich eine Gasse und führte auf eine breite Straße. Der Polizist, der mit seinem Dienstkamel am Straßenrand stand, und sich genervt den Disput zweier Autofahrer anhörte, die einander vermutlich touchiert hatten, machte mich so glücklich, als wäre ich wieder in meiner Honeymoon-Kabine.

Mit letzter Kraft stolperte ich auf ihn zu und deutete auf die beiden Jungen. Nimm sie fest, dachte ich. Für Worte fehlte mir die Luft. Der Vertreter der Staatsgewalt sah mich stirnrunzelnd an und trat auf die beiden Jugendlichen zu. Zu meinem Erstaunen liefen diese nicht weg, sondern gingen zu dem Polizisten hin und unterhielten sich eine ganze Weile mit ihm, während mir die beiden Autofahrer böse Blicke zuwarfen. Kein Wunder, immerhin hatte ich ihren Polizisten in Beschlag genommen.

Einer der beiden Jungen hob das Ding in die Höhe, das er schon zuvor vor sich her geschwungen hatte.

Es war golden.

Eine Kette.

Meine Kette.

Ich starrte sie ungläubig an. Wo kam die denn her? Er gab sie dem Polizisten, der sie mir lachend weiterreichte. Sie war wohl auf dem Boden liegen geblieben, als ich den Plunder zurück in den Rucksack gestopft hatte. Und die beiden waren den ganzen Weg hinter mir hergelaufen, um sie mir zurückzubringen. Ich war ehrlich gerührt. Meinem ersten Impuls folgend wollte ich ihnen die Andenken in meinem Rucksack schenken, doch dann zog ich lieber meine Geldbörse hervor. Ich gab den beiden einen Finderlohn, der den Wert der Kette in den Schatten stellte. Danke konnte ich nicht sagen. Ich hatte noch immer keine Luft.

Die beiden verabschiedeten sich staunend, doch nun kam der Melonenhändler wütend angerauscht und beschwerte sich über den Unfall mit seinen wertvollen Früchten. Ich hatte das Gefühl, vom Regen in die Traufe geraten zu sein. Was, wenn der Polizist mich nun festnahm? Wegen Melonen-Beschädigung, oder so etwas? Das Schiff würde nicht auf mich warten. Und meinen Hochzeitstag wollte ich eigentlich nicht allein in einer Polizeistation in Abu Simbel verbringen. Ich erklärte dem Polizisten die ganze Geschichte, und zu meinem Glück schien ich an einen sehr umgänglichen Vertreter der Staatsgewalt geraten zu sein. Er glaubte mir, beruhigte den Händler, und nach Zahlung meines allerletzten Geldes gab der Melonenmann klein bei und verzog sich. Und ich blieb pleite zurück. Also hieß es nun bis zum Bus laufen.

 **Und meinen Hochzeitstag wollte ich eigentlich nicht allein in einer Polizeistation in Abu Simbel verbringen.**

Doch mein neuer Lieblingspolizist sah offenbar eine Gelegenheit gekommen, dem langweiligen Autounfall zu entkommen. Als ich ihn nach dem Weg zur Tempelanlage fragte, weil ich dort meinen Bus erwischen müsste, lud er mich kurzerhand auf sein vierbeiniges, sabberndes Gefährt. Das war wirklich nett. Wir trabten durch Abu Simbel, und ich kam mir ziemlich cool vor. Er setzte mich beim Bus ab und wollte gerade umdrehen. Doch ich konnte ihn einfach nicht ziehen lassen, ohne auch ihm ein Geschenk zu machen. Vermutlich konnte er mit den Andenken ebenfalls nichts anfangen. Doch die Blicke, die er immer wieder meiner Sonnenbrille zugeworfen hatte, sprachen Bände. Schweren Herzens reichte ich sie ihm. Er setzte sie verblüfft auf und bedankte sich. Dann zogen er und sein Kamel wieder los.

Als meine Frau am nächsten Tag die goldene Kette um den Hals eines gefalteten Huhns fand, war sie glücklich. Der Polizist war es sicher auch. Und die beiden Jungs ebenfalls. Und mein

Optiker zu Hause, selbst begeisterter und langjähriger Ägyp-ten-Tourist auch. Er hat noch in der Nacht per Mail eine Bestel-lung erhalten. Sie ahnen, was nach den Flitterwochen bei ihm auf mich warten würde. Und mal sehen. Vielleicht kann ich ihm auch ein paar Andenken für sein Schaufenster andrehen. Zum Freundschaftspreis, versteht sich.

New York in Farbe

Von irgendwoher stieg Lavendelduft in meine Nase. Lächelnd blieb ich mitten auf dem Gehweg stehen. Ohne die Augen zu schließen sah ich bunte Blumenbeete vor mir, Lavendel und Rhododendron, und mittendrin ein strahlendes, schwarzes Gesicht. Gesang perlte wie Kohlensäure durch meinen Kopf, die herrlichen Stimmen des Gospelchors und farbenfroh angezogene Menschen tauchten vor mir auf, die sich im Rhythmus der Musik bewegten. Derart beschwingt lief ich weiter und fühlte mich vier Wochen zurückversetzt, fast so, als wären Katrin und ich wieder in New York gelandet:

Katrin gab ihrem pinkfarbenen Rollköfferchen einen genervten Tritt mit der Schuhspitze und machte einen kleinen Schritt nach vorn. Die Schlange vor uns wollte und wollte nicht kleiner werden. Katrin gähnte und drehte sich zu mir um.

»Was stand vorhin über dem Eingang zum Terminal?«, fragte sie.

Ich überlegte kurz, bis mir einfiel, was sie meinte. »WELCOME TO THE UNITED STATES OF AMERICA.«

»Ich kann nicht glauben, dass wir hier willkommen sind, Jana. Schau dir das bloß an.«

Katrin hatte recht. Eine geschlagene Stunde standen wir jetzt schon in der Schlange vor der Passkontrolle am John-F.-Kennedy-Airport. Obwohl sich hinter uns Hunderte von neu ankommenden Passagieren drängelten, waren nur zwei der sechs Schalter geöffnet, an denen die Zöllner ziemlich gelangweilt ihren Dienst versahen.

»Eine Schnecke überholt uns hier locker, ohne außer Puste zu kommen«, lamentierte Katrin weiter. »Nach dem langen Flug will ich einfach nur in unser Hotel. Stattdessen stehen wir uns hier die Beine in den Bauch.«

»Eine Schnecke überholt uns hier locker, ohne außer Puste zu kommen«.

Endlich hatten wir die Passkontrolle hinter uns und verließen das klimatisierte Flughafengebäude. Draußen schlug uns brütende Hitze entgegen.

»Puh«, keuchte ich und blickte zum wolkenlosen Mittagshimmel über uns. »Hier ist es ja wie in den Tropen. Bist du sicher, dass wir in New York gelandet sind? Oder doch in New Mexico?«

Dutzende Taxis standen in Zweierreihen vor den Ausgängen. Mehrere Uniformierte teilten die Fahrgäste zu. Hinter ihnen bildeten sich wieder lange Schlangen. Katrin seufzte und wischte sich den Schweiß vom Gesicht.

Wir bestiegen den Rücksitz eines der wartenden Yellow Cabs, während der Fahrer mit mürrischem Gesicht unser Gepäck in den Kofferraum lud. Ich nannte ihm den Namen unseres Hotels, das mitten in Manhattan lag, und er fuhr los. Katrin presste ihre Nase gegen die Scheibe, um ja nichts zu verpassen.

»Jana, halt mich mal«, sagte sie und griff nach meiner Hand. »Ich kann noch gar nicht glauben, dass wir endlich in New York sind.«

Ich nickte und drückte ihre Finger fest zusammen. Monatelang hatten wir die Reise vorbereitet, Reiseführer gewälzt,

Touren zusammengestellt, Flüge und Hotelzimmer gesucht und die Einreisegenehmigung besorgt. Für uns beste Freundinnen ging ein Traum in Erfüllung. Das Abenteuer in New York konnte beginnen. Je näher wir Man-hattan kamen, desto voller wurden die Straßen, die Häu-ser wurden immer höher und die Reklamewände bunter und greller. An allen Ecken

Hupen, Sirenen, Motorenlärm. Die Stadt, die niemals schläft.

leuchtete und blinkte es in tausend Farben. Die Stadt schien ein einziges Lichtermeer zu sein. Dabei begleitete uns ein ständiger Geräuschpegel. Hupen, Sirenen, Motorenlärm. Die Stadt, die niemals schläft.

»Wahnsinn«, flüsterte ich Jana zu. Mein Adrenalinspiegel stieg und stieg, so aufgeregt war ich. Endlich konnte ich alles, was ich bisher nur aus dem Fernsehen kannte, live erleben. Nach einer halben Stunde hielt das Taxi in einer Seitenstraße vor einem Hoteleingang. Jana zückte ihre Kreditkarte, aber der Taxifahrer schüttelte den Kopf und antwortete etwas, das wir zunächst nicht verstanden.

»Eighty dollars. Cash, please«, brummte er.

»Achtzig Dollar in bar?« Ich musste mich wohl verhört haben, aber der Kerl schien es ernst zu meinen. Wir schauten einander entsetzt an.

»So viel? Spinnt der?« Jana packte die Karte weg und zog alle ihre Dollarno-ten aus dem Geldbeutel. »Ich dachte, die Amis zahlen alles

Ich dachte, die Amis zahlen alles mit Kreditkarte, jeden Kaffee und jeden Kaugummi.

mit Kreditkarte, jeden Kaffee und jeden Kaugummi. Hoffentlich haben wir überhaupt so viel Bares dabei.«

Janas Geld reichte gerade so für die Taxirechnung. Derartig erleichtert betraten wir ein paar Minuten später die Lobby des Hotels. Unsere Euphorie hatte sich in der stickigen New Yorker Luft erst mal aufgelöst. Ab jetzt konnte es nur noch besser werden. Wurde es aber nicht. Unser Hotelzimmer im fünften Stockwerk erinnerte an die Dunkelkammer eines alten Fotolabors. Mahagoni und Olivgrün waren die vorherrschenden Töne. Dazu roch es nach einer Mischung aus Schmierseife und Mottenkugeln.

»Igitt«, rief ich. »Mach schnell das Fenster auf.«

»Mal sehen, wie der Ausblick ist«, meinte Jana.

»Hoffentlich ein bisschen farbenfroher als dieses Zimmer.« Zerknirscht ließ ich meinen Koffer auf den abgenutzten Teppichboden plumpsen. »Kann man wenigstens das Empire State Building sehen?«

Jana schob die beigefarbenen Verdunkelungsvorhänge zur Seite. »Wie entzückend«, rief sie mit übertrieben hoher Stimme. »Und öffnen lässt sich das Fenster auch nicht. Aber wahrscheinlich ist die Luft draußen auch nicht besser als hier drin.«

Die Fensterscheiben waren trübe und boten den Blick auf eine düster-graue Hotelfassade gegenüber. Nur wenn ich steil nach oben schaute, konnte ich einen schmalen Streifen blauen Himmels erkennen.

»Fast das ganze Bargeld weg, keine frische Luft im Zimmer und ein Blick auf Asphalt und Beton«, presste ich enttäuscht hervor. Das Hotel war schon mal ein Reinfall.

Zum Glück war Katrin durch nichts zu erschüttern. »New York, wir kommen«, rief sie strahlend und umarmte mich. »Jana und Katrin machen jetzt den Big Apple unsicher.«

Wir kicherten, als ob wir noch mal 13 wären.

Gegen das Hotelzimmer waren die Straßen rund um den Times Square ein Meer aus leuchtenden Farben. Wir wussten nicht, wohin wir zuerst schauen sollten.

»Ist das die Rush Hour?«, fragte ich mit Blick auf das Verkehrschaos in der 42. Straße. Unzählige knallgelbe Taxis kurvten vorbei. Im Strom der Fußgänger auf dem Gehweg ließen wir uns zu einem weiten Platz vor einer Treppe treiben. Hunderte Menschen tummelten sich hier oder saßen auf den Stufen. Wir wurden von mehreren jungen Frauen umringt, die nur mit Stringtangas bekleidet waren. Ihre nackten Körper waren in den Farben der amerikanischen Flagge bemalt. Sie forderten die Passanten auf, sich mit ihnen fotografieren zu lassen.

»Sollen wir, Jana?«, fragte Katrin. Sonderlich erpicht war ich zwar nicht darauf, aber eine der Leichtbekleideten nahm mir grinsend meine Kamera aus der Hand und schoss Fotos von uns zusammen mit ihren Kolleginnen.

»Three dollars, please.« Die Fotografin streckte mir ihre flache Hand entgegen. Unwillig kramte ich ein paar Münzen aus der Hosentasche. Das hatten wir nun davon. Schnell gingen wir weiter, bevor wir noch mehr Fotos mit Mickey Mouse, Batman oder anderen Superhelden bezahlen mussten, die den Times Square bevölkerten.

Ziemlich spät kehrten wir ins Hotel zurück. Nach all dem Trubel und den knallbunten Eindrücken kam mir der Ausblick noch bedrückender vor, also zog ich schnell die Vorhänge zu.

»Ich bin total k.o. und will nur noch schlafen«, rief Katrin und ließ sich auf das riesige Kingsize-Bett fallen. Hier hatten wir jede Menge Platz, aber die Matratze erinnerte eher an einen Wackelpudding. Jede Bewegung von Katrin schüttelte mich durch, als läge ich auf einem Trampolin. Der Straßenlärm und die dauernden Sirenen schallten durch das nicht zu öffnende Fenster. Außerdem wohnten im Hotel jede Menge nachtaktive Wesen, deren Schritte und Stimmen durch die dünnen Pappwände in unser Zimmer drangen. Ich machte in der Nacht kaum ein Auge zu. Das Spiegelbild, das sich mir am nächsten Morgen im schmucken olivgrünen Bad bot, sah mir überhaupt nicht ähnlich. Ich hatte dunkle Ringe unter den Augen und fühlte mich wie nach dem Schleudergang in meiner Waschmaschine.

Das Spiegelbild, das sich mir am nächsten Morgen im schmucken olivgrünen Bad bot, sah mir überhaupt nicht ähnlich.

»Jetzt erst mal Frühstück«, bestimmte ich, als wir nach einer Dusche und mit etwas Make-up wieder halbwegs als Jana und Katrin zu erkennen waren. Wir hatten das Hotel ohne Verpflegung gebucht, denn in New York sollte es an jeder Ecke Frühstückslokale geben, in denen man gut und günstig essen konnte. Also wieder raus auf die 42. Straße und da hin, wo die New Yorker frühstückten. Die gefüllte Theke des ersten Lokals, das wir betraten, sah verheißungsvoll und lecker aus.

»Mein Name ist aber nicht Rockefeller«, stellte Katrin allerdings beim Lesen der Speisekarte fest. »Die Preise hier sind ja astronomisch.«

»Rührei ist am billigsten«, bemerkte ich.

»Ich will aber nicht jeden Morgen Eier essen, auch wenn's am billigsten ist. Ich bin doch kein Huhn«, meinte Katrin, ohne von der Karte aufzuschauen.

»Hühner legen Eier, sie essen sie nicht.«

Katrin schaute mich verdutzt an. Zwei Sekunden später kicherten wir los. Dann bestellte ich für uns und zwar Rührei auf Toast.

> »Ich will aber nicht jeden Morgen Eier essen, auch wenn's am billigsten ist. Ich bin doch kein Huhn«

Es war warm, die Sonne leuchtete golden vom blauen Himmel, also machten wir uns nach dem Eierfrühstück auf den Weg zum Empire State Building.

»Bitte nicht schon wieder anstehen«, jammerte Katrin, als wir den Eingang erreichten. Wie bunte Perlen einer endlosen Kette schlängelten sich die Touristen bis auf die Straße hinaus. Katrin starrte die Leute an, als stünde sie einer feindlichen Armee gegenüber.

»Das kann Stunden dauern, bis wir da oben sind«, sagte sie bitter. Und so war es dann auch. Erst nach zwei Stunden erreichten wir den Fahrstuhl im Innern, der uns zur Aussichtsterrasse hinaufbringen sollte. Was für eine Geduldsprobe, vor allem für Katrin. Auf der rundherum vergitterten Terrasse sahen wir zuerst nur eines, nämlich Hunderte Touristen, die sich an der Brüstung drängten, filmten, fotografierten und mit ihren Smartphones Selfies schossen. Langsam bewegten wir uns ein paar Meter vorwärts. In beide Richtungen gab es nahezu kein Durchkommen. Die Leute schoben und drängelten sich an uns vorbei. Nur plötzlich einsetzender Starkregen mit tennisballgroßen Hagelkörnern hätte die Massen von hier vertreiben können.

»Können wir nicht einfach den Feueralarm auslösen, damit die alle von hier verschwinden?«, überlegte Katrin laut neben mir.

»Pscht«, machte ich und schüttelte den Kopf. »Ich fürchte, dann geht's uns wie bei Monopoly und wir gehen direkt ins Gefängnis.«

Schließlich fanden wir ein freies Plätzchen an der Brüstung und konnten die Aussicht auf Lower Manhattan und die Freiheitsstatue genießen.

Die nächste Nacht wurde nicht besser, als die erste gewesen war. Katrin und ich machten kaum ein Auge zu.

»Heute möchte ich irgendwo hin, wo es ruhig ist«, sagte ich während unseres zweiten Eierfrühstücks.

»Ja, ruhig ... und bunt«, erwiderte sie.

Ich klappte den Stadtplan zu und nickte. »Dann schlage ich den Central Park vor.«

»Einverstanden.«

Schon machten wir uns auf den Weg zur U-Bahn, um zur Upper Eastside zu fahren. Durch ein schmiedeeisernes Tor betraten wir den Central Park; und nach wenigen Metern befanden wir uns mitten in einem Blütenmeer aus rosa, lila und violetten Blumen. Der Straßenlärm war nur noch von fern zu hören, stattdessen hörten wir Vögel zwitschern und die Blätter der Bäume rauschen. Betörender Blütenduft stieg uns in die Nasen.

»Traumhaft«, schwärmte Katrin, während wir die sandigen Wege entlangwanderten und uns an der der Farbenpracht nicht sattsehen konnten. An einer Weggabelung blieben wir stehen und sahen uns an. »Links oder rechts?«, fragte ich.

Bevor Katrin antworten konnte, hörten wir eine Stimme, die direkt aus den Rhododendronbüschen vor uns zu kommen schien: »Rechts ist besser. Da bin ich schon fertig.«

Zwischen den rosafarbenen Blüten eines Rhododendrons lugte ein rundes, schwarzes Gesicht mit leuchtenden Augen hervor. Die Frau richtete sich auf und strahlte uns mit breitem Grinsen entgegen. Vor Freude berührten ihre Mundwinkel fast ihre Ohren. Sie trug einen schilfgrünen Overall, dessen Taschen mit dem Schriftzug »Central Park Conservancy« bestickt waren.

»Sie sprechen Deutsch?«, fragte ich erstaunt.

»Aber ja doch«, antwortete sie mit amerikanischem Akzent und machte ein paar Schritte auf uns zu. »Ich habe in Heidelberg studiert. Deutsch und Geschichte. Das versuche ich seitdem den Kindern meiner Schule oben in Harlem beizubringen. Ich freue mich jedes Mal, wenn ich deutsche Touristen im Park treffe. Mein Name ist übrigens Hope.«

»Und nebenbei arbeiten Sie als Gärtnerin im Central Park?«, fragte ich, nachdem auch wir uns vorgestellt hatten.

»Ja, ehrenamtlich. Die Conservatory Gardens werden von ganz normalen New Yorker Bürgern gepflegt, die einen Teil ihrer Freizeit damit verbringen, diesen herrlichen Ort für die Stadt zu erhalten.«

Herrlich war sogar noch untertrieben. Hope führte uns durch die Anlage und erklärte uns fast jede Pflanze, die hier wuchs. Nach kurzer Zeit war mir schwindelig von den vielen wohlklingenden Namen, die ich mir ohnehin nicht merken konnte. Am Ende des Rundgangs standen wir wieder vor dem schmiedeeisernen Tor, durch das wir gekommen waren. Sogleich drang der Straßenlärm wieder an unsere Ohren.

»Habt ihr beiden heute Abend schon etwas vor?«, fragte Hope mit schelmischem Lächeln. Katrin und ich schüttelten den Kopf. Hope klatschte in die Hände vor Begeisterung. »Dann möchte ich euch in meine Kirche einladen. Kommt heute Abend um sieben in die St. Paul's Baptist Church in Harlem. Dann zeige ich euch mein zweites Hobby.«

Gespannt verabschiedeten wir uns und schlenderten die Fifth Avenue entlang zurück ins Zentrum.

Kurz vor sieben erreichten wir die Kirche in Harlem, die Hope uns genannt hatte. Eine große Menschenmenge hatte sich davor versammelt. Etwas verlegen stellten wir uns in unseren legeren Jeans und T-Shirts daneben.

»Die sind aber herausgeputzt«, wisperte Katrin mir zu. Ich nickte. Alle Leute hatten sich für den Kirchgang in Schale geworfen, dabei war heute gar nicht Sonntag. Sogar die kleinsten Kinder trugen piekfeine Kleider mit Rüschen und Spitzen.

»Wir sind hier hoffnungslos underdressed«, erwiderte ich mit mulmigem Gefühl.

Den Pfarrer schien unser Outfit nicht zu stören. Die Arme weit ausgebreitet trat er auf uns zu und begrüßte uns als besondere Gäste seiner Gemeinde. Hatte Hope ihm verraten, dass wir kommen? Wie Ehrengäste bekamen wir Plätze in der ersten Reihe. Hope hatten wir noch nirgends entdecken können. Dann ging der Gottesdienst auch schon los. Nach einer halben Stunde beten und einer kurzen Predigt, von der wir kaum ein

Wort verstanden, erhoben sich die Kirchenbesucher von ihren Plätzen. Vor uns war alles in gleißendes Licht getaucht, und aus einer Seitentür betraten zwanzig bis dreißig Frauen in knallbunten Gewändern den Altarraum, als wäre es eine Bühne. Flotte Rhythmen setzten ein, und sämtliche Besucher schnippten wie auf Kommando mit den Fingern. Verwirrt taten wir es ihnen gleich. Der Pfarrer trat lächelnd vor die Frauen und hob beide Hände. Der Chor begann *Oh happy day* zu singen. Mir stockte der Atem, als ich die wunderschönen Stimmen hörte, die mit ihrer Kraft jede Ritze des alten Gemäuers mit Leben zu füllen schienen. Alle sangen mit und tanzten. Einige schlossen die Augen wie in Trance, als ob der Gesang ein Lebenselixier für sie wäre. Von links und rechts hakten sich Arme bei uns unter und wippten mit uns im Takt der Musik. Dann entdeckte ich Hope in der zweiten Reihe der Sängerinnen. Sie trug einen knallgelben Umhang mit blauen Paspeln, der wunderbar zu ihrem dunklen Teint passte. Sie winkte begeistert und strahlte uns entgegen. Katrin und ich wurden mitgerissen von der euphorischen Stimmung in der Kirche, und als der Gospelchor am Ende *Amazing Grace* anstimmte, liefen mir vor Rührung Tränen über die Wangen.

Nach dem Gottesdienst schüttelten wir unzählige Hände und wurden an noch mehr Busen und Schultern fast zerquetscht. Mindestens hundert Mal versprachen wir, bald wieder nach New York zu kommen und mit allen zu feiern. Und wir waren so glücklich, dass wir es in diesem Moment selbst glaubten.

Erst spätabends kamen wir in unserem tristen Hotelzimmer an und packten unsere Koffer, denn am nächsten Tag ging der

Flieger schon wieder zurück nach Hause. Unser kurzer New-York-Trip neigte sich dem Ende.

»Ich glaube, das war der schönste Tag meines Lebens«, meinte Katrin mit rot getupften Wangen und leicht glasigen Augen.

»Jedenfalls der fröhlichste und der bunteste«, erwiderte ich. Einer spontanen Eingebung folgend, zog ich Katrin in meine Arme. »Aber am schönsten war es, dass ich ihn mit meiner allerbesten Freundin erleben durfte.«

Seehundstage

Das gleiche Haus, das uns letztes Jahr noch so gemütlich und urig erschien, kommt mir jetzt ungemütlich und kalt vor. Nichts hatte sich verändert und doch alles ins Gegenteil gekehrt.

Mein Blick wandert über die harten Holzbänke, die um den durch Jahrzehnte glatt polierten Tisch stehen, und als würde mir allein vom Zusehen unbequem, trete ich nach draußen. Ein heftiger Windstoß trifft mich. Ich kann mich nicht entscheiden, ob er sich freut, mich zu sehen, wie ein junger Hund, oder ob es eher Ärger ist, der an mir zerrt. In der schottischen Seele liegt das beides ohnehin nicht weit voneinander entfernt. Die Übergänge zwischen himmelhoch jauchzend und tief betrübt sind fließend.

Das zähe Gras liegt wie gekämmt tief am Boden. Duckt sich immer schon in die gleiche Richtung unter diesem Wind weg.

Ich schließe die Jacke und ziehe den Reißverschluss bis ganz nach oben. Mich fröstelt.

Während ich den schmalen Pfad Richtung Strand nehme, der dort ins Gras getrampelt wurde, werfe ich einen prüfenden Blick in den Himmel. Verschiedene Grautöne rasen dort oben vorüber, einzelne Wolken sind nicht zu erkennen. Blauer Himmel oder Sonne ebenfalls nicht, es ist, als hätte jemand einen Monochromfilter eingeschaltet.

Einzelne Möwen lassen sich von den Böen mitziehen, ohne einen Flügelschlag, und manchmal dringen ihre klagenden Schreie wie Protest zu mir nach unten.

Am Ende des Pfades bleibe ich kurz stehen. Sandstrand gibt es hier nicht, hatten sie uns damals gesagt. Nicht hier im

Nordwesten. Hier gibt es nur die grauen Steinstrände, hart und einsam. Die einzelnen Steine sind ganz rund geschliffen, sehen fast weich aus. Aber das täuscht.

Ich suche mir unsicher einen Weg über die Steine, ebenfalls alle in Grau. Es ist, als hätte jemand alle Farbe aus diesem Teil des Landes gesaugt und nur ein wenig Grün zwischen staubigen Straßen und Trockensteinmauern übersehen. Sogar das Wasser macht einen bedrohlichen Eindruck mit seiner Farbe wie Granit.

Den Kopf eingezogen, um mich gegen den Wind zu schützen, stehe ich da und suche nach Robben zwischen den Wellenkämmen. Oder sind es Seehunde? Seals nennen sie die Schotten. Ich glaube, das ist eine Art Überbegriff für alle Flossenfüßer.

Mit den Seals ist es ein wenig wie mit den Sternen. Erst kann man keinen entdecken, aber wenn man lange genug auf das Wasser schaut, dann taucht einer auf. Dann der zweite. Und plötzlich sieht man ganz viele.

Früher hatte ich die Seals nicht gemocht. Bei unserem ersten Urlaub hier. Du hattest darüber gelacht, fandest, sie sähen so putzig aus. Ich hatte Angst vor ihren dunklen Augen. Als würden sie mich schon seit Ewigkeiten kennen, wüssten genau, was in mir vorgeht.

Inzwischen macht mir das nichts mehr, es ist mir egal, was sie in mir sehen können. In meinem Inneren gibt es nichts mehr, für das sich irgendwer interessieren würde. Nicht einmal Robben.

Bitte gehen Sie weiter, hier gibt es nichts zu sehen.

Das Wasser ist bestimmt kalt. Letztes Jahr hatte ich unbedingt ins Wasser gewollt. Einfach nur so, um mal im Atlantik geschwommen zu sein. Ich bin raus, hatte gebrüllt wie am Spieß, vor Kälte und vor Freude. Du bist am Strand geblieben, hast mir zugeschaut. Deinen Gesichtsausdruck konnte ich vom Wasser aus nicht sehen, aber irgendwie habe ich mir immer vorgestellt, dass du mich mit so einer Mischung aus Unverständnis und Faszination angesehen hast. Von der Faszination ist inzwischen nicht mehr viel übrig geblieben, wenn du mich ansiehst.

Jetzt wüsste ich nicht mal genau, ob ich wiederkommen würde, wenn es mich in dieses Grau dort hinausziehen würde. Mit den Seals schwimmen. Ich muss an die Legenden von den Selkies denken, den Seehundgestaltwandlern, an die sie hier oben glauben. Die kommen, um Babys zu stehlen, um sie zusammen mit den Seals aufzuziehen. Die Aussicht, von einem Seehundwesen aufs offene Meer verschleppt zu werden, kommt mir auf einmal gar nicht so furchtbar vor.

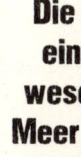

Die Aussicht, von einem Seehundwesen aufs offene Meer verschleppt zu werden, kommt mir auf einmal gar nicht so furchtbar vor.

Das ultimative Alles-hinter-sich-lassen!

Mich fröstelt es erneut, und ich versuche, die Jacke noch weiter zu schließen.

Ich weiß noch genau, wie ich das erste Mal oben auf den Felsen neben dem Haus gestanden und auf ein ganz ähnliches Meer hinuntergesehen habe. Es hatte mich mit Energie erfüllt, das alles: der zerrissene Himmel, der karge Strand, die Gischt und vor allem der Wind. Wie ein überdrehter Freund, der einen vor Begeisterung mitreißt.

Der gleiche Freund, der einen irgendwann ermüdet. Dann ist nichts mehr mitreißend. Man kann kaum atmen, der Wind scheint einem die Luft aus den Lungen zu stehlen.

Während ich mich umdrehe, um zum kleinen Haus hochzusehen, bläst mir der Wind von hinten die Haare ins Gesicht. Ich schaue lieber raus auf Meer, dann hat man keine Probleme mit den Haaren. Zurückschauen, aufs Land, das darf man nicht.

Ich versuche zu erkennen, ob ich dich hinter einem von den schwarzen Fenstern erspähen kann. In der Hoffnung, du würdest möglicherweise auch gerade auf mich herabsehen und ganz ähnliche Gedanken haben wie ich.

Ich stelle mir vor, ich renne den Weg hinauf, erreiche vollkommen außer Atem das Häuschen, und du kommst mir entgegen. Wir finden keine Worte, wissen nicht, was wir sagen sollen. Sagen einfach nichts, umarmen uns bloß. Alles wäre vergessen. Alles wie weggewaschen. Von der Flut, die jedes Mal, wenn sie kommt, die grauen Steine ein wenig mehr rund lutscht, ihnen mehr Konturen nimmt.

Das Haus mit seinen weißen Wänden sieht so friedlich aus. Pastoral hattest du es genannt, letztes Jahr.

Frieden findet sich immer noch im Haus, aber der ist nicht mehr weich oder warm.

Wir reden nicht mehr miteinander. Schweigen uns bloß an.

Immerhin hat das Streiten aufgehört. Das ist auch eine Art von Frieden. Und das zerrissene Land hier oben, die »highlands and islands«, wie die Schotten sie nennen, passt gut zu dem, was wir beide fühlen. Wir sind gemeinsam hier, und trotzdem könnte ich mich nicht einsamer fühlen.

Manchmal schaffe ich es sogar, mir vorzustellen, ich sei allein im Haus. Dann macht es mir nichts, dass ich dich nur sehen, aber nicht hören kann.

Meistens schaffe ich das nicht. Es tut mir weh, dich nur noch zu sehen.

Ich wäre viel lieber letztes Jahr hier als dieses. Aber das geht wohl nicht.

Die Seals beobachten mich immer noch. Die haben offenbar nichts Besseres zu tun, da draußen im Atlantik. Aber denen macht die Kälte ja auch nichts aus.

Ich verabschiede mich von ihnen und gehe den kleinen Weg zurück zum Haus.

Murphys Urlaub

Für Familie Knapp war der Gewinn eines Vierers im Lotto wie für andere der Jackpot. Nach langen Diskussionen in der vierköpfigen Familie entschied man einstimmig: Mit dem Geld machen wir mal richtig Urlaub! Im Prinzip waren sich alle einig – warm musste es sein, Palmen, Strand, Meer und natürlich auch »all-inclusive«. Schließlich wollte man im Urlaub nicht immer auf das Geld achten müssen. Bester Laune betrat die Familie das Reisebüro *Schmidts Reisewelt*, um den Urlaub ihres Lebens zu buchen.

Bereits beim Eintritt in sein Büro hatte Schmidt die Besucher »evaluiert«. Schmidt war einer der Verkäufertypen, der auch einem Eskimo einen Zweitkühlschrank verkauft hätte. Es dauerte nur Sekundenbruchteile, bis er die Knapps korrekt in sein Verkaufsschema eingeordnet hatte. Routiniert begrüßte er seine Kunden und bot ihnen Sitzplätze und Getränke an. Für die Kinder der Knapps hatte er sogar kalte Cola und Ausmalhefte. Das kam schon mal ganz gut an.

Schmidt war einer der Verkäufertypen, der auch einem Eskimo einen Zweitkühlschrank verkauft hätte.

Als Vater und Mutter Knapp vor ihm in bequemen Sesseln saßen und einigermaßen entspannt wirkten, hatte seine Stunde geschlagen: »Ich sehe, Sie wollen verreisen.« Das zu erraten war nicht schwer, denn wer kauft schon Möbel in einem Reisebüro? So schloss er gleich an: »Sie suchen eine Sommerreise mit Sonne, Strand, Kinderprogramm und das alles zu einem günstigen Preis. Ich liege doch richtig?« Selbstsicher lächelte er die Knapps an.

Vater Knapp war überrascht: »Sie sind Hellseher?«

Schmidt winkte ab. Nach Ablauf der folgenden zwanzig Millisekunden war ihm klar, dass Frau Knapp die Entscheidung fällen würde, beeinflusst durch die beiden Kinder. Die Aufgabe von Herrn Knapp würde sich auf das Bezahlen beschränken. Sofort wandte er sich Frau Knapp zu: »Speziell Sie brauchen dringend Urlaub! Machen wir uns nichts vor, Arbeit, Haushalt und Kinder, das fordert seinen Tribut.«

Leicht überrascht nickte Frau Knapp.

Schmidt schloss leicht die Augen: »Ich rate mal, Sie wollen Urlaub ohne groß über die laufenden Kosten, die Essensbeschaffung oder die Kinderbetreuung nachzudenken – einfach ausspannen?« Schon fast flüsternd offenbarte er Frau Knapp ein Geheimnis: »Sie haben heute Glück.« Er nahm ein Fax in die Hand und schwenkte es herum. »Gerade habe ich eine Stornierung erhalten. Ich muss die Reise jetzt faktisch verramschen, und Sie sind genau zum richtigen Zeitpunkt gekommen.«

Wie gebannt hingen die Knapps an seinen Lippen.

Schmidt flüsterte weiter. »Einem Hotel in El Arenal ist eine Reisegruppe weggebrochen. Die haben jetzt Probleme, das Hotel vollzubekommen. Das ist zwar bedauerlich für dieses Hotel, aber ein Glück für Sie.« Er fixierte seine Kunden. »Genau das, was Sie wollen. Ich nehme doch mal an, dass Sie nicht vorhaben, lange zum Strand zu laufen?« Natürlich nickten beide jetzt synchron. »Was für eine glückliche Fügung, dass Sie gerade in diesem Moment vorbeigekommen sind. Und das Hotel ist nicht irgendwo, sondern in DEM Ort auf Mallorca schlechthin. Nicht weit weg von der Schinkenstraße.«

Herr Knapp nickte wissend.

»Sie kennen ja den ›König von Mallorca‹?« Natürlich kannten die Knapps Jürgen Drews. »Die Katzenberger hat ihr Café auch gleich um die Ecke.«

Bei so viel Prominenz wurden die Augen der Knapps immer größer. Schmidt wurde vertraulicher. »Das könnte ich natürlich JEDEM anbieten, aber ich habe gleich gesehen, dass Sie nicht jeder sind und Superangebote erkennen.« Er zwinkerte Frau Knapp zu. »Ich kann Ihnen eine Woche mit Flug und einem All-inclusive-Paket für unter eintausend Euro anbieten – aber das ist noch nicht alles.« Schmidt

»Das könnte ich natürlich JEDEM anbieten, aber ich habe gleich gesehen, dass Sie nicht jeder sind und Superangebote erkennen.«

lehnte sich in seinem Stuhl zurück. »Das ist natürlich ein VIP-Angebot. Sie werden vom Flughafen abgeholt und ins Hotel gebracht. Bei der Ankunft im Hotel gibt es einen kleinen Sektempfang. Sie verstehen schon ...«

Die Knapps wurden immer sprachloser. Schmidt fuhr fort: »Ich gehe mal davon aus, dass Sie zum Essen nicht in irgendwelche Restaurants gehen wollen, in denen normale Touristen abgezogen werden?« Wieder folgte synchrones Nicken. »Ihr Essen würden Sie natürlich im Hotel bekommen, all-inclusive versteht sich. Ich kann Ihnen sogar sagen, dass die alkoholischen Getränke ebenfalls darunterfallen.« Herrn Knapps Augen leuchteten noch mehr. »Na ja, bei VIP-Programmen ist das praktisch der Standard. Ich sagte Ihnen ja schon, dass Sie Glück haben, dieses unglaubliche Angebot zu bekommen.« Schmidt holte erneut tief Luft. »Gut, dass wir uns so gut verstehen. Dann gäbe es da noch ein paar Besonderheiten. Wir wissen ja, dass Ihre Zeit knapp ist. Um diese bestmöglich zu nutzen, habe ich Flüge am frühen Morgen gewählt, sodass Sie den Anreisetag noch voll für sich haben. Am Abreisetag ist es umgekehrt, denn Sie fliegen abends zurück und können den Tag im Urlaubsparadies noch voll genießen. Das ist doch in Ihrem Interesse.« Heftiges Nicken. »Dachte ich mir. Dann würde ich Ihnen noch einige wirklich exklusive Extras vorstellen. Sie können natürlich selbst entscheiden, ob Sie die in Anspruch nehmen wollen. Zum Ersten wäre da ein Besuch bei einem Live-Konzert von Jürgen Drews. Natürlich ist dieses Angebot streng limitiert, aber beim Buchen der Reise könnte ich ermöglichen, dass Sie dabei sind.« Knapps Unterkiefer schleiften schon fast am Boden. »Wäre das etwas für Sie?«

Was für eine blöde Frage.

»Schön, dass wir uns darüber einig sind.« Herr Schmidt lächelte. »Da Sie im VIP-Programm sind«, setzte er fort, »gibt es natürlich noch einige mehr Extras. Es gibt da zum Beispiel die Möglichkeit am Promi-Shopping teilzunehmen. Ich erkläre Ihnen das mal kurz. Prominente, VIPs, bekommen Markenprodukte zu geradezu unglaublichen Preisen angeboten. Klar, die Verkäufer möchten natürlich, dass ihre Produkte von den richtigen Leuten gezeigt werden. Wie gesagt, die Preise sind eher nebensächlich, die Anbieter müssen aus rein steuerlichen Gründen etwas verlangen. Natürlich wäre diese Veranstaltung für Sie kostenfrei. Sie sind ja dann im VIP-Programm.« Diesmal leuchteten Frau Knapps Augen. »Sie sehen schon, wie exklusiv das Angebot ist?«, fragte Schmidt. Ja, die Knapps erkannten ihr Glück sehr genau. Als die Knapps das Reisebüro verließen, waren sie vor Freude richtig trunken. Sie konnten es nicht fassen, was für ein großartiges Angebot sie da eben gebucht hatten. Sie konnten die Zeit bis zum Beginn der Ferien kaum abwarten.

Als sie dann irgendwann Mitte Juli eines Morgens gegen drei Uhr mit dem Taxi zum Flughafen starteten, waren sie sicher noch sehr müde, aber voller Erwartungen. Nachdem sie dann bis kurz vor fünf Uhr die Check-in-Schlange absolviert hatten, merkten sie, dass es in der Tat noch sehr früh war. Der Flughafen-Kaffee war zwar sehr teuer, aber das war auch schon das Einzige, was an guten Kaffee erinnerte. Noch im Halb-

Der Flughafen-Kaffee war zwar sehr teuer, aber das war auch schon das Einzige, was an guten Kaffee erinnerte.

schlaf schaffte es Familie Knapp dann doch ins Flugzeug. Das Erste, was ihnen der Kapitän durchgeben ließ, war die Tatsache, dass sie in München zwischenlanden müssten, um weitere Passagiere aufzunehmen. Den Knapps war das aber egal. Sie würden trotzdem früh ankommen und noch heute am Strand liegen. Zwei Stunden später mussten »nur noch« Passagiere in Mailand aufgenommen werden, und dann gegen Mittag ging es auch »schon« weiter nach Mallorca. Irgendwann, am frühen Nachmittag, kam die Maschine dann in Palma an. Endlich! Die Luft roch vielversprechend. Sonne, Meer, Erholung – endlich angekommen.

Am Flughafen warteten sie lange auf den letzten Koffer, doch der war irgendwo unterwegs wohl im falschen Flugzeug gelandet. Kommt vor. Die Airline sicherte ihnen auch Schadensersatz zu. Nur blöd, dass man die Sachen eigentlich im Urlaub nutzen wollte. Mit einem Koffer weniger standen sie nun vor Palmas Flughafen. Das Wetter war schön – vielleicht schon etwas abendlich, aber hoffnungsfroh warteten die Knapps auf ihren Transfer in ihr Hotel. Der exklusive Reisebus kam auch umgehend, gut, man musste noch auf eine Maschine aus Hamburg warten, aber gegen 17 Uhr war man dann tatsächlich so weit. Die Tour zu den Hotels konnte beginnen. Die Knapps hatten noch Glück, denn Palma war einer der ersten Punkte auf der noch langen Reise des Busfahrers. Schon um 18 Uhr waren die Knapps in ihrem Hotel – allerdings noch nicht in ihren Zimmern. Das Hotel Bruchbude zu nennen, wäre nicht korrekt gewesen. Es war nicht mehr ganz neu, aber die Ferien waren ja auch am Strand geplant, nicht im Hotelzimmer. Gegen 21 Uhr bekamen die Knapps die Schlüssel zu ihren Zimmern, und Vater Knapp trug die verbliebenen drei Koffer selbst in die vierte Etage. Ein kaputter Lift – das kann schon mal passieren. Kein Grund sich aufzuregen. Die Zimmer waren ganz okay. Gut, die Matratze hätte als frühe Weltkarte von Atlantis durchgehen können. Und ein bisschen Dreck sah Mutter Knapp auch im Bad.

Vater Knapp war da wesentlich entspannter: »Lass uns heute Abend mal kurz die Umgebung checken, auspacken können wir auch morgen.«

Die Zimmer waren ganz okay. Gut, die Matratze hätte als frühe Weltkarte von Atlantis durchgehen können.

Mutter Knapp wollte kein Spielverderber sein, und da die Kinder ohnehin am Fernseher hingen, gingen beide mal »raus«. Auf der Suche nach einem Restaurant begegneten die Knapps einer Gruppe, offensichtlich ein deutscher Herrenkegelverein, der auch mal einen Ausflug machte. An sich war das nicht problematisch, doch einer der Kegelbrüder war schon so angetrunken, dass er Herrn Knapp auf das T-Shirt kotzte. Aber auch das überstanden die Knapps ganz gut. Vater Knapp lud seine Frau in ein original spanisches Restaurant ein. Wein, Kerzen, Flamenco – ja, es gibt noch Vorurteile. Es war eher eine Kneipe, die auch in Gelsenkirchen hätte stehen können. Pommes rot-weiß und Darmstädter Bier.

Herr Knapp war begeistert: »Wie zu Hause!«

Ein paar Biere und Gläser »Hauswein« später entschied Mutter Knapp, dass es Zeit wäre, ins Hotel zurückzugehen. Nur etwa sechzig Prozent der deutschen Gäste konnten zu dieser Zeit noch selbstständig am Tisch sitzen. Herr Knapp vermied weitere Diskussionen, Urlaub heißt ja auch ausschlafen.

Frühstück gab es bis zehn Uhr. Aber diese Zeitvorgabe war eher theoretischer Natur. Um sechs Uhr wurden beide durch unglaublichen Krach geweckt. War es der Presslufthammer der nahen Baustelle, der Straßenverkehr oder die laut brüllenden Müllfahrer? Beide waren hellwach. Versuche, bei geschlossenem Fenster weiterzuschlafen, blieben Versuche. So entschieden sich beide, erst mal zu frühstücken. Die Schlange am Buffet war kürzer als die vorm Check-In. Allerdings nicht viel. Irgendwann waren

Die Schlange am Buffet war kürzer als die vorm Check-In. Allerdings nicht viel.

auch sie dran. Es gab Butter, Marmelade und kalten Toast. Ein reichhaltiges Angebot von Speisen sah nach Herrn Knapps Meinung irgendwie anders aus. Als die Kinder ein paar Stunden später wach wurden, sah das Frühstücksangebot noch genauso aus, nur ohne Toast und Marmelade. Die Kinder entschieden sich, den Vormittag dem Satellitenfernsehen zu widmen, gut, man kann sich ja unterschiedlich erholen. Vater und Mutter Knapp gingen zum Strand. Immerhin war er nahe. Es war sehr lehrreich – die meist deutschen Touristen waren mit diversen sportlichen Aktivitäten beschäftigt: Sangria aus dem Eimer schlürfen, Bier-Marathon, »Power-Saufen« sowie internationale Trink-Wettkämpfe zwischen Deutschen, Engländern und Russen. In El Arenal sollte man besser nicht baden gehen. Das lernten die Knapps schnell.

Am Nachmittag des ersten Tages gab es ein Treffen mit dem Reiseleiter. Knapps schütteten der leicht gelangweilten Dame ihr Herz aus. Sie war – wie Herr Schmidt – ein Profi. Der morgendliche Krach – verkehrsgünstige Lage, dreckige Betten – lokales Kolorit, verlorene Koffer – die Airline haftet. Sie hatten nicht den Hauch einer Chance. Prospekthaftung mag bei börsennotierten Unternehmen von Relevanz sein. Bei Urlaubsbuchungen nicht. Und so standen die Knapps jeden Morgen ab fünf Uhr senkrecht im Bett. Sie saßen am

Prospekthaftung mag bei börsennotierten Unternehmen von Relevanz sein. Bei Urlaubsbuchungen nicht.

Strand zwischen kotzenden Kegelvereinstruppen, sie gingen früh zum Buffet, um überhaupt noch etwas zu bekommen, und die Fahrt zum Outlet-Shopping, nun diese überstanden sie auch.

Nach dem Urlaub waren die Knapps nicht gerade erholter, aber zumindest etwas weiser.

Schlaflos in der Toskana

»Hörst du das?«, fragte mich mein Mann und schmiegte sich genüsslich in sein Kissen.

»Nein, was meinst du?«, antwortete ich lauschend.

»Der Autolärm, mein Schatz. Die Stimmen auf der Straße. Der Fernseher im Nachbarzimmer. Das melodiöse Rauschen der Großstadt. Wir werden einfach herrlich schlafen.« Er gähnte ausgiebig.

»Ich hätte nie gedacht, dass wir uns am Ende unserer Hochzeitsreise darüber freuen würden, die Toskana zu verlassen und in einem hellhörigen Stadthotel in Mailand abzusteigen«, überlegte ich noch laut, aber er war schon eingeschlafen.

Mit einem überwältigenden Gefühl der Geborgenheit schloss auch ich die Augen und ließ mich fallen.

Als Jungverheiratete mit seinem Ehemann zu *schlafen*, ist einfach nicht zu überbieten.

Die Flitterwochen nach unserer Trauung Anfang September in der Toskana zu verbringen, erschien uns eine wundervolle Idee. Mein Mann liebt das Fotografieren, ich Kunst und Kultur, wir beide mögen gutes Essen – welches Reiseziel konnte also idealer sein?

Nach eingehender Recherche entschieden wir uns für einen in eine Romantik-Pension umgebauten Bauernhof in den Weinbergen nahe San Gimignano. Wir sahen uns auf wunderbaren Spaziergängen zwischen den Rebstöcken turteln, die Sehenswürdigkeiten durch die rosa Brille der Frischvermählten besichtigen und in unserem Glück mit den Sonnenblumen um die Wette leuchten.

Bei Ankunft im Flitter-Domizil informierte ich den mir frisch Angetrauten in der hohen Frequenz der Begeisterung über die Einmaligkeit unserer Unterkunft: »Schau doch nur, da gibt es sogar einen Pool!« und »Überall Lavendel!« und »Wir haben eine Traumaussicht auf San Gimignano!« und natürlich auch »Rundherum nur Weinberge!«. Ich hatte recht, es war »Einfach zauberhaft!«

Mein Mann trug mich auf Händen durch die Terrassentür in unser mit Antiquitäten bestücktes Zimmer, setzte mich vorsichtig auf dem mit Spitzenwäsche bezogenen Bett ab und küsste mich hingebungsvoll. Die Schönheit der Umgebung hatte ihn wohl genauso berauscht wie mich, denn er wirkte höchst erfreut und trotz der langen Autofahrt ausgesprochen lebendig.

»Endlich sind wir da!«, murmelte er an meinen Lippen.

»Ja!«, jauchzte ich. »Ich kann es gar nicht erwarten! Sollen wir vorher noch duschen?«

Ich hörte ihn ein wenig gepresst ausatmen. »Wie du willst. Wir können aber auch gleich ...«

»Du hast recht«, pflichtete ich ihm bei und setzte mich auf. »Es ist jetzt ohnedies noch so heiß, dass man bald wieder schwitzt. Lass uns sofort losfahren, um die mittelalterlichen Türme von San Gimignano zu sehen!«

Mein Mann räusperte sich und zog sein T-Shirt zurecht, das während des Kusses ein wenig hochgerutscht war. »Also schön. Brechen wir auf. Wer weiß denn auch, wie lang die Türme noch stehen.«

Die Besichtigung der alten Stadt und die köstlichen Pizzas, die wir dort verspeisten, versetzten uns derart in Euphorie, dass wir spätabends – zurück in der Pension – nicht gleich einschlafen konnten. Gemeinsam Erlebtes schweißt einen als Paar zusammen, und wie es bei Frischvermählten in den Flitterwochen nun mal üblich ist, will man dieses Gefühl der starken Bindung dann ja auch ausleben.

»Ich kann mich nicht erinnern, jemals so müde gewesen zu sein«, seufzte mein Angebeteter schließlich weit nach Mitternacht und ließ sich selig lächelnd und erschöpft zurücksinken.

»Wollen wir noch im Reiseführer schmökern und überlegen, was wir morgen anschauen könnten?«, schlug ich vor, weil mir irgendwie nach Pläneschmieden war.

»Hm? Mach nur, Liebling. Entscheide du. Ich komme überall mit hin«, brummte mein Auserwählter und schloss die Augen.

Daraufhin wälzte ich noch eine Zeit lang meinen *Baedeker* und versuchte zu ergründen, ob ich am folgenden Tag nach Pisa, Florenz oder Siena wollte. So eine Hochzeitsreise war ja bestimmt richtungsweisend für die ganze Ehe, also durfte ich auf keinen Fall mit einem laschen Besichtigungsprogramm ein Risiko eingehen.

Irgendwann jedoch wurde auch ich müde, schaltete das Licht aus und hing mit meinen allmählich immer langsamer werdenden Gedanken dem gelungenen Tag nach. Knapp vor dem Wegdämmern fiel mir noch auf, dass es vor unserem Fenster Gitterstäbe gab, was ich bei einem Honeymoon-Zimmer für ein witziges Accessoire hielt. Dann war ich auch schon eingeschlafen.

»Go away!«, weckte mich ein lautes Rufen. »Get out of here!«

Erschrocken riss ich die Augen auf.

»Was war das?«, fragte ich meinen Mann in aufgeregtem Flüsterton. Er saß bereits kerzengerade im Bett.

Bevor er antworten konnte, sahen wir vor unserem Fenster im Mondlicht eine Gestalt vom Dach springen und dann gleich noch eine.

»We call the police!«, ertönte wieder die Stimme, die wohl zu dem Amerikaner im Zimmer über uns gehörte. Hernach erklangen Schritte, die sich rasch auf dem Kiesweg vom Haus wegbewegten, und oben wurden die Fensterläden zugeknallt.

»Einbrecher!«, raunte ich und zog die Decke bis unter die Nase. Die schiere Panik hatte mich gepackt.

»Ja. Aber sie sind weg. Alles okay«, antwortete mein Mann. Ich konnte den Schrecken in seiner Stimme hören, der ihn wohl ebenfalls erfasst hatte. Er knipste das Licht an.

»Schalt das aus! Bist du wahnsinnig! Sie können uns von draußen sehen, und dann erschießen sie uns womöglich!« Mein schlaftrunkener Kopf war nicht fähig, einen logischen Gedanken zu fassen, und produzierte die schlimmsten Bilder, in denen wir am Ende ausgeraubt, verwitwet und tot waren.

Mein Mann schaltete die Lampe wieder aus. »Sie sind weg!«, flüsterte er. »Der Urlauber über uns ist zum Glück aufgewacht und hat sie vertrieben.«

»Aber sie werden zurückkommen. Es gibt doch so etwas wie eine Räuberehre! Sobald wir schlafen, versuchen sie es noch einmal! Mach die Fensterläden zu!«

Vermutlich genau aus dem Grund, aus dem man Horror-filme untertags lächerlich und nachts gruselig findet, widersprach mir mein Schatz nicht, sondern schlüpfte aus dem Bett, um eine gewissenhafte Verbarrikadierung vorzunehmen.

»Ich habe schreckliche Angst!«, informierte ich ihn, weil es nun so dunkel im Zimmer war, dass ich nicht einmal die eigene Hand vor Augen sehen konnte.

»Wir setzen ihnen jetzt trutzige Holzläden vor der Terrassentür und den vergitterten Fenstern entgegen. Da können Sie unmöglich rein. Dreh das Licht an.«, versuchte mich mein Gemahl mit nach wie vor etwas unsicher klingender Stimme zu beruhigen.

Zitternd tastete ich nach dem Schalter. »Dieses Haus hat weit und breit keine Nachbarn. Es lädt wirklich dazu ein, die Bewohner zu überfallen. Es ist so was von klar, dass die zurückkommen«, überlegte ich hysterisch. »Glaubst du nicht auch?« Ich sah ihn flehend an, weil ich hoffte, eine Antwort zu erhalten, die mir Sicherheit gab.

Mir fiel auf, dass er bleich wie eine Wand war.

Nervös tapste er zur Zimmertür und kontrollierte, ob wir abgeschlossen hatten. Dann stieg er wieder zu mir ins Bett.

»Wir können ja das Licht brennen lassen«, schlug er vor.

Ich schlief kaum in jener Nacht. Auch wenn sich meine Hysterie irgendwann ein wenig abschwächte, verharrte ich doch in einem Zustand der ängstlichen Anspannung, die es mir unmöglich machte, zur Ruhe zu kommen. Außerdem störte mich nicht nur die Helligkeit im Raum, sondern auch der Umstand, dass mein Mann nicht mit mir wach blieb. Ich haderte mit der Tatsache, dass er mich einfach mir selbst überließ. In allen Büchern und Filmen, die ich kannte, versagten sich die Helden unaufgefordert den Schlaf, um ihr »love interest« zu beschützen.

Irgendwann im Morgengrauen und total neben mir stehend nickte ich mit dem Gedanken ein, dass ich womöglich den Falschen geheiratet hatte.

Irgendwann im Morgengrauen und total neben mir stehend nickte ich mit dem Gedanken ein, dass ich womöglich den Falschen geheiratet hatte.

Der Einbruch war beim Frühstück natürlich das Thema Nummer eins. Vom ruhmreichen Amerikaner, der die Gauner in die Flucht gebrüllt hatte, fehlte jede Spur. Aber wahrscheinlich hatte er sich, ähnlich der Urlauberin im Zimmer unter ihm, nicht getraut, vor Tagesanbruch einzuschlafen, und lag nun noch im Bett.

Der Pensionsbesitzer zeigte sich gänzlich unbeeindruckt von den nächtlichen Geschehnissen auf seinem Grund und Boden. Er wohnte ja auch nicht hier, sondern kam erst morgens zum Frühstückmachen her. Vermutlich war es ihm an diesem Ort zu gefährlich. Er murmelte irgendetwas von »il scasso«, »gentaglia albanese« und »spesso«, was ich jedoch nicht verstand, weil meine Italienischkenntnisse nicht über »Un acqua minerale senza gas per favore« hinausgingen.

Aber die Stuttgarterin vom Nebentisch war so freundlich, uns zu informieren: »Die Albaner waren es! Ganz klar, die kommen in Booten übers Meer und rauben hier unschuldige Touristen aus. Haben Sie schon gesehen? Wenn Sie die Straße weiterfahren, kommt bald ein Gefängnis. Angeblich voll mit Albanern!«

»Keine Ahnung, warum wir uns heute Nacht so gefürchtet haben«, überlegte mein frisch gebackener Ehemann auf dem Weg vom Frühstücksraum zurück in unser Zimmer. »Es war doch offensichtlich, dass das keine knallharten Jungs waren. Vermutlich sogar unbewaffnet, sonst hätten sie wohl kaum sofort Reißaus genommen.« Er schmunzelte und legte den Arm um meine Schulter. »Das wird die Übermüdung gewesen sein. Verbringen wir den heutigen Tag am Pool und ruhen uns aus?«

»Ich hätte ja nie gedacht, dass wir uns bei den Uffizien derart lang anstellen müssen«, stöhnte ich am Abend desselben Tages und ließ mich auf mein Bett fallen. Die Tüten mit den eingekauften Mitbringseln für unsere Familie breiteten sich um mich aus wie eine Gloriole des Konsums.

»Hat dir das Museum denn wenigstens gefallen?«, fragte mein Mann und stellte seine verschwitzten Turnschuhe umsichtigerweise auf die Terrasse.

Ich nickte selig. »Ich habe die Botticellis und die Raffaels gesehen! Ich weiß nicht, wie lang das schon mein sehnlichster Wunsch war.« Verliebt sah ich ihn an. Wie hatte ich an ihm zweifeln können? Er war ein Goldschatz! Trotz Erschöpfung von der schrecklichen Nacht, 35 Grad im Schatten und Massen an Touristen hatte er mit mir Florenz erkundet. Jeder andere hätte sich geweigert. Er war mein Held!

»Warum entspannst du nicht ein wenig, und ich bereite in der Zwischenzeit alles für unser italienisches Antipasti-Picknick im Bett vor?«, schlug er nun auch noch vor, was mich endgültig zum Dahinschmelzen brachte.

Verliebt genossen wir Prosciutto mit Oliven, dazu flaumiges Weißbrot und Parmesan. An die Vorkommnisse der letzten Nacht dachten wir gar nicht mehr.

Zumindest glaubte ich das. Dennoch schlossen wir wie selbstverständlich die schweren Läden und zogen es vor, in der stickigen Hitze des hermetisch abgeriegelten Raumes zu schlafen, statt frische Luft und damit möglicherweise ungebetene Gäste hereinzulassen. Und irgendwie muss auch das Bild von gewaltbereiten und sehr hartnäckigen Verbrechern, die sich trotzdem Zugang verschaffen konnten, in meinem Unterbewusstsein weitergearbeitet haben. Denn als mich in der zweiten Nacht in der Toskana ein Rascheln in unserem Zimmer aufschreckte, schrie ich noch während des Aufwachens völlig hysterisch auf.

»Sie sind wieder da!«, brüllte ich. »Mach was!«

Meinen Mann hatte wohl weniger das Geräusch, sondern vielmehr mein Geschrei aufgeweckt. Wie von der Tarantel gestochen sprang er aus dem Bett, hechtete zum Lichtschalter neben der Tür und schnappte sich eine Zinnvase von der Kommode.

Vor Angst schluchzend beobachtete ich ihn dabei, wie er sich mit über dem Kopf erhobenem Dekostück und schreckgeweiteten Augen im Zimmer umsah. Stoßweise atmend wartete ich ab, was wohl als Nächstes passierte. Ich war mir ziemlich sicher, dass es etwas Schlimmes sein würde.

Es dauerte ein paar Momente, dann ließ mein Göttergatte seine Waffe sinken. »Da ist nichts.«

Vorsichtig überprüfte ich selbst die Lage, denn irgendwie war ich nicht hundertprozentig gewillt, ihm zu glauben.

»Du hast schlecht geträumt«, vermutete er.

»Da war aber was! Bist du taub?«

»Ja, jetzt. Du hast so geschrien.«

»Bitte, kannst du unter dem Bett nachsehen?« Die Bilder von Albanern, die nach meinen Waden grapschten, sobald ich einen Fuß auf den Boden setzte, waren zwar realitätsfremd, erschienen mir in jenem adrenalinschwangeren Moment aber als das wahrscheinlichste aller Szenarien.

Mein Mann tat mir den Gefallen und prüfte nicht nur den für mich ohnehin immer etwas suspekten Raum unter dem Bett, sondern auch jeden anderen Winkel des Zimmers.

Mit rasendem Herzen sah ich ihm dabei zu. Ich fühlte mich wie in einem Albtraum gefangen.

»Hier«, sagte er, als er neben dem Stuhl bei der Terrassentür in die Hocke ging. »Eine Salami.« Er hielt das Fundstück triumphierend hoch. »Aus der Tüte gerollt.« Er griff in das Plastik der Tragetasche und erzeugte damit exakt jenes Geräusch, das mich aus dem Schlaf geholt hatte.

Im Nachhinein erscheint es seltsam, dass mich eine Stange Rohwurst genauso aus dem Konzept bringen konnte wie die Einbrecher in der Nacht davor. Aber ich war mit meinen Nerven völlig am Ende. Hemmungslos weinend zog ich mir die Decke über den Kopf. Mein ratloser und vom Schlafentzug beträchtlich angeschlagener Mann brauchte eine halbe Ewigkeit, um mich wieder zu beruhigen.

Im Nachhinein erscheint es seltsam, dass mich eine Stange Rohwurst genauso aus dem Konzept bringen konnte wie die Einbrecher in der Nacht davor.

Um es kurz zu machen: In unserer dritten Nacht in jener Pension blieb alles ruhig.

Zumindest bis der erste Schuss fiel. Dann waren wir wach, hielten einander im Arm und dachten, unser letztes Stündlein hätte geschlagen. Nun war es also so weit: Die Einbrecher kehrten zurück, diesmal schwer bewaffnet, und würden sich den Weg zu unseren Habseligkeiten freischießen.

»Keiner sollte in seinen Flitterwochen so Angst haben müssen«, weinte ich an der Brust meines mir erst so kurz Angetrauten.

»Nein, wirklich nicht.«

Ein weiterer Schuss gellte durch die Dunkelheit. Wir zuckten zusammen.

Ich hatte auf dieser Reise insgesamt etwa so viel geschlafen wie sonst in einer Nacht, darum sagte ich ohne nachzudenken, etwas sehr Perfides: »Warum kannst du mich nicht besser beschützen?«

»Hallo? Was denkst du, dass ich tun soll? Da draußen wird scharf geschossen!«

Ich schluchzte, so leise es mir möglich war, um von den Angreifern nicht gehört zu werden. Mein Mann umfing mich noch ein wenig fester. So lagen wir mit nach Lavendel duftender Spitze bekränzt da und lauschten.

Irgendwann nach schrecklich bangen Minuten begannen wir uns zu fragen, warum hier in Sichtweite zu San Gimignano herumgeballert werden konnte, ohne dass auch nur eine einzige Einsatzsirene zu hören war - oder sonstige von der Staatsgewalt abgesonderte Geräusche.

Was wir nämlich nicht wussten, war, dass in der Toskana nachts Wildschweine in die Weinberge kommen, um Trauben zu fressen.

Ab September beginnt die Jagd auf sie, um eine toskanische Spezialität die »pappardelle al cinghiale« aus ihnen herzustellen. In Kenntnis dieses Umstandes hätten wir vielleicht weit eher kombiniert, dass uns keinerlei Gefahr drohte. Nach den vorausgegangenen Erlebnissen waren wir dazu aber nicht imstande. Und so dauerte es eine ganze Nacht, bis wir einsahen, dass wir überleben würden.

Gut geschlafen haben wir in der Toskana nicht mehr. Zu sehr waren wir es mittlerweile gewöhnt, in Alarmbereitschaft zu bleiben. Da hätte es das Gewitter mit Stromausfall oder das wiederholte Male erklingende Knirschen von Schritten auf dem Kies gar nicht mehr gebraucht. Mit dem Schließen der Augen kam jede Nacht auch die irrational übersteigerte Angst zurück.

So zögerten wir den Zeitpunkt des Einschlafens also immer weiter hinaus und beschäftigten uns bis spätnachts miteinander. Nicht weil wir als Frischvermählte so unstillbares Verlangen gehabt hätten, sondern weil wir uns aneinandergeklammert sicherer fühlten. Dabei erkannte ich, wie viel Held in meinem Mann steckte, denn er scheute keine Mühen mich abzulenken.

Bald hatte uns der Schlafmangel in Kombination mit meinem Kulturbesichtigungsprogramm jedoch so erschöpft, dass wir dazu übergingen, uns Seite an Seite ins Koma zu fernsehen. So verstrich die Zeit, und der Urlaub neigte sich dem Ende zu, worüber wir Erleichterung empfanden.

Als schönste Nacht unserer Hochzeitsreise blieb uns beiden jene im Stadthotel in Mailand auf der Rückreise in Erinnerung. Die war einfach himmlisch!

Im Glutofen von Andalusien

Warum will man Urlaub machen? Theoretisch könnte man sich auch zu Hause auf den Balkon oder in den Garten setzen, bei einem kühlen Bier die Sonnenuntergänge genießen und sich seines Lebens erfreuen. Ganz ohne den Stress des Fluges oder enervierend langsam fahrenden Reisebussen beim Transfer in das Hotel.

Leider ist das auf die Dauer ziemlich langweilig, und da das Wetter in Deutschland auch nicht immer mitspielt, man andere Länder, Menschen und Kulturen kennenlernen möchte, freut man sich selbstverständlich jedes Mal auf die »schönste Zeit des Jahres«.

Warum auch nicht?

Der Urlaub ist hart verdient, ein tolles Gefühl, die Nase vom Chef eine Weile nicht sehen zu müssen oder das Gesicht des Nachbarn, wenn man sich frühmorgens beim Bäcker trifft und dieser einem ein Gespräch aufzwingt. Wenn man an Urlaub denkt, kommen einem Bilder von Strand, mediterranem Essen und Sonne in den Sinn. Mit anderen Worten – Urlaub muss sein. Zumindest einmal im Jahr ein paar Tage die Seele baumeln lassen.

So dachten auch meine Freundin und ich, als wir sieben Tage all-inclusive in einem Viereinhalb-Sterne-Hotel im spanischen Süden, an der Costa del Sol, buchten. Die Bewertungen des Hotels waren einwandfrei, es lag direkt am Strand, eine gut besuchte und bekannte Hotelkette in der Nähe von Málaga – was will man da falsch machen?

Frohen Mutes und bester Laune standen Nina und ich mit gepackten Koffern am Düsseldorfer Flughafen. Klar, es war früh, der Flieger sollte bereits in den Morgenstunden abheben. Aber wir reisten ja nicht lange, und außerdem hatte man so viel mehr vom Tag, insofern war das frühe Aufstehen gut zu verkraften. Nachdem wir unsere Koffer aufgegeben hatten, musste ein kurzes Frühstück in einem Schnellrestaurant genügen. Nur ein Croissant und ein kleiner Kaffee. Die Stimmung war prächtig. Wir flüsterten uns ins Ohr, was wir mit dem jeweils anderen vorhatten, wenn das ein oder andere Glas Wein geflossen war und die Sonne auf nackte Haut schien. Ich konnte es gar nicht mehr erwarten, endlich in Andalusien zu sein, und zückte mein Handy. Genial! 28 Grad, Tendenz steigend. Besser konnte es nicht sein.

Zwei Stunden später saßen wir immer noch auf demselben kakaobraunen Sofa und blickten auf die Anzeigetafel. Eine kleine Verspätung hatte sich angebahnt. Neunzig Minuten. Aber kein Problem, immerhin würden wir in einigen Stunden am Strand liegen und uns die Sonne auf den Pelz scheinen lassen. Vielleicht verpassten wir das Mittagessen, aber zu Kaffee und Kuchen (ja, da bin ich Fan von) würden wir bestimmt auf der Terrasse sitzen und auf das azurblaue Meer blicken.

Drei Stunden später hatte ich keine Lust mehr auf Kaffee und spielte ernsthaft mit dem Gedanken, mir ein Bier zu bestellen. Nina hatte ihr Handy komplett neu organisiert, alle Termine mit meinem Kalender synchronisiert und ging jede halbe Stunde zum Schalter, um ein wenig Dampf abzulassen. Ich indes hatte Level 28 von Candy-Crush erreicht.

Die Stimmung kippte allmählich. Nun ja, das würde sich bestimmt ändern, wenn wir zum Abendessen im Hotel waren und direkt im Anschluss ein paar Drinks kippen würden.

Die Hoffnung starb ja bekanntlich zuletzt.

Weitere zwei Stunden später bezogen Security-Kräfte und BKA-Beamte neben dem Schalter unserer Fluggesellschaft Stellung. Vier Passagiere hatten ihre Meinung über die Verspätung kundgetan, indem sie Essensreste auf die Damen geworfen hatten. Nicht die feine Art, zugegeben, aber irgendwie konnte ich ihren Unmut nachvollziehen.

Nina machte mir Angst. Sie lächelte hämisch, als die Frauen von den Männern abgeführt wurden. »Mehr Platz für uns im Flugzeug.«

Ich bestellte mir das dritte Bier an der Bar. Der Akku meines Handys war leer. Eine weitere Stunde später war es endlich so weit. Wir rollten zur Startbahn. Der Pilot entschuldigte sich kurz und hob ab. Endlich.

Wir erreichten das Hotelgelände nach Mitternacht.

Der Transfer hatte doch ein wenig länger gedauert, als ich zu Hause ausgerechnet hatte. Selbstverständlich waren wir die Letzten, die aus dem Bus stiegen. Also würden wir auch die Ersten sein, die der Busfah-

Der Ausdruck in ihrem Gesicht schwankte zwischen Hunger, Müdigkeit und Aggression.

rer für die Heimreise in aller Herrgottsfrühe aufsammelte. Diesen Gedanken teilte ich Nina vorerst nicht mit. Der Ausdruck in ihrem Gesicht schwankte zwischen Hunger, Müdigkeit und Aggression. Ich lächelte schwach.

Nun ja ... Aller Anfang ist schwer, und bestimmt würde es immer noch ein super Urlaub werden. Wir checkten ein, den Appetit verdrängten wir, den Begrüßungscocktail lehnten wir ab, schließlich wollten wir nur noch ins Bett und schlafen.

Im Zimmer angekommen, legten wir uns sofort hin. Und für ein paar Sekunden hatten wir auch wirklich das Gefühl, schlafen zu können. Zumindest bis zu dem Zeitpunkt, als ein Bass wummernd in unser Zimmer drängte und sich dort mit dem lauten Johlen von Feierwütigen vermischte. Schlaftrunken öffnete ich die Tür und trat auf den Balkon. Der Mond spiegelte sich auf der glitzernden Wasseroberfläche des Meeres. Palmen wiegten ihre Blätter sanft im Wind, dass Signal eines Leuchtturms blitzte am Horizont. Ein wunderschöner Anblick, wären da nicht die Lichteffekte, die direkt unter unserem Fenster den Pool zum Leuchten und die Idylle der Nacht zunichtemachten. Auf der schwarz geschmückten Bühne stand eine Band, die mir nicht erkennbare Worte ins Mikrofon schrie. Unzählige Menschen, ebenfalls in Schwarz gekleidet, hoben ihre Hände im, in meinen Augen, nicht vorhandenen Takt und tanzten auf die, in meinen Ohren, nicht vorhandene Melodie. Dazu dröhnte aus der überdimensionierten Musikanlage eine Art Metal oder Gothic.

Ja, ich gebe zu, mit mittlerweile 32 Jahren war das nie meine Musik und wird es auch nie werden. Aber die Lautstärke und Intensität des Krachs grenzten an Körperverletzung.

Was verdammt noch mal war hier los?

Während Nina im Halbschlaf irgendetwas von »Klär das, bitte!«, murmelte, hatte ich mir schon eine Hose angezogen und trottete zur Rezeption. Die freundliche Dame erklärte mir auch sogleich, dass doch in den nächsten Tagen das GoMet-Festival stattfinden würde. Irgendwie ahnte ich schon, was sie sagen wollte, bevor sie mir genau skizzierte, was ich gleich meiner Freundin erklären musste. Gothic meets Metal - ein Festival, nur auf Jugendliche zugeschnitten, die in einem extra dafür vorgesehenen Bereich im Hotel feiern konnten. Die Kette rühmte sich sogar damit, dass die Mädels und Jungs dafür jedes Jahr nach Andalusien kamen. Das stand natürlich auch auf der Webseite des Hotels. Hätte ich doch lesen müssen. Deshalb die günstigen Preise. Außerdem hatte ich doch extra ein Zimmer mit Meerblick bestellt. Und das läge nun einmal direkt unter der Bühne, beim Pool.

Mir fehlte die Kraft, mich daran zu erinnern, geschweige denn mich zu streiten. In knappen Worten erklärte ich Nina nach meiner Rückkehr, dass wir wohl das einzige Hotel in ganz Spanien gefunden hätten, welches seine Gäste mit einer 24-Stunden Gratisbeschallung verwöhnen würde. Aber ich war mir nicht einmal sicher, ob sie meinen verzweifelten Witz verstand.

Die Nacht verbrachten wir in einem tranceartigen, wachkomatösen Zustand. Als die Metal-Goth-Musik in den wirklich sehr späten Morgenstunden endlich etwas leiser gedreht wurde, stieg die Temperatur dafür ins Unermessliche, dennoch fanden wir zumindest ein paar Stunden Ruhe.

So dachten wir jedenfalls. Im nächsten Augenblick aber donnerte jemand gegen die Tür, sodass ich schon glaubte, in meine Bundeswehrzeit zurückversetzt worden zu sein. Es stellte sich allerdings zu meiner großen Erleichterung heraus, dass es nicht mein alter Oberfeldwebel war, sondern lediglich eine Frau, die unser Zimmer reinigen wollte.

Zugegeben etwas schroff wies ich sie ab. Ja, ich hätte freundlicher sein können, vielleicht sogar müssen, aber ich war einfach nur müde. Ich kroch zurück auf die Bettdecke, da unsere Klimaanlage

Im nächsten Augenblick aber donnerte jemand gegen die Tür, sodass ich schon glaubte, in meine Bundeswehrzeit zurückversetzt worden zu sein.

partout nicht die ihr auferlegte Arbeit erledigen wollte. Ein kurzer Blick in die Maschine bewies, dass die Anlage leider nicht mehr dazu diente, das Klima im Raum zu temperieren, sondern offensichtlich zweckentfremdet worden war, um erstens: einer Ameisenkolonie eine Heimat zu bieten, und zweitens: ein besonders interessantes Biotop für Schimmelkulturen zu erschaffen.

Unsere Laune fiel auf den absoluten Gefrierpunkt, als wir durchgeschwitzt, hungrig, übermüdet und völlig genervt die Rezeption aufsuchten. Ob noch ein anderes Zimmer frei wäre? Die Dame meinte erst, wir erlaubten uns einen Scherz mit ihr. Hauptsaison, bestes Wetter, das Festival ... Nein, alles sei ausgebucht. Um die Klimaanlage werde sich sobald wie möglich ein Techniker kümmern. Aber auch diese sind wegen des Festivals, der komplizierten Musikanlage und der Lichtshow ständig im Einsatz. Es könnte also etwas dauern.

Das Schicksal kann ein richtig mieser Judas sein.

Das gesamte Team des Hotels hatte gerade eine Sitzung, sodass sich auch wirklich jeder, vom Hilfskellner bis zum Manager, gerade im Foyer befand. Ein Wort traf das andere, und noch bevor wir einen Schluck Wasser genommen, ein Brötchen gegessen oder den

Das Schick-sal kann ein richtig mieser Judas sein.

Pool auch nur gesehen hatten, waren wir die Lieblinge des gesamten Hotels und der dazugehörigen Belegschaft geworden.

Dies wirkte sich selbstverständlich nicht unerheblich auf die nächsten Tage aus. Ich war ohnehin immer der Meinung, dass Männer an Poolbars grundsätzlich als letztes bedient werden. Okay, wenn ich spanischer Animateur wäre, würde ich auch den Mädels zuerst die Drinks geben. Trotzdem wurde ich das Gefühl nicht los, dass vor mir so ziemlich jeder drankam.

Nachts schliefen wir im Glutofen von Andalusien, da die Temperatur in diesem Hochsommer beinahe das Rekordniveau erreichte. Mittags konnte man Spiegeleier auf Motorhauben braten. Kein Scherz!

Der Techniker kam drei Tage später und sah sich die Klimaanlage an. Nach zwei Handgriffen lief das Gerät wieder, allerdings fühlten wir uns nicht wirklich wohl bei dem Gedanken, dass schimmelgeschwängerte Luft nun den Raum erfüllte. Die Ameisen suchten sich indes eine andere Behausung und beschlossen offensichtlich, eine Durchgangsstraße genau durch unser Bad zu eröffnen.

Dies hätte uns noch nicht einmal wirklich gestört, wenn zumindest ab und zu mal jemand im Bad geputzt hätte. Die Reinigungsfachkräfte des Hotels schalteten nämlich ab dem zweiten Tag auf stur, kamen, wann sie wollten, und brachten ihre ganz eigene Definition vom Wort »reinigen« mit, wenn sie das Zimmer doch mal betraten. Teure Cremes meiner Freundin waren auf einmal nur noch halb voll, Zahnpastatuben wurden ausgedrückt, und auch mein Aftershave sah nach wenigen Tagen um einiges leerer aus, als ich es in Erinnerung hatte. Als dann auch noch unsere Rasierer auf rätselhafte Weise verschwanden, wurde es uns endgültig zu bunt. Wir bestanden an der Rezeption auf einen Termin beim Hoteldirektor. Dieser begrüßte uns auch sogleich mit Namen und Handschlag, was in mir augenblicklich ein komisches Gefühl hervorrief.

Nachdem wir ihm mehrmals unsere Situation geschildert hatten, hob er entschuldigend die Hände und tat so, als sei das alles unmöglich. Er würde aber selbstverständlich die Chipkarten der Reinigungskräfte auslesen lassen, damit man genau wisse, welche Putzdame in unser Zimmer käme.

Auch unser Einwand, dass ja nichts gestohlen, sondern wahrscheinlich im Müll entsorgt wurde, stieß mehr oder minder auf taube Ohren.

Vielleicht würden wir uns da in etwas hineinsteigern, antwortete der Manager und gab uns den Hinwies, dies alles vielleicht besser mit der Reiseleitung zu besprechen. Immerhin wäre es für deutsche Verhältnisse ungemein heiß und das würde dem ein oder anderen aufs Gemüt schlagen.

Während wir also nachts beschallt wurden, die Barkeeper uns nicht bedienten, die Klimaanlage Schimmel in unsere Lungen blies, und eine Affenhitze unsere Gehirne schmolz, warteten wir am nächsten Tag auf die Reiseleitung.

Eine halbe Stunde, eine Stunde, zwei Stunden – die Dame wollte einfach nicht am Tisch im Foyer auftauchen, und unter der angegebenen Telefonnummer meldete sich niemand. Irgendwann wurde uns dann mitgeteilt, dass die zuständige Reiseleitung mit Hitzschlag im Bett läge und auch in den nächsten Tagen dort bleiben müsse. Ihre Vertretung sei vor einer Woche entlassen worden, die übrigen Mitarbeiter des Veranstalters überlastet. Man könnte aber gern auf eigene Kosten in das fünfzig Kilometer entfernte Schwesterhotel fahren, dort wäre morgens zwischen sieben und acht Uhr eine Sprechstunde.

Wenn es denn dringend wäre, fügte die Dame an der Rezeption hastig hinzu, und ich schwöre bis heute, dass ich das lodernde Feuer des Hasses in ihren Augen brennen sah, nachdem sie mir das mitteilte.

Da es unser letzter Urlaubstag war und wir als Erste in der Nacht abgeholt wurden, verzichteten wir auf die Reise ins Schwesterhotel und legten uns früh schlafen. Zumindest beim Anruf in der Zentrale des Veranstalters konnte Nina ein wenig Dampf ablassen. Wir wollten auf diese Weise dokumentieren, dass wir ganz und gar nicht zufrieden waren mit unserem Urlaub. Und das war noch leicht untertrieben.

Der Transferbus kam übrigens eine halbe Stunde zu früh und hupte bereits, während ich noch unter der Dusche stand. Aber diese Randnotiz nahm ich schon gar nicht mehr wahr. Zu sehr freute ich mich auf unsere Wohnung und endlich wieder ein wenig Abkühlung. Vom Veranstalter bekamen wir übrigens keinen Cent zurück. Wir hätten mit dem Reiseleiter vor Ort sprechen müssen. Natürlich.

Im nächsten Jahr machen wir Urlaub auf Balkonien.

Zimmer mit Aussicht

Das Problem mit dem Leben ist, dass man nur eines hat.

An Banalität mal wieder schwer zu überbieten, dieser Spruch, denkt Erika. Regungslos bleibt sie einen Moment vor dem Abreißkalender stehen. Bereits seit Februar ist es ihr nicht mehr gelungen, die Kalenderblätter exakt an der vorgestanzten Perforation abzulösen. Jeden Tag wird der schräge Papierwulst auf der rechten Seite größer. Heute, am dreißigsten September, sieht er so hässlich aus, dass Erika nahe dran ist, den ganzen beschissenen Kalender endlich wegzuwerfen, so wie Gernot es dauernd verlangt. Warum tut sie es nicht? Aus Protest. Und aus einem winzigen Rest innerer Selbstachtung heraus, an den sie sich manchmal so blitzartig erinnert, wie an ein längst vergessen geglaubtes Lebensereignis.

Gernot sagt, das ganze Leben sei im Grunde eine Aktie, auf die man setzt. Mehr oder weniger erfolgreich. Dabei reiche es doch völlig, ein paar kleine Regeln zu befolgen. Darüber hat sie Gernot schon hunderte Male dozieren hören. Die Leute machen alle denselben Fehler. Lassen sich von ihren Gefühlen leiten. Halten an Papieren fest, wenn der Kurs fällt, oder kaufen sogar nach. Dabei ist es doch nicht so schwer zu verstehen, wie man einen Stop-Loss einrichtet. Gottverdammt. Zu Beginn eines Investments muss man sich eine Strategie zurechtlegen und dann daran festhalten. Nicht zu oft umschichten, das Risiko streuen, und niemals in Panik geraten. Rationale Entscheidung ist das Zauberwort. Wie gesagt, alles ganz ohne Emotionen.

Deswegen ist Gernot der Sprüchekalender auch so zuwider. Geradezu suspekt. Und ganz besonders dann, wenn er den Eindruck hat, Erika würde sich von diesem esoterischen Selbstfindungsgeschwafel beeinflussen lassen. Gernot sagt, es sei grotesk zu glauben, man sei auf der Welt, um glücklich zu sein.

Erika hat das Kalenderblatt zu einer harten Kugel zusammengeknüllt. An Banalität nicht zu überbieten ... Seine Worte natürlich, nicht ihre. Doch diesmal hatte er wirklich mal recht. Aber anders recht. Denn wie konnte Erika die simple Botschaft hinter diesem Spruch nur so lange nicht wahrhaben wollen?

Erika muss sich beeilen. Sie hat heute Nachmittag Dienst in der Apotheke und will sich vorher um das Gepäck kümmern. Sie verreisen jetzt schon seit 37 Jahren mit denselben Koffern, die weder über Räder, Eleganz oder auch nur einen Hauch von Klasse verfügen. Sie sind einfach nur ein Beleg für Gernots Einstellung zu Besitz. Zum Leben allgemein: Standardwerte vor Spezialwerten.

58 Lebensjahre, denkt Erika und betrachtet die Altersflecken auf ihren Handrücken, während sie sorgfältig Gernots Hemden faltet. Vierzig Jahre davon, so könnte man sagen, hält Gernot die Aktie Erika bereits im Depot, die, wenn man so will, zuverlässig minimale Dividenden einfährt. Gernot war noch nie gezwungen, seine Anlagestrategie infrage zu stellen oder sich anderen gewinnbringenderen Alternativen zuzuwenden, so sieht Erika das.

 Buy low, sell high, wird Gernot nicht müde zu ätzen, das sei bei Ehefrauen naturgemäß genau andersrum, hahaha.

Buy low, sell high, wird Gernot nicht müde zu ätzen, das sei bei Ehefrauen naturgemäß genau andersrum, hahaha. Sie solle also verdammt noch mal froh sein, dass er sie nicht aus dem Portfolio entferne, so sieht es Gernot.

Erika schluckt. So was tut weh. Ihr tut es weh. Ihre Freundin sagt, geh einfach. Als ob das so einfach wäre! Erika fasst sich an den Hals. Die Haut ist weich und wird immer knittriger. Sie hat sich angewöhnt, Rollkragenpullover zu tragen und Seidentücher im Sommer. Aber das ist es nicht, was sie im Moment stört. Es ist dieser Kloß. Globusgefühl, hat ihr der Chef erklärt. Psychosomatisch meist. Ob Sie Probleme hätte, wollte er wissen. Nein, keine Probleme. Nur die üblichen Sticheleien unter Eheleuten. Die Routine, der Alltag eben, Sie wissen schon.

Am meisten macht Erika die Körperlosigkeit zu schaffen. Eigentlich ist sie eine sinnliche Frau. Berührt hat Gernot sie das letzte Mal vor 19 Jahren. Erika weiß nicht, wie er damit klarkommt, seinen Körper nur dazu zu benutzen, ihm Nahrung zuzuführen, ihn zu kleiden und zwischen Sparkasse und Haus hin- und herzuschaffen. Gernot *ist* einfach nur. Er hat keine Hobbys, keine Freunde, nicht einmal Bekannte. Seit sie ihn kennt, haust er in derselben weichen, schwammigen Figur, konturenlos, irgendwie nicht greifbar. Bluthochdruck, Kurzatmigkeit, zwei Bypässe, die üblichen Verfallserscheinungen gestresster Büromenschen.

Erika hingegen wird sich in ihrem eigenen Körper immer fremder. Sie kann sich schon lange nicht mehr spüren, betrachtet den Verfall jedoch mit dem gnadenlosen Blick des Profis. Als Apothekenhelferin braucht ihr niemand die fünf Zeichen der Hautalterung zu erklären. Doch seltsamerweise denkt Erika, seit sie begonnen hat vor sich hin zu altern, immer häufiger darüber nach, wie es wäre, noch mal Sex zu haben. Erika nennt dieses Bedürfnis für sich persönlich »das letzte Aufblühen vor der Kompostierung«.

Schon allein der Gedanke daran, Gernot zu verführen, lässt Erika erröten wie einen Teenager. Mühsam schluckt sie an dem Hindernis in ihrem Hals vorbei. Vielleicht ergibt sich ja im Urlaub die Möglichkeit. Die Ferien sollen einen Neuanfang einläuten. Sie brauchen ihn dringend, alle beide.

Erika kontrolliert die übereinstimmende Anzahl von Hemden, Unterhemden, Unterhosen und Socken plus die diesem Vorrat entsprechende Menge an Hosen, Pullovern, Pullundern und Taschentüchern. Gernot hat dafür extra zwei Formeln entwickelt. Er kann ziemlich ungemütlich werden, wenn die Stückzahlen der Kleidungsstücke nicht korrekt berechnet wurden.

Erika wendet sich ihrem eigenen Koffer zu. Seit sie ein bisschen fülliger geworden ist, liebt sie es, sich in weiche, fließende Klamotten zu kleiden. Wahllos nimmt Erika ein buntes Sammelsurium aus Tuniken, Blusen, Strickjacken und weiten Pullovern aus dem Schrank. Zum Schluss wirft sie noch ein billiges, burgunderrotes Negligé aus Satin dazu, das es vor Jahren bei Yves Rocher in Kombination mit einer Anti-Age-Creme gratis gegeben hatte.

»Das Viagra kommt noch, dann könnt ihr beide schon mal anfangen«, sagt Erika und kichert plötzlich los wie ein Schulmädchen. Sie muss dringend aufpassen, dass sie jetzt nicht hysterisch wird – so was geht schnell, wenn man sich selbst nicht leiden kann.

Das Potenzmittel hat Erika aus der Apotheke mitgehen lassen. Auch an ihre Benzodiazepine kommt sie auf diese Weise. Mit ihrem Vorrat könnte man einen Dinosaurier einschläfern. Niemals im Leben würde Erika zum Arzt gehen, um ihn nach

Schlafmitteln zu fragen. Möglicherweise würde er sie zu einem Psychiater überweisen. Und diese manipulativen Typen sind Gernot ein Gräuel. Treiben sich in den Köpfen anderer Leute rum. Erika seufzt. Fakt ist, dass Gernot sich in ihrem Kopf herumtreibt!

Erika ist nervös, wie immer vor einer Reise, auch wenn sie wie üblich nur nach Sylt fahren. Sie werden den Nachtzug nach Hamburg nehmen und von dort weiter nach Westerland reisen. Im Taxi checkt Erika ihre Tasche. Für die Bahnfahrt sind eigentlich nur drei Dinge wichtig: die Tickets, Gernots Herz-Trio in dem kleinen Reißverschlussbeutel (Blutverdünner, Betablocker, Blutdrucksenker) und sein Antiemetikum gegen Reiseübelkeit. Wenn Erika Gernot nicht immerzu mit seinen Medikamenten füttern würde wie einen Säugling, nähme er gar nichts ein. Aus Ablehnung. Gegen sich selbst? Erika schüttelt unwillkürlich den Kopf.

Auf der Zugfahrt hat sie viel Zeit, ihren Mann zu betrachten, während er in seine Sparkassen-Infobroschüren vertieft ist, als müsse er morgen schon wieder im Büro sein. Er lässt sich nichts anmerken. Kein Kommentar zu seinem letzten Arbeitstag heute, kein Ausdruck des Bedauerns über die Pensionierung, keine Anekdote über die Verabschiedungsfeier. Er tut ihr leid, aber sie fragt auch nicht.

Erika wendet ihren Blick ab und starrt aus dem Fenster.

Wie sagt man so schön? Heute hat er begonnen. Der Rest ihres Lebens. So pathetisch es auch klingen mag, aber es ist wahr. Dieser Mann wird ab jetzt ununterbrochen anwesend sein. Aber er wird nicht mit ihr reden. Erika kann sich nicht mal mehr erinnern, wann das angefangen hat. Schleichend, raumgreifend. Inzwischen redet Gernot quasi nur noch über sie und wird sie mit seiner kleinkarierten, pedantischen, geizigen und korinthen-kackerischen Art in den Wahnsinn treiben. Wie ein unsichtbares Gift werden seine ständigen Bevormundungen, Belehrungen und Nörgeleien in ihre Blutbahn sickern und sie stetig von innen aushöhlen. Ihre Schlafstörungen werden zunehmen, das Zucken am Auge und die angsteinflößenden Gedanken.

Erika schluckt probehalber und beobachtet, wie draußen der Hindenburgdamm von betongrauem Schlickwasser umspült wird. Es nieselt. Typisches Syltwetter. Der Kloß ist immer noch da. Offenen Maßregelvollzug könnte man ihren Zustand nennen, denkt Erika.

»Freust du dich auf den Urlaub?«, fragt sie nach einer Weile und dehnt den Rollkragen ihres Pullovers mit zwei Fingern. »Schatz?«

In der Öffent-lichkeit benimmt sich Gernot wie ein Esel. Hinter verschlossenen Türen verwandelt er sich in eine Giftspinne.

»Ach was«, erwidert Gernot nur und liest weiter. In der Öffentlichkeit benimmt sich Gernot wie ein Esel. Hinter verschlossenen Türen verwandelt er sich in eine Giftspinne.

Das Friesenhaus in Rantum hat er von seinen Eltern geerbt. Es liegt auf einem großen Grundstück einsam in den Dünen. Unbezahlbar heutzutage. Das Haus braucht eine Grundsanierung, und es ist winzig. Aber durch die Panoramascheiben des Wohnzimmers hat man einen sogenannten »unverbaubaren« Blick auf die Nordsee. Haus Gernot ist sicher eine Million Euro wert, und Erika hasst es. Sie darf nichts verändern, erneuern oder umstellen. Dort ist Erika genauso gefangen wie zu Hause.

Als Gernot die Tür aufschließt und ihnen die schimmelige Feuchtigkeit eines ganzen Jahres entgegenschlägt, dreht es Erika beinahe den Magen um. Sie hat schon lange aufgehört, sich zu fragen, warum sie überhaupt noch mitkommt. Denn eigentlich ist es keine Frage des Warums. Es ist überhaupt keine Frage.

Erika weint still, als sie den Kalender in die Küche hängt. Eine unerhörte Rebellion, die ihr schon in der nächsten Stunde einige der verletzendsten Worte einbringen werden, die Gernot je ausgesprochen hat.

Es dauert die üblichen drei Tage, bis Erika das Haus wieder funktionstüchtig und saubergemacht hat. Als Erstes putzt sie immer die Panoramascheiben, damit Gernot im Sessel davor seine Aussicht genießen kann.

Dann geht sie Rad fahren oder spazieren. Stundenlang, manchmal bis an den Rand ihrer Kräfte. Wenn sie in Westerland war, bringt sie hin und wieder ein Fischgericht von Gosch mit. Wie immer lässt sie es an der Theke in ihre eigenen Plastikschüsseln füllen, weil Gernot verboten hat, unnötiges Geld für etwas auszugeben, das es im Supermarkt billiger gibt.

Je länger sich Erika dem Reizklima der Nordseeluft aussetzt, desto ruhiger wird ihr Schlaf und desto strukturierter ihre Gedanken. Jeden Schritt, den sie auf dem harten, weißen Sand zurücklegt, gegen den Sturm gelehnt, mit einer Hand den Mantelkragen zuhaltend und sich ab und an nach einer der lächerlich kleinen Sylter Strandmuscheln bückend, führt Erika zu einer mentalen Klarheit, die sie an die scharfkantigen Schatten erinnert, den die Fußspuren der Strandläufer werfen, wenn die Sonne am höchsten steht. Blendend, fast schwindlig machend, heben sich dann die Flecken in ihrer gnadenlosen schwarzen Kontur von der gleißenden Helligkeit des Sandbetts ab.

Meistens verbringt Erika diese Strandwanderungen wie in Trance. Sie hört weder die Möwen kreischen noch die Brandung rauschen. Obwohl immer viele Leute unterwegs sind, ist ihr oft, als sei sie den ganzen Tag keinem Menschen begegnet.

Heute kommt Erika während des Laufens ganz unvermittelt zu sich und bleibt stehen. Fast sofort sinkt sie mit den Gummistiefeln bis zum Knöchel ein. Sie ist viel zu weit ins Watt geraten, das Hochwasser kündigt sich an. Doch Erika stellt fest, dass sie keine Angst hat. Keine Angst mehr hat. Vor nichts, im Grunde genommen. Denn Gernot hat wirklich recht! Schon immer! Erika entfährt ein kurzer Aufschrei. Ja, es müssen rationale Entscheidungen getroffen werden. Noch ist es nicht zu spät, einen Stop-Loss einzurichten.

Als Erika kehrtmacht, kommt es ihr vor, als würde sie von unsichtbarer Hand sicher um die Priele geleitet werden, um rascher zurück ins Haus zu gelangen, als es sonst der Fall gewesen wäre.

Dass Gernot inzwischen den Küchenkalender abgehängt und demonstrativ zum Altpapier gelegt hat, bestärkt sie nur noch mehr. Keine Panik, denkt sie, keine Panik, keine Panik. Erika hat ihr Mantra gefunden, genau wie es der Kalender vor ein paar Tagen vorgeschlagen hat. Entschlossen und vollkommen ruhig stellt sie zwei Gläser ins Gefrierfach und macht sich an die Arbeit.

Nach dem Abendessen wechselt Gernot auf seinen Stammplatz vor den Fenstern. Erika weiß, wie sehr er es schätzt,

beim Aufblicken aus seiner Lektüre das Glitzern des Mond-
lichts auf dem Meer zu betrachten. Sorgfältig schließt sie die
Vorhänge.

»Was soll das?« In Gernots Frage schwingt Irritation und
Gereiztheit.

»Das hier ist besser«, sagt Erika. Ihre Stimme klingt rau.
Etwas schleppend. Sie hat in der Küche ein halbes Glas Wodka
heruntergewürgt. Gegen die Panik, gegen die Panik, gegen die
Panik. »Du wirst schon sehen.«

Erika reicht Gernot eines der beiden frostbeschlagenen
Gläser. Sie haben einen kunstvollen Zuckerrand. In der milchi-
gen Flüssigkeit schwimmen Eiswürfel. Dann stellt sie sich mit
gespreizten Beinen über Gernots Knie und öffnet den Bade-
mantel. Das Negligée spannt über dem Busen.

»Sylter Küstennebel«, sagt sie und schwenkt die Eiswürfel.
»Ist was für ganz harte Kerle.«

Gernot richtet sich ein wenig auf und räuspert sich. Wechselt den eiskalten Drink in die andere Hand. Starrt auf ihre Brüste.

»Komm schon.« Erika stößt ihr Glas neckend gegen seines.
»Auf deine Pensionierung.«

Gernot zögert einen winzigen Augenblick. Erika lässt sich
langsam auf seinem Schoß nieder. Mit den Fingern fischt sie
einen Eiswürfel aus dem Glas und versucht, ihn so lasziv wie
möglich auf ihrem Dekolleté zu verreiben. Gernot räuspert sich
erneut und leert seinen Cocktail dann in einem Zug.

»Himmel!«, ächzt er und zerkaut die Zuckerkristalle.

»Bald«, sagt Erika und beschreibt mit ihrem Po einen kleinen Kreis. Dann reicht sie Gernot auch ihr Glas. »Noch eins. Es
macht mich ... heiß, wenn ich sehe, wie du trinkst.«

Während Gernot den zweiten Drink herunterstürzt, huscht die Andeutung eines Lächelns über sein Gesicht.

Das bringt Erika für einen kurzen Moment aus dem Konzept.

Sehen Sie in einem Menschen die Person, die sie früher einmal gewesen ist, stand heute im Kalender.

»Brav«, sagt sie dennoch. »Und jetzt schön die Augen schließen. Entspann dich. Nicht bewegen. Ich bin gleich wieder da.«

Als Erika morgens in Westerland auf den ersten Zug wartet, leert sie entschlossen ihre Taschen vom Strandgut der letzten Tage und zermalmt die kleinen Muschelschalen mit dem Absatz auf dem Bahnsteig.

»Gernot hat sich im Urlaub von mir getrennt«, murmelt Erika dabei vor sich hin. »Er lebt jetzt im Haus seiner Eltern auf Sylt. Gernot hat sich im Urlaub von mir getrennt. Er ...«

Sie muss schlucken.

Der Kloß ist weg.

Erika wird nie wieder einen Fuß auf diese Insel setzen.

Auch nicht, um irgendwann Gernots Leichnam zu überführen.

Im Wald mit Mattes

»Ach Quatsch, Gina! Du siehst super aus. Wie ein Trapper auf dem Klondike.«

Gina schaute skeptisch an sich herunter. Zugegeben, die Boots, der Winterparka und die Strickmütze waren nicht gerade stylish, aber etwas Besseres als die ausrangierten Winterklamotten meines Sohnes hatte ich ihr nicht anzubieten. Das brachte auch nur Gina fertig - eine Woche Eifel im Januar zu planen, ohne brauchbare Winterklamotten einzupacken.

»Na, Hauptsache warm«, kommentierte sie den Look, mit dem ich sie behelfsmäßig für unsere Schneewanderung ausgestattet hatte. »Zum Glück kennt mich hier niemand!«

Ich lachte.

Gina und ich sind mehr als Freundinnen. Begegnet sind wir uns bei einer Autorentagung, und aus einer anfänglichen losen Bekanntschaft wuchs mit den Jahren eine Seelenverwandtschaft, wie man sie nicht oft trifft. Schon gar nicht in so einem einsamen Beruf wie dem unserem. Während Gina mit Krimis ihre Brötchen verdient, sind Horrorgeschichten mein Spezialgebiet.

In regelmäßigen Abständen ziehen wir uns zur Schreibklausur in die Eifel zurück, wo mein Mann und ich ein kleines Wochenendhäuschen mitten im Wald besitzen. Dort haben wir dann eine Woche lang nichts anderes zu tun, als zu schreiben, uns gegenseitig vorzulesen und uns über unsere Ideen auszutauschen. Wir genießen diese Zeit immer sehr, und am abendlichen Kaminfeuer ist auch schon so manche spannende Idee entstanden. Heute hatten wir uns zu einer ausgedehnten Wanderung durch die weiten Wälder nahe der Hohen Acht entschieden, um ein paar der geheimnisvollen Schauplätze der legendären Schauergeschichten aufzusuchen, von denen es in dieser Gegend reichlich gibt. Eine Recherchetour der anderen Art eben, zu der ich Gina nicht lange überreden musste, denn nach vier Tagen Powerschreiben schwirrten unsere Köpfe vor lauter Mordopfern, und wir brauchten dringend frische Luft.

Eine halbe Stunde später stiegen wir am Fuß der Hohen Acht aus dem Wagen. Jetzt, mitten in der Woche, war der Parkplatz bis auf einen kleinen Mini leer, was uns hoffen ließ, dass wir die verschneiten Wälder in den nächsten Stunden für uns allein haben würden.

»Und wo geht es jetzt lang?«, fragte Gina und schob sich die Strickmütze aus der Stirn. »Für mich sieht hier alles gleich aus.«

Ich checkte die Tafel mit den Wanderrouten am Rand des Parkplatzes und sah mich um. »Wir nehmen die Route elf. Sie ist nur zehn Kilometer lang und führt uns zu der Stelle, an der einst der Knecht Mattes seine fünf Kinder erstach, um sie nicht dem Teufel ausliefern zu müssen.«

»Da hat er seinen Kids aber echt einen Riesengefallen getan.« Gina zog fröstelnd die Schultern hoch.

»Darum streift er auch seitdem ziellos durch die Wälder und sucht den Geist seiner geliebten Frau, um sie um Vergebung zu bitten. Vielleicht haben wir ja Glück und treffen ihn.« Ich grinste, denn obwohl Gina in ihren Krimis nicht gerade zimperlich mit ihrem Personal umgeht, verursachen finstere Legenden und Schauergeschichten bei ihr durchaus eine groß genoppte Gänsehaut.

Während wir uns unseren Weg durch die verschneite Landschaft bahnten, erzählte ich ihr gut gelaunt von Mattes' Pakt mit dem Teufel, der ihm zwar die Frau seiner feuchten

Träume bescherte, aber zugleich die Seelen seiner fünf erstgeborenen Kinder kostete. Dass Mattes' Frau nicht gerade begeistert vom Ausgang des Deals war und sich vor Kummer in eine Felsenschlucht stürzte, kann man an der Stelle als Ironie des Schicksals bezeichnen. Da zeigt sich wieder einmal, dass manche Männer die Konsequenzen ihres Tuns nicht zu Ende denken, wenn es zum Blutstau unterhalb des Nabels kommt.

Da zeigt sich wieder einmal, dass manche Männer die Konsequenzen ihres Tuns nicht zu Ende denken, wenn es zum Blutstau unterhalb des Nabels kommt.

Wie wir so durch den Eifeler Schnee stapften und über Männer im Allgemeinen und exponierte Exemplare im Speziellen sprachen, achteten wir nur peripher auf den Weg.

»Sag mal, hätten wir nicht schon längst irgendwo abbiegen müssen?«, fragte Gina nach einer Weile und hielt an. Inzwischen war der Weg so schmal geworden, dass wir mit den Schultern die tief hängenden Fichtenzweige streiften. Schnee rieselte wie Glitzerstaub von ihnen herab und verwandelte die Szene in ein beinahe kitschiges Postkartenidyll.

»Ich habe bis jetzt noch keinen Wegweiser mit einer Abzweigung gesehen. Du?«

Gina schüttelte den Kopf. »Nein, aber der Pfad wird immer schmaler. Ich kann mir kaum vorstellen, dass wir wirklich hier weitergehen müssen. Sieh dir außerdem mal die Bäume an. Sicher, dass wir das Schild nicht übersehen haben?«

Ich betrachtete die schneeverkrusteten Stämme und musste Gina recht geben. Gut möglich, dass wir das zugeschneite Schild schlicht nicht bemerkt hatten.

»Okay, dann gehen wir ein Stück zurück und passen diesmal besser auf.«

Gina verdrehte theatralisch die Augen, kehrte aber ohne Protest um und folgte mit mir unseren Spuren. An jeder Abzweigung untersuchten wir die Bäume genau, aber nirgendwo hing ein Wegweiser mit der Nummer elf.

»Und jetzt?«, fragte sie, als wir an einer Weggabelung ankamen, in die zwei frische Fußspuren hineinführten, die nicht die unseren waren. »Hier ist anscheinend ein Weg. Sollen wir den nehmen?«

Ich überlegte kurz. Auch wenn der Pfad nicht beschildert war, so war er doch vor Kurzem benutzt worden, obwohl heute nicht viel los war. Die Hohe Acht war förmlich von einem Netz an Wanderwegen durchzogen, und wenn wir unsere Route verloren hatten, warum sollten wir nicht einfach auf eine andere wechseln? Früher oder später würde schon eine Hinweistafel kommen, an der wir uns neu orientieren konnten.

»Klar«, antwortete ich. »Schlechter als unser Weg kann er kaum sein.«

Eine Stunde später überdachte ich mein vorschnelles Urteil, als die fremden Spuren nach und nach verwischten und irgendwann mitten in einem Buchendickicht endeten.

»Sag nicht, dass wir jetzt wieder den ganzen Weg zurückmüssen«, stöhnte Gina und setzte sich auf einen umgestürzten Baumstamm.

Ich ließ mich neben ihr nieder, nahm meinen Rucksack von den Schultern und kramte nach der Thermoskanne mit Tee.

»Quatsch«, sprach ich ihr Mut zu. »Wir sind doch vorhin an einem weiteren Pfad vorbeigekommen. Den nehmen wir. Wäre doch gelacht, wenn der nicht auf einen befestigten Wanderweg führt.« Ich goss Pfefferminztee in zwei Becher, die verlockend in unseren behandschuhten Fäusten dampften. Ein paar Vanillekipferln, die von Weihnachten übrig geblieben waren, ergänzten unser Winterwaldpicknick, und als wir kurz darauf wieder aufbrachen, hatte der Stimmungspegel wieder ein akzeptables Level erreicht. Wir kamen wieder auf Mattes zu sprechen und mutmaßten, dass er noch eine ganze Weile die Eifeler Wälder durchstreifen musste, um dem Geist seiner Angetrauten wieder unter die Augen treten zu können. Wir Frauen sind bekanntlich eigen, wenn es um unsere Brut geht, da kann ein Kerl ruhig mal ein paar hundert Jahre zu Kreuze kriechen.

»Stell dir vor, der steht plötzlich vor uns«, kicherte ich. »Ich hoffe nur, dass wir nicht sein Typ sind.«

»In unserer Kluft bestimmt nicht«, antwortete Gina und zupfte demonstrativ an ihrem Jackenärmel. »Da ist jede Verwechslung mit seiner Perle ausgeschlossen.«

»Du vergisst, dass er schon seit mehreren hundert Jahren ohne Frau ist«, erinnerte ich Gina mit gespieltem Ernst. »Meinst du, da kommt es ihm auf die Ähnlichkeit an? Stell dir vor, was für einen Druck der arme Kerl haben muss.«

»Das fehlt uns noch!«, prustete Gina. »Mitten im Wald lauert uns ein lüsterner Geist auf! Huuuh, ich bin der scharfe Mattes und suche eine Frauuuuu!« Unser Lachen hallte von den Bäumen wider, aber als es hinter uns knackte, fuhren wir erschrocken herum.

»War da was?«, flüsterte Gina.

»Ja«, hauchte ich. »Der scharfe Mattes kommt uns holen.«

Gina prustete, aber als es erneut hinter uns knackte, schlug sie sich die Hand vor den Mund. Auch mir wurde ein wenig mulmig, denn ich glaubte, einen Schatten zwischen den Bäumen zu sehen.

»Komm, lass uns weitergehen«, sagte ich und klang dabei nicht halb so abgebrüht, wie ich gehofft hatte.

In stummer Übereinkunft beschleunigten wir unseren Schritt und hielten die Augen nach einem Wegweiser auf. Der einsetzende Schneefall erschwerte uns die Sicht, und statt eines ausgeschilderten Wanderwegs kreuzte ein Forstweg unsere Route, der schon nach wenigen hundert Metern im Gestrüpp endete.

»Wo sollen wir hin?«, fragte Gina bang und zog den Reißverschluss ihres Mantels bis unters Kinn zu.

Ich warf einen Blick über die Schulter und sah gerade noch zwei Schemen zwischen den Bäumen verschwinden. Das war doch lächerlich! Ich war eine abgeklärte, rational denkende Frau, andernfalls könnte ich gar keine Gruselgeschichten schreiben, ohne mir dabei regelmäßig vor Angst ins Höschen zu machen. Wieso zum Teufel glaubte ich, jetzt Geister zu sehen?

»Ich habe sie auch gesehen«, presste Gina zähneklappernd neben mir hervor. »Zwei Gestalten. Sie folgen uns schon seit einer Weile.«

»Kannst du erkennen, ob das«, ich schluckte und wagte kaum, das Unaussprechliche über die Lippen zu bringen, »lebendige Menschen sind?«

Ginas Augen wurden groß. »Du glaubst doch nicht, dass das ...«

Ich nickte. »Mattes und seine Frau.«

»Unsinn«, erklärte Gina, um sich anschließend auf die Unterlippe zu beißen. »Oder vielleicht doch? Was meinst du?«

»Keine Ahnung«, piepste ich. »Willst du es vielleicht drauf ankommen lassen?«

Gina griff nach meiner Hand. »Wir sollten zusehen, dass wir aus dem verdammten Wald herauskommen.«

Ich schnappte erschrocken nach Luft. »Hast du sie noch alle? Wie kannst du in einer solchen Situation fluchen? Ich meine, hallo? Pakt mit dem Teufel?«

Gina blinzelte mich betreten an. »Sorry, du hast recht. Tschuldigung.«

Hand in Hand bahnten wir uns einen Weg zwischen verdorrten Brombeerhecken hindurch, die wie wütende Krallen an unseren Mänteln zerrten. Gina quiekte, als eine der Ranken nach ihrem Handschuh griff und ihn nicht mehr loslassen wollte. Schließlich gab sie auf und ließ ihn in der Brombeerhecke zurück, und ich könnte schwören, dass er uns bei einem letzten Blick über die Schulter den Stinkefinger zeigte. Hinter den Brombeerbüschen stolperten wir einen Trampelpfad entlang, der uns auf eine kleine Anhöhe führte.

»Von da oben aus können wir sicher den Kaiser-Wilhelm-Turm sehen oder die Nürburg«, erklärte ich und lächelte Gina aufmunternd an. »Dann wissen wir wenigstens, in welche Richtung wir müssen.«

Auf allen Vieren krabbelten wir hinauf, zogen uns an Wurzeln und vereisten Baumstümpfen Zentimeter um Zentimeter vorwärts und versuchten, das Rascheln zu ignorieren, das uns dabei auf Schritt und Tritt folgte. Als wir oben ankamen, war

Gina den Tränen nahe, und auch ich war bis Unterkante Ober-
lippe bedient. Ringsherum breitete sich eine endlose Waldfläche
aus, über die sich bereits der Abendnebel legte. Vom Kaiser-
Wilhelm-Turm oder gar der Nürburg war nichts zu sehen.

»Mir reicht's«, verkündete Gina und zückte ihr Smartphone.
»Ich ruf jetzt die 112 an. Sollen sie uns mit einem Hubschrauber
hier abholen, ich gehe keinen einzigen Schritt mehr weiter. Nur
über meine Leiche!« Der Blick auf ihr Display entlockte ihr allerdings ein fast schon hysterisches Lachen. »Perfekt. Kein Netz.
Versuch du mal.«

Doch auch mein Handy hatte keinen Empfang, was ich gar
nicht so schlimm fand, als ich kurz überschlug, was so ein Hub-
schraubereinsatz für zwei verschollene Autorinnen wohl kosten
mochte.

»Lass uns weitergehen«, drängelte ich, aber erst, als es hinter uns verdächtig im Unterholz knackte, rückte Gina von ihrer
strikten Weigerung ab, auch nur einen Fuß vor den anderen zu
setzen, und folgte mir.

Vielleicht war es schieres Glück, oder womöglich die
logische Konsequenz daraus, dass wir gefühlt jeden, aber
auch wirklich jeden Pfad rund um die Hohe Acht ausprobiert
hatten. Irgendwann musste ja mal ein ausgeschilderter Wanderweg dabei sein, und so war es dann auch. Wir konnten
kaum noch die Hand vor Augen sehen und hatten uns schon
fast damit abgefunden, dass im Sommer irgendwelche Wald-
arbeiter unsere aneinandergeschmiegten Gerippe zwischen
blühenden Brombeeren aufstöbern würden, bis wir endlich ein
kleines Schildchen mit der Nummer elf an einem Baumstamm
entdeckten. Mit letzter Kraft schleppten wir uns durch den Wald

und glaubten kaum unseren Augen zu trauen, als wir endlich den Parkplatz erreichten, auf dem mein Focus in Gesellschaft des eingeschneiten Minis brav auf uns wartete.

Jubelnd fielen wir uns in die Arme und stiegen in den Wagen. Kaum zu glauben, dass wir ernsthaft gedacht hatten, ein Geist sei die ganze Zeit hinter uns her gewesen.

»Wie bescheuert«, lachte Gina. »Und ich wollte wirklich einen Hubschrauber rufen.«

»Und ich habe dich angemeckert, weil du geflucht hast«, gluckste ich. »Damit der Geist vom scharfen Mattes nicht sauer wird.«

Gina tippte sich an die Stirn. »Wir haben echt nicht mehr alle Latten am Zaun. Klarer Fall von zu viel Fantasie. Na, wenigstens kannst du dich jetzt nicht beklagen, dass du nicht genug Stoff für einen neuen Roman hättest.«

»Auch wieder wahr«, antwortete ich und wollte gerade den Schlüssel ins Zündschloss stecken, als vor dem Wagen zwei Schemen auftauchten.

»MATTES! UND SEINE FRAU! FAHR LOS!«

Ginas Schrei gellte so schrill in meinem Ohr, dass ich vor Schreck den Schlüssel fallen ließ.

Panisch tastete ich zwischen den Pedalen herum. Oh Gott, hier musste er doch irgendwo sein!

»Nu fahr doch endlich!«, kreischte Gina. »Sie kommen!«

Und tatsächlich! Die beiden Schatten umkreisten den Wagen. Langsam traten sie neben die Fahrertür.

Geistesgegenwärtig schnallte ich mich ab und rutschte ganz weit zu Gina rüber. Oh, bitte nein! Eine der Gestalten hob die Hand, ballte sie zur Faust und ...

... klopfte gegen die Scheibe.

»Äh, Entschuldigung? Das ist doch Ihr Handschuh, oder?«

Ich riss die Augen auf und starrte ungläubig auf den leicht zerfledderten Strickhandschuh meines Sohnes, den ich zuletzt gesehen hatte, als er mir vor ein paar Stunden von einem Brombeerbusch aus den Stinkefinger zeigte.

»Den haben Sie verloren«, erklärte eine junge Frauenstimme, die zu einem freundlichen, vor Kälte leicht geröteten Gesicht gehörte, das nun durch das Seitenfenster lächelte.

Ich setzte mich wieder in meinen Sitz, fand endlich den Autoschlüssel und steckte ihn ins Zündschloss, um den Fensterheber zu betätigen.

»Oh, wie nett von Ihnen«, stammelte ich. »Der gehört tatsächlich uns. Wo haben Sie ihn denn gefunden?«

Nun meldete sich die andere Person zu Wort, ebenfalls eine junge Frau mit roter Nasenspitze.

»An einer Brombeerhecke. Ich muss gestehen, wir sind Ihnen schon eine Weile gefolgt. Meine Schwester und ich haben uns verirrt, und Sie beide sind so beherzt vorangeschritten, dass wir dachten, Sie kennen sich hier aus. Da haben wir uns einfach angehängt. Ich hoffe, wir haben Ihnen keine Angst gemacht.«

»Angst? Ach was!«, lachte Gina einen Tick zu laut. »Aber warum haben Sie sich uns nicht einfach angeschlossen?«

»Nun«, erklärte die erste der Schwestern. »Wegen Ihrer Kleidung dachten wir, Sie seien Männer. Und Sie wissen ja, zwei Frauen allein im Wald, da kann man nicht vorsichtig genug sein. Man weiß ja nie, auf was für Gestalten man so trifft.«

Winterblues

Nasskalter November. Kaum wurde es hell, war es auch schon wieder dunkel. Wolkenverhangen. Düster und ungemütlich. Dazu Schneeregen. Kälte von oben und unten.

Ich starrte aus dem Fenster und dachte an nichts. Wie so oft, wenn der Winter kam. Ich war lustlos. Schlapp. Müde.

Die Heizung lief auf Hochtouren, was meine eisigen Füße nicht wärmte, meine Haut aber austrocknete.

Meine Agentin hatte bereits mehrmals angerufen, weil ich die vereinbarten Kapitel nicht schickte. Ich konnte nicht. Meine Kreativität war eingefroren. Dabei fand ich die Idee, einen lustigen Liebesroman zu schreiben, im Frühjahr noch so passend. Nun nicht mehr. Mir fiel nichts ein. Leere.

Die Wörter, die ich schon geschrieben hatte, hätte ich am liebsten wieder gestrichen.

Meine Freunde bestanden darauf, dass ich zu dem Treffen kam. Sie hätten eine Überraschung. Ich hasste Überraschungen! Wollte lieber allein sein, mich im warmen Bett verkriechen und nichts tun. Aber David wurde extra beauftragt, mich abzuholen, damit ich nicht wie die letzten Male einen Rückzieher machte.

Im Café lachten sie und waren bester Laune. Sie konnten es kaum erwarten, mir mein Geschenk zu übergeben. Ich hielt die Karte in Händen und traute mich nicht, sie zu öffnen. Auf ihr Drängen hin tat ich es endlich und bekam einen Schock!

Ich sollte laut vorlesen, was da stand, als ob nicht alle wüssten, was sie geschrieben hatten.

»Zwei Wochen Urlaub auf Gran Canaria, all-inclusive.«

Ich schluckte schwer. Denn schon morgen sollte es losgehen. Wo das denn überhaupt läge, wollte ich wissen. Auf der Höhe der Sahara im Atlantik. Ich würde also vor Hitze umkommen. Dann mein Abgabetermin zum Ende des Jahres. Ich würde zwei Wochen verlieren! Außerdem, was tat man denn in einer All-inclusive-Hotelanlage außer am Pool liegen, sich langweilen und transpirieren?

Außerdem, was tat man denn in einer All-inclusive-Hotelanlage außer am Pool liegen, sich langweilen und transpirieren?

Anscheinend war ich die Einzige, die das nicht lustig fand.

Meine Freundin Karla begleitete mich in meine Wohnung und packte die Sachen. Sie übernachtete auch bei mir, um mich am nächsten Morgen zum Flughafen zu fahren. Sie hatten wohl Angst, ich würde nicht fliegen und das Geld wäre rausgeschmissen. Und das war berechtigt.

Als sich die Türen des Flugzeugs öffneten, wurde ich von einem gellenden Licht empfangen. Stand eine Weile im Ausstieg, bis mich Passagiere von hinten weiterschoben. Ich ging zwei Schritte und blieb erneut stehen. Jemand blies mir mit einem Föhn ins Gesicht!

Ein Bus chauffierte uns zu unseren Hotelanlagen. Im Osten, in der Nähe des Flughafens, sah ich typische spanische Städte, mit einheimischer Bevölkerung und lockerer Bebauung. Je weiter wir zum Süden fuhren, wuchsen Hotels aus der Erde, die sich auf engstem Raum drängten. Mein Gebäude lag mittendrin, und der Fußmarsch zum Meer maß einen Kilometer. Mit anderen Worten: eintausend Meter!

Bei meiner Ankunft sah ich die Urlauber vor verschlossener Tür lauern. Sie warteten auf den Einlass zum Mittagsbüffet. Wie schrecklich! Jeder sprach so laut, dass es auch der Letzte verstand. Der Geräuschpegel schmerzte mir in den Ohren. Die Hektik machte mich nervös. Mein Zimmer war zu klein. Besonders der Balkon. Da passte nur ein Stuhl hin, wenn ich quer saß. Außerdem blickte ich auf die Rückseite eines gegenüberliegenden Hotels.

Ehe ich vor Wut platzte, nahm ich meine Badesachen und schlurfte zum Strand. Ich kam gut voran, aber mir graute vor dem Rückweg. Denn es ging die ganze Zeit steil bergab! Der krönende Abschluss war die Holztreppe, die hinunter zum Ufer führte. Mir standen mindestens dreißig Meter bevor.

Am Strand dann der nächste Reinfall. Rote Flagge – Badeverbot. Das wurde überwacht und jeder Tourist, der sich trotzdem dem Wasser näherte, zurückgepfiffen. Manchmal mit sanfter Gewalt. Dabei sahen die Wellen gar nicht schlimm aus. Die spinnen doch, mehr fiel mir dazu nicht ein!

Ich blickte zu den vielen Menschen, die dicht an dicht lagen. Mit Schirmmütze und Sonnenbrille kämpfte ich gegen die heißen Sonnenstrahlen, aber ohne eine entsprechende Abkühlung im Meer würde ich eingehen. Genervt und unruhig drehte ich mich auf meinem Handtuch hin und her, dabei streute ich meiner Nachbarin zur Rechten Sandkörner auf ihr Frotteetuch. Ich grummelte eine Entschuldigung, und wir kamen ins Gespräch.

Maria war Deutsche und lebte seit drei Jahren auf der Insel, seitdem sie Rentnerin ist. Das Leben sei hier günstiger und das

Wetter unschlagbar. Auf die rote Flagge angesprochen, meinte sie, dass jährlich fünf bis zehn Touristen an den Stränden sterben, weil sie die Strömung unterschätzten. Diese zogen die Menschen ohne Vorankündigung zweihundert Meter weit ins Meer hinein, um sie woanders tot wieder auszuspucken. Ich revidierte meine Meinung über die Aufpasser.

Sie fragte mich, wo ich unterkam, und ich ließ meinem Frust freien Lauf. Sie erzählte von ihrer Ferienwohnung, die sie vor ein paar Tagen fertiggestellt hatte. Ab Januar würde sie die vermieten. Derzeit stünde sie leer. Sie blickte auf, sah mich lange an und machte mir einen Vorschlag: Ich könnte darin wohnen. Bräuchte lediglich die Nebenkosten zahlen. Noch so eine Überraschung!

Maria duldete keinerlei Widerspruch. Wir fuhren mit ihrem Auto zu meiner Unterkunft, holten meine Sachen und danach weiter in den Osten der Insel.

Die Wohnung sah urig spanisch aus und hatte nichts von den hoch polierten Einrichtungsmagazinen. Alte Möbel, denen man ihre Lebenszeit deutlich ansah. Statt Balkon gab es ein Patio, wie sie es nannte. Das war ein eingeschlossener Balkon, bei dem man den Himmel sah und sonst zwischen hohen Mauern saß. Aber er war hell, und ich hatte frische Luft. Immerhin.

Die Küche und das Schlafzimmer waren mit jeweils einem Fenster ebenfalls lichterfüllt. Mit einer Größe von achtzig Quadratmetern war sie eigentlich viel zu gewaltig für mich, ich wohnte in Hamburg in einer Einzimmerwohnung, trotzdem genoss ich die Großzügigkeit.

Der Blick vom Wohnzimmer, von dem sie mir so vorgeschwärmt hatte, war wirklich atemberaubend. Ich blickte nicht nur aufs Meer, sondern sah auch noch den Flugzeugen beim

Landeanflug zu. Sie flogen schon recht tief, da in knapp drei Kilometern der Flughafen kam. Erstaunlicherweise hörte ich aber keinen Flugzeuglärm.

Mit meinem über einen Amigo von Maria gemieteten Wagen fuhr ich an einen Sandstrand namens Playa de Cabrón, den sie mir empfohlen hatte. Viel erwartete ich nicht, da der Name übersetzt so viel hieß wie: der Strand der Arschlöcher. Als der beschriebene Weg auf einer Schotterpiste endete, wollte ich schon umdrehen. Aber da! Rechts unten entdeckte ich ihn plötzlich.

Ich kletterte den Felsen hinab und kam aus dem Staunen nicht mehr heraus. Ein Traum. Ein kleiner vielleicht dreihundert Meter langer Sandstrand, der geschützt von zwei Felsvorsprüngen friedlich dalag. Das hieß: abgeschirmt vom Wind, der ständig wehte, und vor hohen Wellen, es schwappten lediglich Babywellen ans Ufer. Ich ließ mich nicht lange bitten und ging ins Meer. Es war klar und sauber. Es gab weder Algen noch Dreck, nur Sand, ein paar Felsbrocken und wohltemperiertes Wasser. Mit Schwimmbrille sah ich sogar Fische, die sich mir mutig näherten. Und das Beste: Ich war allein. Den ganzen Tag keine Menschenseele weit und breit.

Und das Beste: Ich war allein. Den ganzen Tag keine Menschenseele weit und breit.

Auf dem Rückweg schaute ich zum Gipfel. Die Vulkaninsel war wie ein Kegel; in der Mitte lag der höchste Punkt, und nach allen Seiten fiel er hinab ins Meer. Der dunkle karge Berg, der sich bis auf fast zweitausend Meter erhob, hob sich farblich vom blauen Himmel und den grünen Palmen ab. Den wollte ich entdecken!

Ich bog auf die Straße zum Haus von Maria und überholte Rennradfahrer über Rennradfahrer. Wie lange war ich nicht mehr mit meinem Rad gefahren? Ich würde mir hier eines ausleihen. Die Insel bot ideales Rennradwetter!

Es hatte angenehme 24 Grad am Tag, und nachts waren es immer noch 17 Grad. Eine leichte Brise kühlte selbst in der Sonne, sodass ich es gut aushielt. Das Radfahren musste herrlich sein.

Im Süden gab es Radleihstationen, und bei den günstigen Preisen mietete ich eins für zwei Wochen. Bekleidung, Schuhe und Radkarten kaufte ich gleich mit. Am nächsten Tag brach ich zu meiner ersten Tour auf.

Was soll ich sagen? Ich war fasziniert! Die Anstiege waren mit sechs bis acht Prozent gemäßigt und für meine trainierten Beine kein großes Problem. Ich fuhr auf neu asphaltierten Wegen ohne Autoverkehr. Links und rechts staunte ich über die faszinierende Landschaft. Felsschluchten, Palmen, fremde Pflanzen, trockener Boden, Schluchten und Felswände wechselten sich ab. Das bei milden Temperaturen, strahlendem Sonnenschein, blauem, wolkenlosem Himmel, und am Horizont lag das Meer.

So rollte ich auf den Straßen in den Bergen. Der kühle Wind und die Sonne auf dem Rücken waren eine Mischung, in die ich mich verliebte!

Begegnete mir eine Gruppe von Radfahrern, grüßten wir uns freundlich. Manchmal schloss ich mich einer Rennradgruppe an, wir radelten ein Stück gemeinsam und klönten. In den Dörfern saßen Rennradfahrer in den Cafés. Gesellte ich mich dazu, kamen wir über Englisch, Deutsch und ein bisschen Spanisch sofort ins Gespräch. Unaufgefordert bekam ich Tipps für Touren, die ich unbedingt fahren sollte.

Mit dem Rad erkundete ich nun täglich die Insel und fuhr in den zwei Wochen viele Strecken. Nachmittags erholte ich mich am Strand und abends genoss ich die helle und stille Wohnung mit deutschem Fernsehen oder Unterhaltungen mit Maria. Wir verstanden uns gut. Sie ließ mich freundlicherweise sogar das Internet mitbenutzen. Sie war ein Schatz!

Während meiner Ausfahrten hatte ich Ideen, wie ich weiterschreiben könnte. Oft hielt ich an und diktierte sie in mein Handy. Ich war so dankbar, dass meine Kreativitätsquelle endlich wieder sprudelte. Erst wollte ich meine Notizen für Hamburg aufbewahren, aber dann drängte es mich, sie noch in der Ferienwohnung niederzuschreiben.

Ich erzählte meinen Freunden von meinen Erlebnissen und was ich alles unternahm. Verheimlichte allerdings, dass ich deren Hotel ausgeschlagen hatte. Vermutlich hätte es sie nicht gestört, denn sie waren aus dem Häuschen, dass ihre Überraschung voll einschlug.

Auch meine Agentin war erleichtert, als ich ihr zwei weitere Kapitel schickte.

An meinem letzten Abend saß ich freudestrahlend mit Maria zusammen. Ich schwärmte von der Insel, dem Wetter, der Landschaft, dem Radfahren, dem Geheimstrand. Als sie mich nach meiner Abflugzeit fragte, um mich rechtzeitig zum Flughafen zu fahren, überfiel mich eine bleierne Traurigkeit. Beim Gedanken, das alles hinter mir lassen zu müssen, um zurück ins nasskalte

Deutschland zu fliegen, nahm meine gewohnte Müdigkeit in mir Platz. Als Maria mitbekam, wie sehr ich die kalte Jahreszeit hasste, lud sie mich ohne Zaudern ein, doch bis zum Ende des Jahres bei ihr zu wohnen.

Weihnachten bei sommerlichen Temperaturen war zwar gewöhnungsbedürftig, aber mir gefielen die geschmückten Palmen, das warme Wetter, meine wiedergewonnene Kraft zum Radfahren und zum Schreiben. Sogar meinen Abgabetermin hielt ich ein, woraufhin mir meine Agentin ein Lächeln schenkte.

Silvester saß ich mit Maria auf ihrer Dachterrasse. Mittlerweile hatten wir uns angefreundet und unternahmen einiges zusammen. Kurz vor Mitternacht genossen wir den Ausblick auf die umliegenden Dörfer mit den Feuerwerken und stießen mit einem Glas Wein, bei immer noch zwanzig Grad, an. Ich blickte in die Ferne und erfreute mich am Leben auf dieser Insel, als mich Maria fragte, warum ich eigentlich nicht für immer in ihre Wohnung einzöge.

Ich ließ diese Frage eine Weile wirken. Lächelnd drehte ich mich dann zu ihr und umarmte sie. Diese Überraschung gefiel mir außerordentlich gut.

35 Gründe, NICHT in den Urlaub zu fahren

1. Geben Sie mir einen einzigen Grund, es doch zu tun!
2. Es macht Spaß? Mal abschalten? Sich über nichts Gedanken machen zu müssen? Kommen Sie, gibt es bei Ihnen kein Kino im Ort?
3. Hallo? Sie müssen einen Koffer packen!
4. Nein, es ist nicht nur ein Koffer. Sie packen Ihr Leben zusammen.
5. Einen winzigen, dürftigen, NICHT REPRÄSENTATIVEN Ausschnitt Ihres Lebens. Der zwanzig Kilo nicht überschreiten darf. Zwanzig KILO! Ich bitte Sie. Das ist doch erbärmlich.
6. Und dann der Moment der Reise. Sie sind heimatlos. Ihnen gehört nur, was Sie im Koffer bei sich tragen. Und jetzt stellen Sie sich mal vor, Ihnen kommt das Portemonnaie abhanden.
7. Wie können Sie sich jemals hundert Prozent sicher sein, dass Sie das Bügeleisen ausgeschaltet haben? Außer natürlich Sie haben es dabei. Wenn dies nicht der Fall ist, kann Ihnen der Gedanke an ein Elektrogerät die ganzen Ferien versauen.
8. Sie lernen Insekten kennen, auf deren Bekanntschaft Sie keinen Wert legen. Weder tot noch lebendig. Auch nicht knusprig gebraten oder in Teig ausgebacken.
9. Sie lernen Viren kennen, auf deren Bekanntschaft Sie ebenso wenig Wert legen. Ganz besonders dann nicht,

wenn sie sich in Ihrem Magen-Darm-Trakt befinden. Lebendig.

10. Sie müssen Toiletten benutzen, die diese Bezeichnung nicht verdienen.

11. Sie müssen sie, aus hygienischen oder bautechnischen Gründen, in Körperhaltungen benutzen, die unter der Menschenwürde sind.

12. Sie müssen die erniedrigende Erfahrung machen, dass Sie offensichtlich ebenso wenig wie dutzende Mitreisende unmittelbar vor Ihnen in der Lage sind, zuverlässig die Mitte einer Toilettenschüssel zu treffen, wenn sich diese nicht auf festem Untergrund befindet.

13. Sicher, Einbrecher brechen auch ein, während man im Haus ist. Keine Frage. Die Wahrscheinlichkeit ist aber signifikant höher, dass sie es tun, während Sie es nicht sind. Sondern im Urlaub etwa. Dann können die sich nämlich so richtig schön Zeit lassen. Fühlen sich komplett *entre nous*. Wenn sie Ihre Unterwäsche durchwühlen, nur so als Beispiel. Oder in Ihr Wohnzimmer kacken.

14. Wenn Sie die Sprache Ihres Urlaubslandes nicht wenigstens rudimentär beherrschen, werden Sie keinerlei Respekt erwarten dürfen. Auch nicht vom Kellner in der Hafenkneipe.

15. Im Vorfeld Ihrer Reise wird Ihnen mindestens zehnmal der »Seele-baumeln-Spruch« um die Ohren gehauen.

16. Sie hören ihn sich sogar selbst einmal sagen! Zweimal, um genau zu sein.

17. Dabei haben Sie doch überhaupt keine Seele, Herrgott noch mal. Und selbst wenn Sie eine hätten, wovon sollte sie

baumeln? Etwa von einem Galgen? Entschuldigung, aber in welches Land wollten Sie noch gleich reisen?

18. Sie wissen jetzt schon, dass Sie den bunten Tand, den Sie im glückseligen Urlaubstaumel auf zahlreichen Wochenmärkten erstehen werden, zu Hause bereits beim Auspacken nicht mehr leiden können.

19. Sie werden gebeten, eine Postkarte zu schicken. Was wäre aber, wenn Sie es tatsächlich täten? Einzig und allein die Karte zu schicken, völlig ohne Text?

20. Sie hassen drittklassige Marmelade aus winzigen Aludöschen und Vollkornbrot, das man selbst einem Säugling anbieten könnte.

21. Sie haben keine Lust, über die Auslegung des Wortes »Meerblick« zu diskutieren. Auch nicht, wenn man in Ihrem Hotel selbstverständlich davon ausgeht, dass Sie über diese speziellen, neuen Periskop-Augen verfügen, mit denen man um die Ecke sehen kann.

22. Sie wollen vermüllte Innenstädte kleinerer europäischer Inseln nicht als pittoresk bezeichnen, sondern einfach nur als dreckig.

23. Sie lehnen es ab, Reisegruppen mit tapsigen, schnatternden Japanern goldig zu finden.

24. Und Sie wollen sich auch keine Gedanken darüber machen, warum es Japans Modeindustrie immer noch nicht gelungen ist, Hosen zu entwerfen, die am Hintern nicht Falten werfen wie zusammengezurrte Reissäcke.

25. Sie wollen sich ÜBERHAUPT keine Gedanken über Japaner machen – außer natürlich Sie befinden sich mitten in Tokio.

26. Sie möchten weiterhin glauben, dass Sie exzellentes Englisch sprechen, weil Sie schließlich in der siebten Klasse mal Sprachferien in Großbritannien gemacht haben.

27. Das könnte schätzungsweise gut und gern dreißig bis vierzig Jahre her sein, was aber, wie gesagt, überhaupt nichts heißt. Ihr English is so to say ever noch really flowly.

28. Sie können sich einfach nicht damit anfreunden, im Hotel ständig von Leuten angequatscht zu werden, die froh sind, in der Ferne auf Landsleute zu treffen, denen sie ungebeten mitteilen können, wo sie herkommen und wie lange sie noch bleiben werden. Himmel, versteht denn niemand, dass man nicht deswegen frierend auf einer Felsnase in Seyðisfjörður herumsteht, um sich ausgerechnet dort mit den Schmitz-Göpfreichs aus Kleinhürtlinghausen-Obermeschbach, Landkreis Röttlingen, zu unterhalten?

29. Im Urlaub ist es immer nur so lange schön, wie es schön ist. Hört sich platt an, ist aber die Wahrheit. Denken Sie nur mal an Zahnschmerzen, Diarrhö, Blinddarmentzündungen oder sonstige Malaisen, für die man die Unterstützung des einheimischen Medizinsystems benötigt – sofern es eines gibt.

30. Sie haben keine Lust, den größten Teil Ihrer Ferien mit dem Lösen von Problemen zu verschwenden, die Sie ohne Ferien gar nicht hätten?

31. Deswegen nehmen Sie sich vor zu schlendern, zu genießen, all die Eindrücke, Farben, Gerüche und sinnlichen Momente in sich einzusaugen, um im hektischen Alltag noch lange davon zehren zu können.

32. Sie hüllen sich in komplizierte Wickeltücher und fühlen sich angekommen, losgelöst, eins mit sich selbst, dem Leben, dem Kosmos.

33. Sie fühlen das Wesentliche, der pure Existenzialismus überwältigt Sie. Das Universum atmet durch Sie ...

34. ... auf einer Polizeistation, mitten im thailändischen Dschungel, unter Drogen gesetzt, halluzinierend, ohne Geld und Ausweispapiere.

35. Urlaub ist Alltag unter erschwerten Bedingungen? Wer hat das gesagt? Ich weiß es nicht mehr. Behaupten Sie jedenfalls später nicht, ich hätte Sie nicht gewarnt.

Autorenbiografien

Heike Abidi ist studierte Sprachwissenschaftlerin. Sie lebt mit Mann, Sohn und Hund in der Pfalz bei Kaiserslautern, wo sie als freiberufliche Werbetexterin und Autorin arbeitet.

Carolina Baum lebt in Berlin und war nach ihrem Studium der Linguistik, Kunstgeschichte und Religionswissenschaft zunächst als Online-Redakteurin tätig. Mittlerweile arbeitet sie als freie Autorin. Statt an die Ostsee oder den Bodden zieht es die Autorin und ihre Familie im nächsten Sommerurlaub ans Mittelmeer.

Ursi Breidenbach studierte Kunstgeschichte und Kulturmanagement in Wien. Seit 2009 arbeitet sie als freie Autorin und lebt mit ihrer Familie in der Steiermark und in München. In *Schlaflos in der Toskana* erzählt sie die wahre Geschichte ihrer eigenen Hochzeitsreise und auch ihre Erfahrungen mit den unterschiedlichen Menschentypen bei Gruppenreisen sind in diesem Buch zu finden.

Kerstin Bätz lebt mit ihrer Familie in einem 140-Seelen-Dörfchen im lieblichen Taubertal. Im Urlaub sucht sie sich ein Exil zwischen Holland und dem Allgäu. Mitsamt ihrer mehrköpfigen Familie. Dennoch schlägt ihr Herz für Fernreisen. Nicht nur für eigene, sondern auch für die ihrer Freundinnen. Wie die Reise der Big Seven nach Afrika.

Volker Bätz kann auf viele Reisen zurückblicken. Im Gepäck hat er stets jede Menge Geschichten für seine Kinder und andere wehrlose Opfer. Doch manche Dinge stören ihn dabei. Wie bei einer Reise ins Allgäu mit der Großfamilie. Da war es das eigene Handy ...

Susanne Böckle, von Beruf Justizangestellte, wollte schon als Kind Bücher schreiben. Schon in der Grundschule waren ihr Buchstaben sympathischer als Zahlen, und sie kritzelte lieber Geschichten statt Rechnungen in ihr Matheheft. Seit einigen Jahren schreibt sie Kinderbücher und Geschichten für Erwachsene. Die Autorin lebt am Rande des Nordschwarzwaldes mit herrlichem Blick auf das Enztal. Von ihr stammen die Geschichten *Auf ins idyllische Allgäu* und *New York in Farbe.*

Julia Dombrowski wurde 1980 in Herford geboren. Sie studierte Germanistik und Philosophie in Marburg an der Lahn und an der Karls-Universität Prag. Heute arbeitet sie freiberuflich als Werbe- und PR-Texterin, Kolumnistin und Bloggerin.

Akram El-Bahays größter Wunsch ist zwar nicht, einmal selbst Teil einer Geschichte zu sein, doch er liebt es, als Autor eigene Geschichten zu erfinden. Seine Freude am Schreiben lebt er beruflich als Journalist aus. Als Kind eines ägyptischen Vaters und einer deutschen Mutter ist El-Bahay mit Einflüssen beider Kulturen aufgewachsen.

Franziska Fischer wurde 1983 in Berlin geboren und wohnt dort nach einem Studium der Germanistik und Spanischen Philologie an der Universität Potsdam noch immer. Sie arbeitet als freiberufliche Autorin und Lektorin.

Manon Garcia wurde 1967 in Hamburg geboren und kam als Diplom-Ingenieurin und Coach zum Schreiben. Erst Ratgeber zu den Themen Hochbegabung und Hochsensibilität und nun Geschichten für Erwachsene. Sie lebt auf der Insel Gran Canaria und schrieb *Winterblues*. (www.manongarcia.de)

Christa Goede ist Diplom-Politologin, Social-Media-Managerin (FH Köln), Klartextschreiberin, Schachtelsatzallergikerin, Rechtshänderin, Linksdenkerin, Internetbewohnerin, Blümchenliebhaberin, Punkrockhörerin, Motivationsmaschine, Monsterhäklerin, Disziplintierchen und Besserwisserin mit Sinn für Humor.

Heike Karen Gürtler, Jahrgang 1970, lebt in München. Schon als Kind dachte sie sich vor dem Einschlafen Geschichten aus. Mit dem Lesen entstand die Leidenschaft, alles mit Notizen zu bekritzeln, was ihr unter die Finger kam. Inzwischen hat sie ihren zweiten Roman veröffentlicht.

Moritz Hampel wurde 1973 in Berlin geboren und wuchs im östlichen Niedersachsen auf. Nach dem Abitur leistete er anderthalb Jahre Zivilersatzdienst in einem Sozialprojekt mit straffällig gewordenen Jugendlichen in Dublin, Irland. Dabei blieben auch verschiedene Abstecher nach Schottland nicht aus. Nach einem Studium der Nordamerikastudien an der FU Berlin arbeitet Moritz Hampel derzeit als Game-Designer.

Charlotte Hirsch, geboren 1978, lebt nach insgesamt sechs Jahren China wieder in Hamburg. Sie schreibt, seit sie acht Jahre alt ist, exklusiv für ihre Schublade und findet, dass diese mittlerweile zu eng geworden ist. Sie ist ebenfalls auf der Suche nach ihrem Platz im Leben und fände ihn nur zu gern in einem Buchregal.

Anja Koeseling war als Journalistin und Publizistin tätig, bevor sie anfing, im Marketingbereich zu arbeiten. 2008 gründete sie die Literaturagentur Scriptzz mit Sitz in Berlin. Heute lebt sie mit ihrer Familie im grünen Brandenburg vor den Toren Berlins.

Olaf Köhler ist studierter Diplom Kulturwirt. Der gebürtige Pfälzer lebt in München, von wo er die ganze Welt bereist. Olaf Köhler arbeitet als freiberuflicher Autor und schreibt Drehbücher für erfolgreiche TV-Serien für Jung und Alt.

Verena Napiontek studierte Germanistik und Anglistik. Seit Jahren arbeitet sie als Redakteurin und Kolumnistin. Mit ihrem Mann lebt sie in der Mitte Hessens und hofft, sich irgendwann ihren Jugendtraum zu erfüllen: auf einer Terrasse im Süden am Meer Romane zu schreiben.

Petra Plaum aus Donauwörth jobbte schon als Teenager als Reiseleiterin, später als Reisejournalistin. Bislang erkundete sie 32 Länder. Das lieferte ihr Material für ihre Beiträge *Die*

Malle-Misere, Teenager-Paradies Irland? und *Hab ich nicht was liegen lassen?.*

Dr. Andreas Schaale, geboren 1964, Physiker, berufliche Tätigkeiten im Bereich Beratung und IT mit dem Schwerpunkt Internet. Er ist Autor von *Handy Business* (Prentice Hall, 2002) und weiterer Fachpublikationen.

Heike Eva Schmidt, geboren in Bamberg, lebt im schönsten Teil Oberbayerns zwischen Bergen und Seen. Nach einem Psychologiestudium war sie zunächst als Journalistin für Radio, TV und Print tätig, ehe sie ein Stipendium für die Drehbuchwerkstatt München erhielt. Seitdem arbeitet sie als freie Drehbuchautorin und Schriftstellerin. Von ihr stammt die Geschichte *Safari im Sari.*

Heike Schulz, Jahrgang 1968 und Mutter zweier erwachsener Kinder, lebt mit ihrer Familie in der Nähe von Köln. Sie schreibt Romane für Jugendliche und junge Erwachsene. Wenn sie nicht gerade schreibt, liest oder ins Kino geht, kann man sie auf ausgedehnten Wandertouren in der freien Natur antreffen.

Andrea Schütze ist Diplom-Psychologin und schreibt eigentlich Kinderbücher, die es in sich haben. Wenn sie ab und an eine Pause von Feenzauber, Hexenwirbel und sonstigen magischen Verwicklungen braucht, dürfen es gern mal Kurzgeschichten für Erwachsene sein. Und die haben es dann auch in sich. Nur anders. www.andrea-schuetze.de

Tino Schrödl wurde 1972 geboren und arbeitet als Autor, Regisseur und Producer von TV-Reportagen.

Sebastian Thiel ist Autor und beim Schreiben von Romanen versucht er immer, den Leser nicht nur gut zu unterhalten, sondern für einen Moment in die Geschichte zu entführen und durch seine Augen eine andere Welt, vielleicht ein ganz anderes Universum sehen zu lassen.

Impressum

Herausgegeben von Heike Abidi und Anja Koeseling
Urlaubstraum(a)
Geschichten vom Ferienwahnsinn
ISBN: 978-3-959100-62-5

Eden Books
Ein Verlag der Edel Germany GmbH
Copyright © 2016 Edel Germany GmbH, Neumühlen 17, 22763 Hamburg
www.edenbooks.de | www.facebook.com/EdenBooksBerlin | www.edel.com
1. Auflage 2016

Dieses Werk wurde vermittelt durch die Literaturagentur Scriptzz, Berlin |
www.scriptzz.de

Einige der Personen im Text sind aus Gründen des Persönlichkeitsschutzes
anonymisiert.

Projektkoordination: Svenja Monert
Lektorat: Tina Spiegel
Umschlaggestaltung: BüroSüd | www.buerosued.de
Layout und Satz: Datagrafix Inc. | www.datagrafix.com
Druck und Bindung: optimal media GmbH, Glienholzweg 7, 17207
Röbel/Müritz

Das FSC®-zertifizierte Papier *Holmen Book Cream* für dieses Buch
lieferte Holmen Paper, Hallstavik, Schweden.

Dieses Buch ist auch als E-Book erhältlich.

Um die kulturelle Vielfalt zu erhalten, gibt es in Deutschland und in Österreich
die gesetzliche Buchpreisbindung. Für Sie, liebe Leserin und lieber Leser,
bedeutet das, dass Ihr verlagsneues Buch jeweils überall dasselbe kostet,
egal, ob Sie Ihre Bücher gern im Internet, in einer großen Buchhandlung oder
beim kleinen Buchhändler um die Ecke kaufen.